为何省级统筹只是过渡，全国统筹是最终归宿？

推动我国基本养老保险全国统筹的内在根源是什么？

为何基本养老保险全国统筹过程中充满困难和矛盾？

基本养老保险全国统筹的路径选择是什么？

本书所进行的分析和提出的策略值得参考和借鉴。

【经济学学术前沿书系】

我国基本养老保险全国统筹问题研究

——基于制度变迁的研究视角

李连芬◎著

经济日报出版社

图书在版编目（CIP）数据

我国基本养老保险全国统筹问题研究：基于制度变迁的研究视角 / 李连芬著. —北京：经济日报出版社，2015.9

ISBN 978－7－80257－870－8

Ⅰ.①我… Ⅱ.①李… Ⅲ.①养老保险制度－研究－中国 Ⅳ.①F842.67

中国版本图书馆 CIP 数据核字（2015）第 218561 号

我国基本养老保险全国统筹问题研究——基于制度变迁的研究视角

作　者	李连芬
责任编辑	陈礼滟
责任校对	薛银涛
出版发行	经济日报出版社
地　址	北京市西城区右安门内大街 65 号（邮政编码：100054）
电　话	010－63567683（编辑部） 010－63516959 83559665（发行部）
网　址	www.edpbook.com.cn
E－mail	edpbook@126.com
经　销	全国新华书店
印　刷	北京京华虎彩印刷有限公司
开　本	710×1000 毫米 1/16
印　张	13.75
字　数	249 千字
版　次	2015 年 9 月第一版
印　次	2015 年 9 月第一次印刷
书　号	ISBN 978－7－80257－870－8
定　价	38.00 元

摘　要

基本养老保险是现代社会保障体系中最重要的制度安排之一，其突出特征是“共济性”，要求以“大数法则”为基础，在整个社会范围统一筹集和调剂使用资金，依靠全社会的力量均衡负担和分散风险，以达到互济互助互惠的保障目的。一般来说，基本养老保险的统筹层次决定了一个国家或地区动员养老保障资金的伸缩能力，基本养老保险的统筹层次越高，动员基本养老保险资金的伸缩力就越强。截至2009年底，我国31个省份和新疆生产建设兵团都已建立起基本养老保险省级统筹制度。尽管省级统筹使基本养老保险制度实现了省内统一，但省级统筹的地方属性并没有根本改变，仍然是一个不完整的、分割的养老保险制度，难以解决因统筹层次过低而引发的种种矛盾和问题。

全国统筹是基本养老保险统筹的最高层次，也是我国社会保障制度改革和完善的重要目标之一。基本养老保险从省级统筹过渡到全国统筹，是解决省级统筹中诸多弊端的必然选择，也是我国社会保障制度改革和完善的重要内容之一。从根本上来说，基本养老保险统筹层次问题是养老保险制度的改革问题，而我国基本养老保险统筹层次几十年的改革是一个连续的制度变迁过程。本书运用制度变迁理论系统分析了我国推行基本养老保险全国统筹的客观形势，深入探讨了基本养老保险全国统筹的相关利益因素，并就如何协调各方利益加快推进基本养老保险全国统筹进程做出了详细阐释。

首先，分析基本养老保险统筹层次的历史变迁与现状。在回顾我国基本养老保险统筹层次变迁历史过程的基础上，得出我国基本养老保险统筹层次变迁是强制性制度变迁与渐进式制度变迁的组合模式的结论，在此基础上分析了我国基本养老保险统筹层次的现状及其存在的问题。

其次，分析基本养老保险全国统筹的动因。全国统筹的经济社会效益及其潜在利润在现有的省级统筹制度框架下是不能实现的。为此，本书基于制度变迁的供给需求分析框架，从制度供给和制度需求两个方面详细分析了我国推行基本养老保险全国统筹这种制度的动因，即基本养老保险全国统筹能够获取比省级统筹更大的潜在利润。

再次，分析基本养老保险全国统筹的成本和收益。没有潜在利润，就不可能有制度变迁，但有了潜在利润，制度变迁也未必发生，因为制度变迁还涉及成本和收益问题。只有当预期收益大于预期成本时，变迁才可能发生。鉴于此，本书基于制度变迁的成本－收益分析框架，分析了我国实施基本养老保险全国统筹的可行性。通过对我国实施基本养老保险全国统筹的成本和收益的比较，得出我国基本养老保险全国统筹的收益大于成本，即基本养老保险全国统筹具有可行性的结论。

最后，就推进基本养老保险全国统筹提出对策建议。当前，我国必须采取有效措施，大力协调相关利益因素，充分调动相关利益主体的积极性，确保基本养老保险全国统筹的收益大于成本，有效推进基本养老保险全国统筹的制度变迁，使我国经济社会发展成果更多更公平地惠及全国人民。

关键词：全国统筹；省级统筹；制度变迁；潜在利润

ABSTRACT

At the end of 2009, the country's 31 provinces and the Xinjiang Production and Construction Corps have established the provincial co-ordination system of basic pension insurance. The implementation of the provincial co-ordination of basic pension insurance is conducive to optimizing the combination of provincial pension resources, which is a big step forward of pension system reform. However, with the development of market economy and the reinforcement of regional cooperation, the pension insurance resources can not be coordinated and configured between provinces at the provincial level. And the provincial co-ordination of basic pension insurance can not meet the objective needs of economic and social development.

The national co-ordination level is the highest level of basic pension insurance co-ordination. The transition of basic pension insurance from the provincial co-ordination to the national co-ordination is not only the inevitable choice to address the shortcomings at the provincial co-ordination level, but also the important part to reform and to improve China's social security system. Basically, the issue of the co-ordination level of basic pension insurance is one of the important parts of the reform of pension insurance system. The reform of co-ordination level of China's basic pension insurance for decades is a continuous process of institutional change. Therefore, with the utilization of institutional change theory of Institutional economics, this article attempts to carefully analyze the objective situation of implementing the national co-ordination of the basic pension insurance, to deeply discuss the related benefit factors of the national co-ordination of basic pension insurance, and to carefully study the practical problem how to coordinate the interests of all parties to promote the national co-ordination of basic pension insurance.

Firstly, the article analyzes the historical changes and current status of the co-ordination level of basic pension insurance. On the basis of reviewing the historical change process of the co-ordination level of basic pension insurance, it is prove that the change mode of the co-ordination level of basic pension insurance in China is the combination of the mandatory system change and incremental system change, and then analyzing the current situation and problems of the co-ordination level of basic pension insurance.

Secondly, the article analyzes the causes of motivating the national co-ordination of basic pension insurance. The benefits of the national co-ordination, or the potential profit, can not be achieved under at existing provincial level. Therefore, based on the framework of institutional change, this article makes detailed analysis of the causes of motivating the national co-ordination of basic pension insurance from two aspects of supply system and demand system, that is, to pursue the potential profit at provincial level. No potential profit, there can not be institutional change. But with the potential profit, institutional change may not occur, because institutional change also involves costs. Only when the expected benefits outweigh the costs, the change is likely to occur. In view of this, this article further analyzes the feasibility of the national co-ordination of basic pension insurance based on the cost-benefit framework. Through the costs-benefits comparison of the national co-ordination of the basic pension insurance, it shows that the benefits outweigh the costs, and arrives at the conclusions that it is feasible to promote the national co-ordination. The final is suggestions. With potential profits, and income greater than the costs, therefore, it is prerequisite to take effective measures to actively promote the national co-ordination of basic pension insurance.

Key words: National Co-ordination; Provincial Co-ordination; Institutional Change; Potential Profits

目录

第一章　导　　论

基本养老保险是现代社会保障体系中最重要的制度安排之一，其突出特征是“共济性”，要求以“大数法则”为基础，在整个社会范围统一筹集和调剂使用资金，依靠全社会的力量均衡负担和分散风险，以达到互济互助互惠的保障目的。在经济体制改革的过程中，我国基本养老保险统筹层次经过多次调整，取得了积极的成效，但依然无法满足新时期我国经济社会发展的客观需要。一般来说，基本养老保险的统筹层次决定了一个国家或地区动员养老保障资金的伸缩能力，基本养老保险的统筹层次越高，动员养老保险资金的伸缩力就越强。全国统筹是基本养老保险统筹的最高层次，也是我国社会保障制度改革和完善的重要目标之一。从根本上来说，基本养老保险统筹层次问题是养老保险制度改革问题，因此，研究基本养老保险全国统筹，就是研究基本养老保险统筹层次的制度变迁。

第一节　选题背景及意义

20 世纪 80 年代，正值我国改革开放初期，国内基本养老保险统筹层次以市、县级统筹为主，呈现出统筹层次低、覆盖范围小、基金管理分散、调剂力度小、抗风险能力弱的特点，致使离退休人员基本养老金很难按时足额发放。基本养老保险统筹层次过低诱发的各种问题，引起了党中央和国务院的高度关注。1991 年 6 月，国务院颁发《关于企业职工养老保险制度改革的决定》（国发〔1991〕33 号），明确提出“要积极创造条件，由市、县统筹逐步过渡到省级统筹”。1998 年 8 月，为了深化企业职工养老保险制度改革，加强基本养老保险基金管理和调剂力度，确保企业离退休人员基本养老金的按时足额发放，国务院印发《国务院关于实行企业职工基本养老保险省级统筹和行业统筹移交地方管理有关问题的通知》（国发〔1998〕28 号），要求加快实行企业职工基本养老保险省级统筹，在省、区、市范围内统一管理和调度使用基本养老保险基金，统一企业和职工个人缴纳基本养老保险费的缴费基数和缴费比例，统一基本养老金的支付项目、计发办法和调整制度。2003年10月，党的十六届三中全会审议通过了《中共中央关于完善社会主义市场经济体制若干问题的决定》，进一步要求“建立健全省级养老保险调剂基金，在完善市级统筹基础上，逐步实行省级统筹，条件具备时实行基本养老金的基础部分全国统筹”，不仅明确了逐步提高基本养老保险统筹层次的现实任务，而且指明了基本养老保险统筹层次未来的发展方向。经过国家有关部门和各省、区、市的共同努力，截至2009年底，全国31个省份和新疆生产建设兵团都已建立起基本养老保险省级统筹制度。①

相对而言，省级统筹属于基本养老保险统筹的较高层次。其中，省内缴费基数、比例和待遇政策等的统一，有利于劳动力省内流动；省内管理的统一，加强了规范化管理及对基金管理使用的监控，有利于减少管理层次和管理环节，提高管理效率；省内基金的统一，有利于资金的省内调度互济和集中使用，解决省内不同地区养老保险基金畸轻畸重、苦乐不均的矛盾，提高基金使用效率，增强抵御风险能力。总之，省级统筹的实现，是对本省内养老资源的优化组合，是养老保险制度改革的一大进步。

然而，基本养老保险省级统筹的实现，是否就可以解决因统筹层次过低而引发的种种问题呢？事实并非如此。省级统筹意味着中国基本养老保险在全国被分成31块，形成31个统筹单位，各统筹单位之间各自为政。实践证明，随着市场经济的发展和区域合作水平的提高，省级统筹已经不能解决基本养老保险省区之间资源的协调与配置。省级统筹只能暂时缓解养老保险关系转移难，随着人员流动性的不断增强，省级统筹不能从根本上解决转移难的问题；由于地区利益刚性，各省、区、市之间的养老负担仍会畸轻畸重，养老基金无法跨统筹区域有效调剂使用，加剧了养老基金供求的结构性矛盾，不但导致养老基金使用效率低下，而且无法真正分散风险。为了切实做好企业离退休人员基本养老金按时足额发放和国有企业下岗职工基本生活保障工作，承担着财政“兜底”责任的中央政府不得不加大对基本养老保险的转移支付力度，直接增加了国家财政负担。统计资料显示，1998—2008年间，我国城镇企业职工基本养老保险补助资金来自于政府财政的总金额约为6700亿元，其中来自于中央财政的总金额约为5600亿元。②

2010年10月28日，十一届全国人大常委会第十七次会议表决通过了《中华人民共和国社会保险法》，其中第六十四条明确规定“基本养老保险基金逐步实

① 人力资源和社会保障部. 2009年度人力资源和社会保障事业发展统计公报［R］，2010.

② 胡晓义. 走向和谐：中国社会保障发展60年［M］. 北京：中国劳动社会保障出版社，2009：93.

行全国统筹，其他社会保险基金逐步实行省级统筹，具体时间、步骤由国务院规定”，为我国基本养老保险统筹层次改革目标确立了法律依据。2011 年 3 月 16 日，《中华人民共和国国民经济和社会发展第十二个五年规划纲要》正式发布，其中明确指出，“全面落实城镇职工基本养老保险省级统筹，实现基础养老金全国统筹”。2013 年 2 月，国务院批转发展改革委、财政部、人力资源社会保障部《关于深化收入分配制度改革若干意见的通知》，强调要“全面落实城镇职工基本养老保险省级统筹，‘十二五’期末实现基础养老金全国统筹”，为基本养老保险全国统筹设定了时间表。2013 年 5 月，国务院批转发展改革委《关于 2013 年深化经济体制改革重点工作意见的通知》（国发〔2013〕20 号），把基本民生保障制度改革作为年度大力推进年度重点改革的七项内容之一，特别是把“研究制定基础养老金全国统筹方案”作为我国养老保险制度改革的重要任务。

综上所述，尽管基本养老保险省级统筹已属于较高层次的统筹，但是其地方统筹的属性并没有根本改变，仍然是一个不完整的、分割的养老保险制度，并存在诸多弊端。一般来说，基本养老保险的统筹层次越高，覆盖的范围越大，抵御风险的能力就越强，保障程度就越高。世界上大多数建立社会保障制的国家都实行了全国范围的养老保险基金统筹，例如，欧盟十个国家早就实现了国内层面的统筹，目前正在追求社会保障体系的全欧盟的统一，而联邦制的美国摈弃分散的传统，自 1939 年开始征收社会保障税就建立了全国统一的社会保障体系。对我国而言，全国统筹是基本养老保险统筹的最高层次，基本养老保险从省级统筹过渡到全国统筹，是解决省级统筹中诸多弊端的必然选择，也是我国社会保障制度改革和完善的重要内容之一，其有利于形成全国统一的劳动力市场，促进劳动力跨省自由流动；有利于在全国范围内调剂资金余缺，分散养老基金的风险；有利于养老基金的管理和运营，盘活养老基金存量；有利于实现社会公平，保障职工养老保障权益，进而推动养老保险制度健康可持续发展。因此，为了解决基本养老保险省级统筹存在的诸多问题，基本养老保险全国统筹意义重大，势在必行。从根本上来说，采取有力措施推动基本养老保险省级统筹是基于中国现实国情约束下的一种必要的过渡性制度安排，而如何协调各方利益、做好各种配套改革保证在省级统筹的基础之上实现全国统筹，是新时期摆在我们面前一个现实课题。

新制度经济学作为一门新兴学科，是应用现代微观经济学理论分析和研究制度及制度变迁的产物，对越来越多的制度安排提出了自己的真知灼见，并且为改变这些安排以进一步增强效率提供了理论基础。① 我国基本养老保险统筹层次的

① 卢现祥．新制度经济学［M］．武汉：武汉大学出版社，2004：2.

变迁作为一项正式的制度安排，几十年来的改革实际上是一个连续的制度变迁过程。目前，学术界运用制度经济学制度学的相关理论对我国城镇企业职工基本养老保险全国统筹进行的研究十分有限。本书试图用制度分析方法这一新的分析视角，运用制度经济学的制度变迁理论对“为何省级统筹只是一个过渡阶段，全国统筹是最终归宿?”“推动我国基本养老保险全国统筹的内在根源是什么?”“为何基本养老保险全国统筹过程中充满困难和矛盾?”等问题从一个全新的视角做出回答。这不仅有助于深刻了解我国基本养老保险统筹层次经历特定制度变迁路径的原因，提升我们对基本养老保险全国统筹的理论认识，而且有助于摸清统筹层次提高的阻力因素，抓住问题的要害，找到解决问题的突破口，争取相关利益集团对全国统筹这项改革的理解与支持，从而调动各方面的积极性，促进全国统筹的顺利进行，为构建我国城镇企业职工养老保险制度的长效机制出谋划策。总体而言，我国基本养老保险全国统筹问题研究是一个极具现实意义且极富挑战性的课题，虽然已有一些学术成果，但是仍需不断地发掘新资料、应用新方法，进一步充实、丰富和开拓已有的研究视角和研究内容。

第二节 研究范畴的界定

基本养老保险制度的改革创新是与一个国家的政治、经济和社会文化发展紧密联系在一起的，它是社会化大生产的产物，也是人类社会进步的重要标志之一。新中国成立以来，随着经济社会快速发展，我国社会保障制度不断完善，基本养老保险覆盖范围不断扩大。从人口结构来看，我国公民可以划分为多种群体；从账户结构来看，我国基本养老金账户分为基础养老金账户和个人账户养老金账户。我国基本养老保险全国统筹覆盖哪些群体呢？我国基本养老保险全国统筹涉及哪些账户呢？为此，有必要对基本养老保险全国统筹的研究对象和研究范围进行界定。

一、研究对象的界定

在我国养老保险制度中，针对不同群体的多种养老保险制度并存，不同养老保险制度之间相互独立，同一养老保险制度下不同地区之间相互割裂，使养老保险呈现“碎片化”状态。根据保险对象的差异，目前我国的养老保险体系可以分为机关事业单位职工养老保险、城镇企业职工养老保险、城镇居民养老保险、农村居民养老保险、失地农民养老保险等五部分。其中，城镇企业职工养老保险是我国养老保险体系的重要支柱，直接关系着广大退休职工的生活水平，影响社会稳定。本书所论及的是城镇企业职工养老保险。

不同历史时期，我国城镇企业职工养老保险覆盖的范围存在较大差异。城镇企业职工养老保险制度的前身是指1951年通过的《中华人民共和国劳动保险条例》中关于企业职工养老保险的部分。从覆盖对象来看，这一制度最初的覆盖对象是全国国营、公私合营、私人企业及其职工，后来随着对公私合营、私营企业的社会主义改造的完成，保险对象仅限于国营企业及集体企业职工。随着改革开放的推进，私营企业、个体工商户不断涌现，外资企业不断介入，我国城镇企业职工养老保险的覆盖范围也不断扩大。1997年7月国务院颁发的《国务院关于建立统一的企业职工基本养老保险制度的决定》（国发〔1997〕26号）第一条指出，“到本世纪末要基本建立适用城镇各类企业职工和个体劳动者的养老保险体系”；第十条指出，“实行企业化管理的事业单位，原则上按照企业养老保险制度执行”。此时，我国城镇企业职工养老保险覆盖的对象扩大到包括城镇各类企业职工、个体劳动者以及实行企业化管理的事业单位员工。2009年12月，人力资源社会保障部、财政部颁发的《城镇企业职工基本养老保险关系转移接续暂行办法》第二条明确指出，“本办法适用于参加城镇企业职工基本养老保险的所有人员，包括农民工。”2010年10月28日通过的《中华人民共和国社会保险法》第二章第十条指出，“无雇工的个体工商户、未在用人单位参加基本养老保险的非全日制从业人员以及其他灵活就业人员可以参加基本养老保险，由个人缴纳基本养老保险费”。至此，我国城镇企业职工基本养老保险的覆盖范围包括：城镇各类企业职工、企业化管理的事业单位职工、无雇工的个体工商户和非全日制从业人员，包括农民工。这也是本书城镇企业职工基本养老保险统筹的对象。

二、研究范围的界定

20世纪90年代中期，世界银行针对世界各国面临着人口老龄化等因素导致的养老保障财务危机，发表题为《防止老龄危机——保护老年人及促进增长的政策》的报告，报告中首度提出了“三支柱”养老金制度改革模式：“第一支柱”是政府向全体就业人员提供的公共养老金计划；“第二支柱”是私人和公共部门的雇主向雇员提供的一种辅助性的补充养老金计划（企业年金）；“第三支柱”是个人储蓄养老金计划。[①] 为了应付“未富先老”的人口老龄化压力，提高全民

① World Bank, Averting the old Age Crisis: Policies to Protect the Old and Promote Growth [M], Oxford: Oxford University Press, 1994: 15.

养老保障水平，我国吸取了世界银行的思想和建议，逐步完善我国的养老保障制度，构建了“三支柱”的养老保险制度：第一支柱为基本养老保险，第二支柱为企业补充养老保险（企业年金），第三支柱为个人储蓄型保险计划。基本养老保险亦称国家基本养老保险，它是按国家统一政策规定强制实施的为保障广大离退休人员基本生活需要的一种养老保险制度，在我国的养老保险体系中占据主导地位。本书所要研究的即是第一支柱的养老保险，即城镇企业职工的基本养老保险（如无特别指出，以下简称“基本养老保险”）。

20 世纪 90 年代初，我国建立了“社会统筹与个人账户”相结合的养老保险制度，即所谓“统账结合”模式。“统账结合”制度是我国在世界上首创的一种新型基本养老保险制度。“统账结合”养老保险制度的建立，意味着我国的基本养老金由两部分组成，即由社会统筹养老金（基础养老金）和个人账户养老金组成。由于个人账户养老金部分为个人缴费积累，属于个人产权，可随劳动者工作的调动而发生转移，受基本养老保险统筹层次影响较小。2011 年 3 月 16 日正式发布的《中华人民共和国国民经济和社会发展第十二个五年规划纲要》也明确指出，“全面落实城镇职工基本养老保险省级统筹，实现基础养老金全国统筹”。因此，本书研究的养老保险的统筹范围不包括基本养老保险中的个人账户部分，只包括基本养老保险中的社会统筹部分，也即是基础养老金部分（如无特别指出，以下基本养老保险统筹特指“基础养老金部分的统筹”）。也即是说，本书的研究范围是城镇企业职工的基本养老保险中的基础养老金部分。

第三节 文献综述

基本养老保险统筹层次问题是养老保险制度设计中的重要内容，它不仅是养老保险制度自身完善的客观要求，同时也是中国经济社会发展的内在要求。随着我国养老保险制度改革的不断深化和党中央国务院对保障和改善民生的不断重视，逐步提高我基本养老保险的统筹层次受到了广泛关注。

一、国内相关研究综述

基本养老保险的低统筹层次存在各种各样的问题。为了提高我国基本养老保险统筹层次，国内学者对此进行了有益的探索，这些研究为我国基本养老保险统筹层次的提高提供了宝贵的借鉴。总的来说，国内对基本养老保险统筹层次问题的研究主要集中在以下几个方面。

（一）基本养老保险统筹层次涵义的研究

明晰基本养老保险统筹层次的涵义和基本养老保险统筹基金范围是探讨基本养老保险全国统筹问题的前提。

关于统筹的涵义，欧阳觅剑、游克湘指出，所谓统筹，就是在一定的范围内，统一筹划养老保险基金的征缴、管理和使用，每个统筹区各自负责本区域养老保险基金的平衡，结余主要归本统筹区支配和使用，缺口一般由本级政府和本级财政填补。①

关于统筹层次的涵义，胡继晔②、焦津强认为，所谓统筹层次，就是在一定的范围内，统一筹集、管理和使用社会保险基金并实现自我平衡的单位所处的层次，通常依据行政区划界定统筹范围，如县级统筹、地（市）级统筹、省级统筹、全国统筹。③ 具体到全国统筹，郑功成认为，基本养老保险全国统筹的实质性内涵是在统一制度、统一管理机构、统一缴费比例、统一养老金计发办法的基础上，实现基础养老金的统收统支。④ 张利军认为，养老保险全国统筹是基本养老保险制度统一、缴费基数和比例统一、基本养老金计发办法和统筹项目统一、基金全国统一调度使用、统一编制和实施基本养老保险基金收支预算并明确各级政府的责任、业务规程统一。⑤

关于提高统筹层次的实质，胡晓义认为，统筹层次问题的核心是资金的管理控制权，而政策的统一，标准的规范等等，都只是外部的充分条件。⑥ 刘振杰指出，提高统筹层次，就是提升和明确养老保险制度的管理层次和管理体制，实质上解决的是中央政府和地方政府、企业和个人的权利、责任、义务的划分问题。⑦ 刘德浩通过对统筹层次概念的探讨，认为统筹层次问题的实质就是各级政府怎样配置养老保险的事权和财权，以及构建一个什么样的养老保险基金管理运营体制。

结合上述学者的观点，本书认为，所谓统筹层次，是指在一定的范围内，统一筹集、管理和使用社会保险基金并实现自我平衡时统筹单位所处的层次，由低

---

① 欧阳觅剑，游克湘．养老保险统筹之道［J］．南风窗，2008（22）：23－24.

② 焦津强．谈社会保险统筹层次过低问题［N］．中国审计报，2008－6－11.

③ 胡继晔．《社会保险法》与养老保险的全国统筹［J］．财经政法咨询，2009（3）：66－67；

④ 郑功成．实现全国统筹是基本养老保险制度刻不容缓的既定目标［J］．理论前沿，2008（18）：12－15.

⑤ 张利军．中国养老保险统筹层次的改革路径与发展方向探讨［J］．中国劳动关系学院学报，2009（4）：74－78.

⑥ 胡晓义．关于逐步提高养老保险统筹层次——十六届三中全会＜决定＞学习札记之二［J］．中国社会保障，2004（1）：18－21.

⑦ 刘振杰．提高养老保险统筹层次的必要性与可能性［J］．红旗文稿，2007（6）：11－13.

到高可以分为县级统筹、市级统筹、省级统筹和全国统筹四个层次；资金统筹是养老保险统筹的关键，因此，基本养老保险统筹层次问题的核心是对基本养老保险中的基础养老金的管理控制权，其实质是各级政府责任和权限的划分。

（二）实现基本养老保险全国统筹必要性和可行性的研究

对于实现基本养老保险全国统筹必要性和可行性，学者们从不同的角度进行了探讨。

有学者从基本养老保险省级统筹的不足出发，指出基本养老保险全国统筹的必要性。郑功成指出，基本养老保险制度停留在地方分割、低层次统筹层次上，已经和正在造成日益严重的后果，并事实上直接损害着这一制度的健康发展。为解决这些缺陷造成的严重损害，必须意识到：实现基本养老保险全国统筹是刻不容缓的既定目标；并建议中央政府尽快研究、制定基本全国统筹的具体方案，争取在2012年前完全实现基本养老保险全国统筹的目标。① 林毓铭指出，由于省级统筹“统而难筹”，给中央政府造成巨大的养老保险基金财政补贴压力，中央统筹是最大范围的社会统筹，中央统筹取代地方统筹，可以做到成本最低。② 陆解芬、朱玉林通过总结省级统筹的调剂与风险分散能力、收入再分配能力和基金的增值保值能力等方面存在不足之处，指出实行全国统筹意义重大。③ 贾军从“统筹范围”角度展开分析，认为省级统筹本身也是“统筹范围”的一种，即使搞得完善，仍然有其不可克服的弊端，“统筹范围”这种管理模式终究是要消亡的，进而得出结论：“统筹范围”管理模式下的省级统筹，必然是低效率的，省级统筹只能作为一种过渡，实现全国统一政策、统收统支才是真正的目标。④ 席恒和梁木、卢驰文、侯凤翠和周颖、刘雯晶从劳动力流动角度指出，基本养老保险省级统筹可以解决省内管理的统一和人员流动问题，但是我国正处于经济高速发展的时期，劳动力大规模的跨区域、跨行业的流动将长期大量存在，省级统筹不能完全适应形势，实现基本养老保险全国统筹，有利于劳动力在市场的调解下自由、合理的流动，保护劳动者的合法权益不受损害。⑤⑥⑦⑧

---

① 郑功成．实现全国统筹是基本养老保险制度刻不容缓的既定目标［J］．理论前沿，2008（18）：12－15.

② 林毓铭．完善养老保险省级统筹管理体制的思考［J］．市场与人口分析，2007（4）：57－63.

③ 陆解芬，朱玉林．对提高养老保险基金统筹层次的探讨［J］．财会研究，2002（1）：12－15.

④ 贾军．“统筹范围”对养老保险制度建设的影响［J］．中国社会保障，2002（12）：18－19.

⑤ 席恒，梁木．基本养老保险全国统筹可能性分析［J］．社会保障研究，2009（1）：3－9；

⑥ 卢驰文．基本养老保险统筹层次对人才流动影响的经济学分析［J］．桂海论丛，2007（1）：52－55；

⑦ 侯凤翠，周颖．基于完善劳动力市场的基本养老保险制度全国统筹对策研究［J］．中国经贸导刊，2009（16）：25；

⑧ 刘雯晶．进一步提高我国基本养老保险统筹层次的思考［J］．价格月刊，2008（12）：28－29.

也有学者从实现基本养老保险全国统筹的可行性角度展开研究。樊纲、王小鲁明确指出，提高统筹层次，建立全国统筹的基本养老金制度的改革不仅必要，而且从理论和实际看也完全可行。[①] 欧阳觅剑、游克湘指出，中央财政财力增长，而且各地纷纷建立调剂金制度，对下一级养老保险基金的补贴越来越多。更为重要的是，基本养老金的计发办法已经比较完善。而全国统筹与省级统筹相比，难度并不会大太多，理应成为政策的目标。[②] 席恒、梁木运用定性与定量结合的研究分析方法对全国统筹条件的研究指出，全国统筹是我国基本养老保险制度的最终目标，我们具备了实现基本养老保险全国统筹的政治、经济、财政等方面的有利条件。[③]

（三）实现基本养老保险全国统筹时机是否成熟的研究

关于目前基本养老保险全国统筹的时机是否成熟，学者们展开了激烈的讨论。

何文炯从财政体制与基金安全角度指出，基本养老保险基金统筹层次的提高不仅要充分考虑统筹范围内经济和生活水平的差异性，而且需要与财政体制相适应。在当前各地社会经济状况差异较大和财政“分灶吃饭”的情况下，盲目提高我国基本养老保险基金的统筹层次，不仅无助于基金的安全，而且可能会增加基金的风险。[④] 王晓军、赵彤运用精算模型对不同省区养老保险的历史债务进行测算和运用定量方法对各省区养老保险待遇和负担水平、人口结构等进行分析的基础上指出，我国社会养老保险的省区差距巨大。如果在如此巨大的差距下实行社会养老保险的全国统筹，其进程必然受阻。因此，在当前显著的地区差距下，全国统筹的时机尚不成熟。[⑤] 焦津强、杨柳从我国人口众多、幅员辽阔且各地区经济发展很不平衡的现实国情角度指出，目前搞全国统筹的基本条件不具备；并认为我国目前的更重要的战略任务在于脚踏实地的做好省级统筹，为日后向全国统筹过渡打下坚实的基础。[⑥⑦] 慈勤英从我国基本养老保险制度的状况角度，指出我国基本养老保险制度改革以来，一直处于多头管理、条块分割、多层次统筹的状况，其混乱程度已到了非整治不可的地步，由此认为省级统筹是当前较为合

---

① 樊纲，王小鲁．收入分配与公共政策（2005）［M］．上海：上海远东出版社，2005.

② 欧阳觅剑，游克湘．养老保险统筹之道［J］．南风窗，2008（22）：23－24.

③ 席恒，梁木．基本养老保险全国统筹可能性分析［J］．社会保障研究，2009（1）：3－9.

④ 何文炯．关于进一步完善基本养老保险制度的若干思考，载中国社会保险学会．中国社会保险优秀论文集［M］．北京：中国劳动社会保障出版社，2006：48－52.

⑤ 王晓军，赵彤．中国社会养老保险的省区差距分析［J］．人口研究，2006（2）：44－50.

⑥ 焦津强．谈社会保险统筹层次过低问题［N］．中国审计报，2008－6－11；

⑦ 杨柳．关于提高养老保险统筹层次的思考［J］．中小企业管理与科技（上旬刊），2008（9）：56－57.

适的选择，全国统筹条件尚未具备①。邹丽丽从地区之间的经济差距和道德风险两个角度指出，现阶段我国地区之间经济差距较大，实现全国统筹困难很大；在省级统筹尚不健全、各种运作机制尚不完善的条件下实行全国统筹，中央政府不得不承担所有的道德风险，将会达到一个危险的程度。因此，省级统筹是当前比较适宜的一种统筹层次。②

综合学者们的观点可以看出，中国实行基本养老保险全国统筹的条件尚未成熟，省级统筹是当前较为合适的选择，而基本养老保险全国统筹是省级统筹未来的发展方向。

（四）实现基本养老保险全国统筹障碍的研究

现有的研究中，对提高基本养老保险统筹层次的障碍的研究主要集中于对实行基本养老保险省级统筹阻碍的研究，但是也有部分学者对实现基本养老保险全国统筹的阻碍因素进行了探讨。

王晓军、赵彤运用精算模型和定量分析对我国31个省区市养老保险基本状况进行比较基础上，指出我国不同省区市在养老保险的历史债务、覆盖率、待遇水平、缴费率等方面存在较大差异，这种差距必然造成较大的地区间收入再分配，阻碍全国统筹进程。③ 毛广雄、颜俊从建设和谐的社会保险制度视角，分析了新形势下我国社会保险制度面临的新问题，并指出实行社会保险全国统筹面临的主要障碍是法律体系不健全和管理机制“三多”“三少”现象突出。④ 万春、邱长溶通过构建养老保险统筹精算模型预测出统筹系统的平衡情况，认为企业不愿意统筹、地区之间不愿调剂及其省之间不愿统筹等三个层次的阻力阻碍着全国统筹养老保险的实施。⑤ 彭浩然、呙玉红从微观个人角度测算发现，我国基本养老保险的地区差距不仅仅体现在宏观方面，而且对于微观个体来说，同一个人在不同地区参加基本养老保险所获得的内含报酬率和替代率水平也相差很大，这种明显的差距将在一定程度上影响劳动力的自由合理流动，也会阻碍我国实现基本养老保险全国统筹。⑥ 刘雯晶认为，分税制财政体制下中央与地方事权、财权划

① 慈勤英．关于基本养老保险统筹“条块之争”的思考［J］．湖北大学学报（哲学社会科学版），2000（3）：95－98.

② 邹丽丽．基本养老保险统筹层次研究［D］．辽宁：辽宁大学，中国优秀博士学位论文全文数据库，2009.

③ 王晓军，赵彤．中国社会养老保险的省区差距分析［J］，人口研究．2006（2）：44－50.

④ 毛广雄，颜俊．试论社会保险全国统筹的制度体系创新［J］．南京人口管理干部学院学报，2009（3）：57－61.

⑤ 万春，邱长溶．我国养老保险体系的全国统筹模型建立及预测分析［J］．预测，2006（3）：43－47.

⑥ 彭浩然，呙玉红．我国基本养老保险的地区差距研究［J］．经济管理，2009（8）：169－174.

分不明晰，发达地区及基金盈余地区可能抵制统筹层次的提高以及养老保险个人账户亏空的弥补责任未明确等因素导致了养老保险全国统筹难以实施。① 杨柳认为“统而难筹”问题、兜底问题、态度问题、成本问题等四个方面问题阻碍全国统筹的顺利进行。②

学者们运用不同的学科知识从不同的角度对基本养老保险全国统筹的阻碍因素探讨表明，我国基本养老保险全国统筹的实现过程将充满矛盾和阻碍。

（五）实现基本养老保险全国统筹的路径选择研究

合理的改革路径能减少阻力和不必要的环节，加速改革的进程。就采取何种改革路径实现从省、市、县等低统筹层次到全国统筹层次的过渡，学者提出了不同的看法，综合起来，主要有三种观点。

第一种观点是“三步走”思路，即从地市级统筹逐步上升到省级统筹，再逐步上升到全国统筹。冯兰瑞强调，社会化是社会保障的本质特征，统筹层次提高就是社会化水平提高。对我国而言，为了提高养老基金筹集和使用的社会化水平，第一步就是要实现基本养老基金从县级统筹到省级统筹的过渡，从而为下一步过渡到全国统筹、实现国民收入高度社会化创造条件。③ 张利军指出，为了实现全国统筹，需要按照全国统筹的时间表，走好“三步走”战略：先采用统收统支的完全统筹模式实现省级统筹，然后建立全国统一预算和全国养老保险调剂金制度，最后将两种养老保险统筹基金运作模式逐步规范为全国统一的统收统支模式，从而真正实现全国统筹。④

第二种观点是“两步走”思路，即先一步到位到省级统筹，再逐步过渡到全国统筹。胡晓义、卢驰文从改革的成本角度指出，逐级提高基本养老保险统筹层次和一步到省级相比，改革的过程更加复杂，纯粹增加了一个环节，不仅浪费人力、物力和时间，很可能延迟理顺体制的时间，加大改革的成本，还会增加改革的阻力。因此市级统筹不是省级统筹的必经阶段。并建议已经由县级统筹提高到了地级统筹的地区，继续完成由地级统筹到省级统筹的改革任务；仍为县级统

① 刘雯晶．进一步提高我国基本养老保险统筹层次的思考［J］．价格月刊，2008（12）：28－29.

② 杨柳．关于提高养老保险统筹层次的思考［J］．中小企业管理与科技（上旬刊），2008（9）：56－57.

③ 冯兰瑞．社会保障社会化 yu 养老基金省级统筹［J］．中国社会保障，2002（10）：54－57.

④ 张利军．中国养老保险统筹层次的改革路径与发展方向探讨［J］．中国劳动关系学院学报，2009（4）：74－78.

筹的地区，绕过地级统筹这一环节，直接过渡到省级统筹。①② 焦津强从共济性和财政体制角度指出，符合我国基本国情、能充分发挥共济性作用、又与现行财政体制相适应的统筹之路是走直接从省级统筹起步的路径。尽管一步到位搞省级统筹的具体实施过程中也会遇到许多困难，但这些困难远比自下而上和自上而下这两条路径遇到的困难要少得多，解决起来也相对容易。③

第三种观点是“一步走”思路，即地市级统筹和省级统筹并不是必经的环节，而是从目前的地方分割统筹，一步跨越到全国统筹。郑功成从基本养老保险的自我平衡和自我发展、事权与财权、公平与效率等方面分析指出，“一步走”思路是成本最小、代价最低并且最有利于制度建设的方案，是符合制度发展规律、符合制度长远利益和宏观利益的最佳策略，是解决现实诸多问题的治本之策，从而已经刻不容缓。④ 李小回顾推进基本养老保险省级统筹的艰难状况后指出，省级政府同样具有地方政府追求自身利益最大化的倾向。因此，在实行全国统筹过程中，与其让提升统筹层次举步维艰的历史一次又一次的重演，不妨一步到位实现基本养老保险全国统筹。⑤

（六）实现基本养老保险全国统筹的对策研究

针对实现基本养老保险全国统筹的种种矛盾与阻碍，学者们从不同的视角提出了相应的对策。郑功成强调，实现基本养老保险全国统筹必须妥善处理过渡措施、组织基础、改革原则、中央与地方政府之间的责任分担和激励约束机制等四个方面的问题。⑥ 陆解芬、朱玉林以及刘振杰、慈勤英认为开征社会保险税是实现基本养老保险全国统筹的必要条件。他们强调，实现基本养老保险全国统筹的前提是中央政府必须统一集中、分配、管理全国的养老保险基金，而对于其中需要首先解决的养老保险的筹资问题，建议开征社会保险税加以解决，以保证养老

---

① 胡晓义．关于逐步提高养老保险统筹层次——十六届三中全会<决定>学习札记之二［J］．中国社会保障，2004（1）：18－21.

② 卢驰文．提高职工养老保险统筹层次的阻力及对策［N］．中国经济时报，2006－9－22.

③ 焦津强．谈社会保险统筹层次过低问题［N］．中国审计报，2008－6－11.

④ 郑功成．实现全国统筹是基本养老保险制度刻不容缓的既定目标［J］．理论前沿，2008（18）：12－15.

⑤ 李小．完善我国城镇企业职工养老保险制度研究［D］．长春：东北师范大学．中国优秀硕士学位论文全文数据库，2009.

⑥ 郑成功．实现全国统筹是基本养老保险制度不容缓的既定目标［J］．理论前沿，2008（18）：12－15.

保险基金收入的及时稳定。①②③ 席恒和梁木、侯凤翠和周颖、刘雯晶从完善劳动力市场的角度出发，提出了基本养老保险全国统筹的对策建议。④⑤⑥ 龚秀全从制度转化成本的角度展开分析，认为基本养老保险从省级统筹提高到全国统筹是一个利益重新调整过程，必然面临比较大的制度转换成本。为减少制度转化成本，其可行办法是降低利益调整程度，增加制度刚性，具体而言就是要在均等化全国基础养老金基础上建立地方附加基础养老金，明确中央政府与地方政府的责任，平衡各地区利益。⑦ 毛广雄、颜俊从制度创新的视角出发，在对国外经验及启示深入分析的基础上指出了构建我国社会保险全国统筹的制度体系新思路，即加快社会保险全国统筹的体制创新、法制创新以及机制创新。⑧ 王晓军、赵彤、彭浩然、呙玉红认为，较大的基本养老保险地区差距一直是制约我国统筹层次提高的主要原因，缩小基本养老保险的地区差距可以为我国提高养老保险统筹层次创造有利条件，并分别从宏观和微观角度提出了缩小我国基本养老保险地区差距的具体措施。⑨⑩ 胡晓义对基础养老金全国统筹做出框架性设想：将目前的基本养老金分为全国统筹的基础养老金和各省统筹的地方养老金两部分。其中，全国统筹的基础养老金由中央政府负完全责任，地方养老金由省级政府统筹并负完全责任；并指出应遵循的原则：一是既得利益基本不调整，二是要大体统一，又要有所差别，三是维护退休人员的合法权益。⑪

二、国外相关研究综述

通常，国际上将社会保障计划分为国家计划和地方计划。养老金计划是普及

---

① 陆解芬，朱玉林．对提高养老保险基金统筹层次的探讨［J］．财会研究，2002（1）：12－15.

② 刘振杰．提高养老保险统筹层次大有必要［J］．宏观经济管理，2007（4）：27－28.

③ 慈勤英．关于基本养老保险统筹“条块之争”的思考［J］．湖北大学学报（哲学社会科学版），2000（3）：95－98.

④ 席恒，梁木．基本养老保险全国统筹可能性分析［J］．社会保障研究，2009（1）：3－9.

⑤ 侯凤翠，周颖．基于完善劳动力市场的基本养老保险制度全国统筹对策研究［J］．中国经贸导刊，2009（16）：25.

⑥ 刘雯晶．进一步提高我国基本养老保险统筹层次的思考［J］．价格月刊，2008（12）：28－29.

⑦ 龚秀全．中国基本养老保险全国统筹的制度转换成本与路径研究［J］．社会保障研究，2007（6）：64－69.

⑧ 毛广雄，颜俊．试论社会保险全国统筹的制度体系创新［J］．南京人口管理干部学院学报，2009（3）：57－61.

⑨ 王晓军，赵彤．中国社会养老保险的省区差距分析［J］．人口研究，2006（2）：44－50.

⑩ 彭浩然，呙玉红．我国基本养老保险的地区差距研究［J］．经济管理，2009（8）：169－174.

⑪ 胡晓义．关于逐步提高养老保险统筹层次——十六届三中全会<决定>学习札记之二［J］．中国社会保障，2004（1）：18－21.

全民的强制性养老计划，具有明显的公平性的特征，一般属于国家计划，立法权在中央，全国实行统一的缴费率和支付标准，基金统一筹集和拨付，中央政府的专门机构统一管理，即我们所说的全国统筹。世界上大多数建立现代社会保障的国家，无论是政府、雇主、雇员三方共同负担型养老保障模式（美国、德国、日本等），雇主、雇员两方共同负担型养老保障模式（新加坡等），政府负担型养老保障模式（瑞典、丹麦、挪威等），还是个人负担型养老保障模式（智利），都是由中央政府或其授权管理的专门机构进行统一管理，都属于养老金计划的中央统筹。因此，总体而言，国外学术界关于基本养老保险全国统筹问题的研究相对较少，但仍有部分学者开展了研究。

米切尔（Olivia S. Mitchell）从规模效应的角度指出提高养老保险统筹层次的必要性，通过比较不同类型的养老保障计划的管理成本后指出，私人运营的养老保障计划能提供更多、更好的服务，而政府运作的养老保障计划具有明显的规模优势，管理成本较低，其原因在于，养老金管理成本的大小主要依赖于参加养老保障计划的规模，参加的人越多，规模效应越明显，成本越低。① 劳工组织专家塔玛格诺和克诺普（Edward Tamagno & Rudiger Knop）在劳动保障部与国际劳工组织联合召开的“扩大社会保障覆盖面国际研讨会”上，从劳动力合理流动的角度强调提高养老保险统筹层次的必要性。他们指出，劳动力流动对于充满活力和现代化的经济至关重要，对中国而言，目前的养老保险制度至少在两方面阻碍了劳动力流动：一是一些省份没有建立养老保险的省级统筹；二是对跨省工作的劳动者养老保险利益缺乏有效的保护机制。为了有效地解决上述问题，建议中国应该制定实现省级统筹的中长期规划，推动省级统筹的逐步实现。② 塔玛拉·特林（Tajnara Trinh）从减轻国家财政负担和维护社会公平角度说明中国应该提高养老保险统筹层次。她认为，中央政府承担着债务的最终“兜底”责任，但由于缺乏全国性的统筹体系，中央政府无法利用一个省的储备资金来为其他省的缺口提供融资，由此给国家带来了巨大的财政负担。并且，由于分权体系的存在和养老保险统筹层次过低，不仅不同省市的缴费率不同，而且不同

① Olivia S. Mitchell. Administrative Costs in Public and Private Retirement Systems [J]. Chicago: University of Chicago Press, January, 1998, pp. 403 – 456.

② Edward Tamagno & Rudiger Knop. 国际劳工组织专家认为扩大养老保险覆盖面应具备八个重要前提 [EB/OL], http://jys.ndrc.gov.cn/gzdt/t20051221_53939.htm

类型的企业的缴费率也不同，使中国养老保险制度内存在巨大的不公平性。① 格雷戈里奥·因帕维多（Gregorio Impavido）等从养老金的治理与基金管理角度展开研究，认为中国养老金体系呈高度碎片化和分散化，不同的组成部分之间及各省之间在治理标准、养老基金管理实践及监管方面都存在着显著的差异。在过去的几年中，约有 21 个省成功地将资产管理权集中到省级层面，取得了一定的成绩，同时，也存在着省、市和其他自治市一直采取一种分散、自主的方式来制定并实施养老金政策等不足。② 约瑟夫·斯蒂格利茨（Joseph E. stiglize）就中国究竟应该建立一个全国统一的还是各省独立的社会保障计划提出了自己的看法。他认为，未来中国将面临的机遇与挑战之一，就是建立全国性劳动力市场，以促进劳动力的自由流动。全国性的社会保障体系将极大地促进劳动力的流动；而设计拙劣的以省为单位的体系可能会带来重大的负面影响。为此，一种选择是建立一个全国性的基本体系，在某些场合辅之以特定的省级体系，并建立全国性的监管体系。③

三、国内外相关研究述评

从国内外研究文献来看，近年来学术界对提高我国基本养老保险统筹层次开展了激烈的讨论，在基本养老保险全国统筹的概念、方向、时机等方面基本达成了共识，对基本养老保险全国统筹的困境、实现路径和解决途径发表了各自见地。这些研究成果丰富了我国养老保险改革的理论，推动了我国养老保险改革的实践，也为本书研究基本养老统筹层次问题奠定了重要的理论基础。但整体而言，学术界对我国基本养老保险统筹问题的研究起步较晚，尤其是对全国统筹的研究，似乎还处在拓荒阶段，不管从数量还是质量上看都显不够。从现有的研究成果来看，其不足之处主要表现为以下三个方面：

第一，在研究内容方面。从现有的文献看出，目前对基本养老保险省级统筹的研究较多，对基本养老保险全国统筹的研究，尤其是可行性方案和对策性研究较少。这就为本书从系统的、全面的视角分析基本养老保险全国统筹问题留下了较大的空间。

---

① Tajnara Trinh. China's pension system ：Caught between mounting legaeies and unfavorable demographies ［R］. Deutsehe Bank Research，February 17，2006.

② Gregorio Impavido，Yu－Wei Hu，Xiaohong Li. Governance and Fund Management in the Chinese Pension System ［R］. International Monetary Fund，November ，2009.

③ 约瑟夫·斯蒂格利茨．设计适当的社会保障体系对中国继续取得成功至关重要（刘卫译）［J］．经济社会体制比较，2000（5）：20－21.

第二，在研究方法方面。学者对我国基本养老保险全国统筹的研究偏重于具体的实证研究，主要集中于实践经验总结，少有从动态发展和制度演进的角度展开研究，一般性的理论研究明显不足。因此，本书从现有的实践经验出发，寻找有借鉴意义的一般性启示和理论性总结，可以为我国基本养老保险全国统筹提供理论、决策依据和政策选择。

第三，研究视角方面。目前，对我国基本养老保险全国统筹的研究主要从经济学、社会学、人口学等单学科角度展开的，跨学科研究不足。事实上，基本养老保险统筹是一个系统工程，其推行与发展是一国经济水平、政治制度、历史传统、人口结构等各个方面的合力作用的结果，其研究本身涉及大量的经济学、社会学、财政学、人口学等跨学科的理论。因此，为了有针对性地、更有效地解决我国基本养老保险全国统筹过程中出现的种种问题，迫切需要我们以新的方法和新的角度对基本养老保险全国统筹问题进行跨学科的研究。

第四节 结构安排和研究方法

一、结构安排

本书拟分为六章。

第一章是导论，介绍本书的研究背景和研究意义，对相关的文献进行梳理，对本书的结构安排和研究方法、可能的创新之处进行阐述。

第二章是基本养老保险全国统筹的理论依据，对基本养老保险全国统筹相关理论进行总结、归纳和梳理，其中，央地权责划分是基本养老保险全国统筹的制度基础；财税结构是基本养老保险全国统筹的经济基础；单一制国家结构是基本养老保险全国统筹的政治基础，从而为基本养老保险全国统筹提供理论依据。

第三章是对基本养老保险统筹层次的历史变迁与现状分析。首先在回顾我国基本养老保险统筹层次变迁的历史过程的基础上，得出我国基本养老保险统筹层次变迁是强制性制度变迁与渐进式制度变迁的组合模式的结论，进而分析了我国基本养老保险统筹层次的现状及其存在的问题。

第四章是基本养老保险全国统筹的动因分析。全国统筹的好处，或者说是潜在利润，在现有的省级统筹制度框架下不能实现。为此，第四章基于制度变迁的供求分析框架，从制度供给和制度需求两个方面详细分析了我国推行基本养老保险险全国统筹这种制度的动因，即追求省级统筹下不能获取的潜在利润。其中，需求分析即主观条件分析，也就是对提高基本养老保险统筹层次的内在原因的分析，具体而言，是维护社会公平、缓解中央财政压力、劳动力的自由流动以及增强抗风险能力的需要；供给分析即客观条件分析，也就是对提高基本养老保险统筹层次的外在动力的分析，具体而言，包括制度环境、国际经验、相关知识的积累等等。

第五章是基本养老保险全国统筹的可行性分析。没有潜在利润，就不可能有制度变迁，但有了潜在利润，制度变迁也未必发生，因为制度变迁还涉及成本的问题。只有当预期的收益大于成本时，变迁才可能发生。鉴于此，第五章基于制度变迁的成本－收益分析框架，对基本养老保险全国统筹的可行性进行分析。对于基本养老保险全国统筹的成本，主要表现为实施成本和摩擦成本，实施成本主要是组织成本和运行成本，摩擦成本主要是利益集团之间的利益博弈，主要表现为中央政府与省级政府之间、省级政府之间的利益博弈。对于基本养老保险全国统筹的收益，主要表现为基本养老保险全国统筹后对社会公平、政府财政、劳动力流动、抵抗风险能力等方面的积极作用。分析表明，我国基本养老保险全国统筹的收益大于成本，得出全国统筹具有可行性的结论。

第六章是对策建议部分。分析表明，基本养老保险全国统筹有潜在利润，并且实施的收益大于成本。因此，我们应该明确基本养老保险全国统筹的基本原则，并从完善制度设计、加强管理体制建设、建立对地方政府的激励和约束机制以及完善养老金“三支柱”模式等方面推动基本养老保险全国统筹的顺利进行。

二、研究方法

基本养老保险全国统筹不仅是一个涉及经济学、社会学、政治学、财政学、人口学等多学科的交叉问题，同时也是一个实践性极强的问题。在研究中，本书主要采用了以下研究方法：

（一）制度经济学的分析范式

制度分析是对人的行为分析、利益矛盾分析、人与人关系（生产关系）分析的总称。转型的实质是一个制度变迁和制度创新的过程。中国作为转型国家，需要用制度经济学的理论和方法来分析转型中的经济社会问题。基本养老保险从省级统筹向全国统筹的过渡作为我国养老保险制度的重大转型，制度经济学对这项转型无疑具有重要的指导意义，并成为本书最基本的、贯穿本书始终的分析方法。本书首先运用制度经济学的制度变迁理论分析了基本养老保险全国统筹的理论意义，然后分别用制度经济学的供求分析框架和成本－收益分析框架分析了基本养老保险从省级统筹过渡到全国统筹的动力、成本与收益，指出基本养老保险全国统筹的现实意义与约束条件，并在此基础上指出基本养老保险全国统筹的实施方案。

（二）实证分析与规范分析相结合

本书关于基本养老保险全国统筹成本－收益的分析和阻力根源的探究离不开实证分析，而关于基本养老保险全国统筹的动因分析及解决问题的对策建议又必须借助于规范分析。本书充分运用实证分析与规范分析的研究方法，并使二者做到有机结合，以使本研究观点和结论建立在实证分析和规范分析基础之上。

（三）定性分析与定量分析相结合

本书不仅对基本养老保险全国统筹的成本、劳动力流动的收益、抗风险能力的收益等方面进行了定性分析，而且通过测算对基本养老保险全国统筹对社会公平的影响、对政府财政的影响等进行了定量分析，以使对基本养老保险全国统筹的利弊的分析更具说服力。

（四）假设论证与现实分析相结合

为了分析相关利益主体在基本养老保险从省级统筹过渡到全国统筹的损益情况，本书以已有的有关政策规定、过去年份的实际值及对未来国家的经济社会发展和人口发展趋势的估计判断为前提，在多处采用了假设论证的方法；并在假设论证的基础上，对全国统筹相对于省级统筹的损益情况进行比较分析，得出基本养老保险全国统筹是大势所趋的结论。

第五节 创新之处

本书的创新之处主要体现在以下三个方面。

第一，在定性与定量研究的基础上，指出了基本养老保险全国统筹层次的必要性和可行性，有利于提高基本养老保险全国统筹的在社会各界的认识度和可接受性，为基本养老保险全国统筹的实现和顺利运行奠定基础。

第二，运用制度经济学的研究方法探讨基本养老保险全国统筹问题，为正确认识我国基本养老保险全国统筹问题提供了一个新的视角，拓展了对此问题的研究视野；同时，将制度分析的基本理论引入到基本养老保险全国统筹问题的研究中，有利于深入探求到底是哪些因素在阻碍全国统筹的提高，从而更能抓住问题的要害，更深刻地理解基本养老保险全国统筹过程中存在的诸多问题和矛盾的根源。

第三，系统地分析了基本养老保险全国统筹对不同利益集团的错综复杂的影响，不仅具有短期性与长期性的区别，而且在某些方面全国统筹对发达地区更为有利，从而有利于更深刻剖析我国实行基本养老保险全国统筹对各利益集团的成本与收益之所在，据此寻找解决问题的突破口，争取相关利益集团对全国统筹的理解与支持；同时，为国家设计出可行的、能被相关利益集团接受的推进基本养老保险全国统筹的政策措施提供依据。

第二章　基本养老保险全国统筹的理论依据

从根本上来说，提高基本养老保险统筹层次的目的是实现养老保险资源的代际转移和区域转移，促进劳动力资源自由流动，实现劳动者效用的帕累托最优。然而，基本养老保险统筹层次的提高将会导致相关区域的利益调整和养老保险资源重新分配，甚至会引起既得利益集团的反对。因此，推进我国基本养老保险全国统筹，必须大力协调各省、区、市的利益，充分调动各省、区、市的积极性，确保基本养老保险全国统筹的收益大于成本，让全体民众更多、更公平共享发展成果。我国相关政治经济制度安排为我国基养老保险全国统筹提供了理论依据：首先，中央与地方的权责划分，客观上要求基本养老保险全国统筹；其次，公共财政与分税制的建立，为中央政府履行公共职能提供了有力的财力保障，为我国基本养老保险全国统筹提供了重要的经济基础；再次，单一制的国家结构形式赋予了中央政府调控地方政府的合法权力，为我国基本养老保险全国统筹提供了坚强的政治基础。

第一节　中央和地方权责划分是基本养老保险全国统筹的制度基础

中央与地方关系是一个历史范畴。中央与地方关系从根本上说，是以集权与分权划分为中心的物质利益基础上的社会政治组织——国家的一种政治关系。中央与地方的事权、财权是随着国家的产生以及中央政府、地方政府的形成而出现的，并随着国家及中央政府、地方政府的发展而不断变化。中央和地方事权和财权的划分，实际上反映了政府动员的社会资源在各级政府之间如何分配和使用的问题。中国由于特殊的国情，既不可能实行中央集权体制，也不可能实行地方分权体制，它只能采用中央集权—地方分权的混合体制，而且这一体制必须以中央政府为主导。在此范围内，合理划分和界定中央政府与地方政府之间的事权和财权，是处理好中央和地方之间关系的重要基础，也是完善我国财政管理体制、健全中央和地方财政转移支付制度的基础。

一、基本养老保险全国统筹属于中央政府的事权

在市场经济中，基础设施、教育、社会保障、军事等公共物品或准公共物品领域均存在不同程度的市场失灵，导致一定社会福利损失。为了矫正市场失灵，必须有市场以外的力量进行干预，有效解决市场经济自身存在的缺陷和矛盾，从而实现帕累托最优和社会福利最大化。这要求政府必须有所作为，尽力涉足市场不愿参与或无力参与的领域。但在此范围内，中央政府与地方政府之间的权力和责任，要做明确的划分和界定，这就是通常所说的“划分事权”。①

合理的事权划分应既能保证中央政府的权威，充分发挥中央政府在经济和社会发展中的主导作用，又能保证地方政府拥有相对独立和明确的责权利，具有治理地方事务的强劲动力和行为能力，积极推动地方经济社会繁荣稳定。我国是世界上最大的发展中国家，各地区之间在自然资源分布、地理位置以及人口素质等方面存在极大差异，同时受各个时期国家政策的影响，加之历史因素、市场化运作程度等方面的差异，导致我国地区发展极不平衡。面对复杂国情，我国从计划经济体制向市场经济体制转轨的过程中，既不可能由中央管理一切，也不可能一切由地方各行其是。为了科学划分市场经济转型期中央政府与地方政府的事权，我们必须坚持“统一性”与“多样性”相结合的基本原则。其中，“统一性”主要体现在中央政府的作用和职能上，即国内市场体系、全国税制、宏观经济管理、社会保障和收入分配、公共服务标准等五个方面必须是统一的；“多样性”主要体现在地方政府的作用和职能上，即地方政府有权制定与国家宪法法律、行政法规不相抵制的地方性法律和行政法规。② 基于上述原则，政府（中央政府和地方政府）的事权大体上可分为三类：一是调节收入和财富的分配；二是提供公共物品和服务；三是保持宏观经济稳定。③ 其中，调节收入和财富分配应该主要由中央政府承担，但同时鼓励地方政府尽量克服本地区内部出现的各种不公平现象；保持宏观经济稳定也应该完全由中央政府承担，严禁地方政府干扰中央政府的财政政策、金融政策等宏观经济政策的制定和实施。对于提供公共物品与服务这项事权，应该是由中央政府承担还是由地方政府承担，或者由中央政府与地方

① 董辅礽等. 集权与分权——中央与地方关系的构建［M］. 北京：经济科学出版社，1997：1－11.
② 董辅礽等. 集权与分权——中央与地方关系的构建［M］. 北京：经济科学出版社，1997：72－89.
③ Riehard Musgrave. The Theory of Public Finance［M］. NewYork：MeGraw-Hill，1959.

政府共同承担，则需根据具体情况做进一步划分。

（一）调节收入和财富的分配属于中央政府的事权

生老病死是人类无法抗击的自然规律，而老有所养、老有所终自古以来就是人类社会的一种美好愿望。但是，随着长寿风险、个人短视风险、政治风险等不可预知的风险出现，加之传统的以家庭或家族成员相互帮助为核心的老年经济保障制度作用逐渐减弱，现代养老保险制度应运而生。在现代社会中，养老保险的种类多种多样。按照养老保险运营的目的，可以将养老保险分为商业养老保险和基本养老保险。其中，商业养老保险主要由企业举办，遵循市场化运作，企业开展养老保险业务的主要目的是盈利。在一定程度上，商业养老保险可以起到一定的收入再分配作用，可以缓解老年人因长寿风险而面临的贫困问题。相对而言，基本养老保险由政府的行政机构或非盈利事业单位等政府部门举办，具有一定的强制性，其主要目的不是盈利，而是保障人们的基本生活。由于市场经济存在市场失灵问题，商业养老保险难以独立胜任现代社会对老年经济保障制度的要求，因此，需要政府强制作用的介入，举办公共养老保险计划。

基本养老保险是一项具有全国性的公共事业，是一种具有收入调节与财富分配功能的事权，只有中央政府才有能力进行这项跨区域的收入调节与财富分配。这是因为基本养老保险能够以其特有的方式对已有的收入分配格局进行必要的调整和修正。一方面，基本养老保险通过财政转移支付体系实现收入再分配，即以“社会扣除”的形式将一部分国民收入集中到政府手中，再通过转移支付来保障一些社会成员的基本生活需要；另一方面，基本养老保险通过社会保障收支体系实现收入再分配，即基本养老保险以“专项预算”或类似性质的形式把分散在企业和居民手中的自我保障资金，通过基金征集或特种税收（缴费）集中起来，形成养老保险基金。从横向来看，通过征税或者收费将高收入者部分收入转化为低收入者的基本养老保险，实现代际内的收入再分配；从纵向来看，由处于工作期的年轻人承担着已退休老年人的养老责任，实现在不同代际之间的收入再分配。因此，基本养老保险通过这种横向和纵向的收入再分配功能，改变了社会不同地区之间、不同阶层之间、同一阶层不同成员之间的收入分配状态，调整了收入差别，提高收入分配的公平性。贝克尔曼和克拉克通过经验式研究发现，如果没有现行的社会保障制度，英国生活在贫困中的人口将比实际多出 7 倍。① 相反，

① ［英］尼古拉斯·巴尔、大卫·怀恩斯．福利经济学前沿问题［M］．北京：中国税务出版社，2000：76.

如果由地方政府来行使基本养老保险的决策管理权，养老保险代际之间和代内的收入再分配功能只能在统筹范围内的劳动者之间进行，即使能保证每个地区内部财富分配符合公平原则，但是不能实现地区之间高收入者向低收入者的转移，必然会导致不同区域的基本养老保险水平和不同区域的企业、个人基本养老保险的负担差距很大，导致在全国范围内收入分配还是十分不公平的，这不利于养老保险收入再分配功能的有效发挥。

综上所述，基本养老保险是一种具有收入调节与财富分配功能的“强制险”。按照中央政府与地方政府的事权划分的原则，只有中央政府才能充当全社会收入调节和财富分配的“调节器”，充分发挥地区之间代内与代际之间的收入再分配功能，理顺收入分配关系，维护社会公平。基本养老保险全国统筹意味着养老资源可以在全国范围内调剂使用，只有实现基本养老保险全国统筹，才能在最大的范围内调节国民收入和财富分配，维护社会公平。

（二）提供公共物品属于中央政府的事权

基本养老保险是一项跨区域的公共物品，根据我国中央政府与地方政府事权划分的基本原则，提供跨区域的公共物品与服务是中央政府应该承担的责任，基本养老保险全国统筹属于中央政府的事权。

1. 公共物品及其划分公共物品提供责任的原则

公共物品是指可以供社会成员共同享用的物品，严格意义上的公共物品具有非竞争性和非排他性。非竞争性，即消费意味着把任何人排除在受益范围之外都是不可取的；非排他性，即消费时不可能把任何人排除在产品的受益范围之外。[①] 按受益范围或效用溢出的程度，可以把公共物品分为纯公共物品和准公共物品。纯公共物品是指具有完全的非竞争性和非排他性的物品，如国防和灯塔等，这类公共物品在现实生活中并不多见。准公共物品是指具有有限的非竞争性和局部的排他性的物品，即超过一定的临界点，拥挤就会出现，非竞争性和非排他性就会消失，如义务教育、公共图书馆、电信、电力等。在市场经济条件下，私人厂商的行为动机主要是追求利润最大化，具有明显的短期化倾向，其利益的获得具有明显的竞争性。由于公共物品在消费上具有非竞争性、非排他性的特征，个人在消费公共物品时可以享受“搭便车效应”，对于追求利润最大化的私人厂商而言，不愿意投资于这种在很大程度上只有社会效益的公共物品，进而导致市场机制决定的公共物品供给量远远小于帕累托最优状态，出现供给不足。因

① ［美］约瑟夫·E. 斯蒂格利茨．公共部门经济学［M］．北京：中国人民大学出版社，2005：114.

此，为了避免市场提供公共物品的不足，政府的介入就成为必要，提供公共物品成为政府应当承担的事权。

政府应该承担提供公共物品的责任，但具体哪些公共物品由中央政府提供，哪些公共物品下放给地方政府提供，还需根据公共物品的受益范围、效用溢出程度等因素进行进一步划分。我国中央政府与地方政府在划分提供公共物品与服务的事权时，一般遵循以下基本原则：

一是公平原则。政府应该为所有企业包括公有制企业与私有制企业、本国企业与外国企业等提供公平的财政、税收等市场竞争环境，为全国范围内所有居民和企业提供普遍的、大体相当的基本公共物品。

二是效率原则。为了实现效率最大化，不同层次的公共物品应该由不同层级的政府来提供。凡是由上一级政府提供效率更高的公共物品，一般不交给下一级政府；凡是下一级政府提供效率更高的公共物品，一般不交给上一级政府。按照效率原则，纯公共物品只有由中央政府来提供，才能在全国范围内实现均等化和高效率配置。对于跨区域的准公共物品来说，具有较大的利益外溢性，由上一级政府直至中央政府统一提供，有利于协调区域之间的利益和分工合作，保证该类公共物品的充足供应。而对于区域性公共物品来说，由于中央政府和地方政府之间存在信息不对称，相对而言，地方政府更接近辖区居民，对本区域内居民的公共物品需求的偏好、数量、质量、结构等相关信息的了解远甚于中央政府。如果在全国范围内规定一个相同的公共物品提供水平，那么不同地区的居民对公共物品的需求差异将被忽视，这必将导致效率损失。此时，由地方政府负责提供这类公共物品更有效率。

三是受益范围原则。由于公共物品的受益范围不同，提供产品的主体也有区别。如果公共物品的受益范围为全体公民或者跨区域公民或者体现的是国家的整体利益，该公共物品应该由中央政府提供；如果公共物品的受益范围具有地方局限性，为某一区域公民，那么由地方政府提供有利于公共物品的成本分摊与受益直接挂钩，同时可以加强居民对地方政府的监督。

四是外部性原则。外部性是指在实际经济活动中，生产者或消费者的活动对其他生产者或消费者带来的非市场性影响。这种非市场影响可能是有益的，也可能是有害的，有益的影响被称为正外部性；有害的影响被称为负外部性。外部性的存在或出现，说明市场机制相对于交易主体具有非效率的一面，会影响市场配置资源的效率，从而带来效率的损失。当某个区域性公共物品的供给对其他区域造成负外部性时，该区域不会对受到负外部性影响的区域进行补偿，该区域实际负担的成本会小于其活动的总成本，获得的总收益相对增加，从而导致该区域公共物品供给“过剩”；相反，当某一区域公共物品的供给对其他区域造成正外部性时，受到正外部性影响的其他区域不会对该区域进行补偿，该区域实际得到的收益会小于其活动的总收益，从而导致该区域公共物品供给“不足”。这就是说，在公共物品具有跨区域外部性的情况下，该种公共物品由地方政府供给是低效率的，而由中央政府提供将更有效率。

五是规模效应原则。规模效应又称规模经济，即因规模增大带来的经济效益提高。任何产品的生产都是有成本的，一般包括固定成本和可变成本，其中，固定成本在一定时期和一定业务量范围内是不变的，因此，一定程度上生产的产品越多，分摊到单位产品中的固定成本就越少，盈利就越多。我们把由于规模的扩大而使长期平均成本随着产量的增加而递减的经济称为“规模经济”。在存在规模经济效应的情况下，受规模的限制，由地方政府供给公共物品通常是低效率的，而由中央政府来供给，分摊到单位商品的平均成本将会因生产规模的扩大而降低，因此效率相对较高。

2. 基本养老保险的公共物品属性决定基本养老保险全国统筹属于中央政府的事权

养老保险作为社会保障制度的重要内容之一，是公共选择的产物，在一定程度上，具备非竞争性和非排他性的特征。一方面，养老保险具有非竞争性。养老保险是对所有符合条件的老年人的一项保障基本生活的制度安排，任何一个退休职工都平等地享受基本养老金，一个退休老人的享用并不会排斥和妨碍其他退休职工的享用，增加一个社会成员其制度边际成本为零。另一方面，养老保险具有局部的非排他性。养老保险从理论上讲只要是社会成员，退休后都应该享有这项制度服务，不会有人游离于制度之外。但是，在养老保险制度实施过程中，没有缴费的社会成员在退休后就会排除在享受对象范围之外，此时，养老保险具有一定的排他性。因此，养老保险在产品性质上具有准公共物品属性。与此同时，随着经济社会的发展，劳动力的流动越来越频繁，因此，养老保险还具有跨区域的性质。

基本养老保险作为一种跨区域的准公共物品，根据上述我国中央政府与地方政府事权划分的基本原则看，应该被划分为中央政府的事权范围。

第一，从公平原则看，养老保险制度自建立以来就以促进社会公平为首要目的。国家干预主义经济学的各流派都论述了养老保险作为一种收入再分配的方式，对于解决老年人贫困问题方面存在的市场失灵具有积极的效果，有利于促进社会公平，减少老年贫困，提高社会的整体福利。因此，养老保险作为一种收入再分配的方式，理应侧重公平。养老保险具有跨区域的特征，如果将基本养老保险的决策管理权划归为地方政府的事权范围，虽然可以实现区域内部居民享有基本养老保险的公平和企业负担的公平，但难以保证区域之间居民享有基本养老保险的公平和企业负担的公平。再加上我国区域经济发展水平差异较大，如果由财力相差悬殊的地方政府来提供基本养老保险这项准公共物品，将导致供给不足或严重不均等。因此，中央政府作为维护社会公平的主导力量，应该承担起提供养老保险以维护社会公平的责任。

第二，从效率原则看，如果将基本养老保险的决策管理权划归为地方政府的事权范围，各区域需要建立自己的管理机构，配置相应的人员、设施和制度，这样就会导致管理机构众多、工作人员膨胀，出现各区域各自为政、政出多门的现象，从而导致工作效率低、管理成本高、居民跨区域流动时养老保险制度衔接困难等问题。这将从根本上弱化基本养老保险制度的整体效用。因此，按照效率原则，基本养老保险的决策管理权应该属于中央政府的事权范围。

第三，从受益范围原则看，基本养老保险的受益范围是全国的、跨区域的公民，基本养老保险制度毫无疑问带有全局性，事关我国整体经济社会的发展与稳定，应该由中央政府集中决策、统一管理。

第四，从外部性原则看，在市场经济条件下，养老保险是外溢性很强的公共物品，在绝大多数国家都属于全国性公共物品，由中央政府承担主要的支出责任。在我国，人口跨区域流动十分频繁，基本养老保险具有极强的跨区域外部性，由地方政府提供是低效率的。目前一些地方政府希望缴费者在本地区缴费，在异地退休，以便减少养老金支出，将养老负担转嫁给其他区域，就是例证。因此，从外部性原则看，要求基本养老保险由中央政府进行全国性的统一供给。

第五，从规模效应原则看，一般来讲，养老保险的统筹范围与资金统筹量成正比。统筹的范围越大，参加养老保险的人员就越多，资金统筹量越大，这样，一方面，分散风险的能力越强，被保险人的保障程度就越高；另一方面，资金互助互济的功能也就越强，所体现的社会化和公平性程度就越高。因此，由中央政府统一提供全国范围内的基本养老保险，可以使养老保险的资金统筹量达到最大，从而既有利于增强养老保险统筹调剂的功能，提高基本养老保险抵抗各种风险的能力，又有利于平衡各地区的财政压力，实现供给效率最大化，更好地发挥其再分配功能。

综上所述，基本养老保险是一项跨区域的准公共物品，其决策管理权由中央政府行使，有利于维护社会公平；有利于提高养老保险制度的运行效率；有利于外部效应内部化；有利于获得规模经济效应，这也成为中央政府介入基本养老保险全国统筹、承担养老保险责任的重要依据。

（三）保持宏观经济稳定属于中央政府的事权

一个社会对退休职工养老保险的支付保障最终来源于经济增长，同时，养老保险支出作为政府可掌握的一个重要手段，不仅具有稳定居民收入、保障居民基本生活、提高居民福利水平的功能，而且具有经济调节的功能。

首先，国家可以通过养老保险的支出对宏观经济进行调节。一般情况下，由于退休职工的边际消费倾向高于在职职工，通过建立养老保险制度，对不同个人的收入进行财政转移支付，补偿退休职工，能够刺激消费需求，促进经济发展。因此，为了实现宏观经济稳定，国家可以根据自身财力情况和国民经济运行形势，适时制定养老保险的支出标准，以此通过国家财政收支来调节社会总需求与总供给的关系，稳定宏观经济。当国民经济处于繁荣时期，制定高标准的养老保险支出政策，增加养老保险支出总量。这样，通过养老保险支出总量的变化，影响社会总需求的水平，进而调节社会总供给与总需求的关系，促进供求平衡，达到改善经济运行的效果。当国民经济处于萧条时期，发挥稳定居民收入功能，保障低收入者的基本生活，从而刺激居民的消费需求，使经济走出萧条。所以说，养老保险不仅是一种扶残助弱的政策措施，还能对宏观经济运行起到了一定的调节作用，是一个平抑经济波动的内在稳定器。

其次，养老保险资金具有长期性和规模性的特点，可以在一个较长的时期内成为政府的财力，政府可以将其用于中长期投资。养老保险基金的长期储蓄性质决定了其以长期投资为主，同时其现金支付结构也相对稳定，因此，可以发挥养老保险雄厚的基金融资功能，成为市场上最为稳定的资金来源，为国民经济的发展创造良好的运行环境，从而促进社会经济长期稳定协调发展，并在维护经济社会的持续发展中实现自身的可持续发展。世界银行专家维坦斯指出：“养老基金和其他机构投资者创造了长期性的合约储蓄，并以此促进资本市场的发展。如果采用合理的监管规则、最优的投资策略，在养老基金资产超过 GDP 或股票交易量的一定比例并实现多元化资产管理结构的条件下，养老基金将对资本市场的发展和整个经济的增长产生巨大的影响。”①

① 丁开杰．社会保障体制改革［M］．北京：社会科学文献出版社，2004：266－267.

最后，我国宏观经济在运行中面临诸多棘手问题和矛盾，无论是经济的持续稳定增长还是社会经济生活的稳定，都会受到我国养老保险制度的严重滞后和大面积缺位的影响。因此，如果能在养老保险这个矛盾上有所突破，许多问题就可能打开新的局面。

总之，养老保险作为社会保障制度的重要组成部分，随着我国政府对保障和改善民生重视程度的不断增强，对整个社会经济的影响必然会持续扩大。但如果其在发展过程中不注重与其他相关宏观经济体系的协调，不仅养老保险制度自身的发展要受到影响，而且会制约其他体系乃至整个社会经济的发展。由中央政府提供养老保险，不仅可以强化中央政府的宏观调控能力，而且能有效抑制区域政府各行其是的局限，提高整个制度的运行效率。因此，基本养老保险全国统筹理应成为中央政府的事权。

二、基本养老保险全国统筹属于中央政府的财权

财力是一切政府行政活动的基础，是各级政府利益最重要的表现。中央政府与地方政府之间财力的划分，直接决定了各级政府实现其职权的能力，也决定了中央政府与地方政府在管理整个社会公共事务活动中的地位和权威。

所谓财政权限，简称“财权”，是指政府在取得财政收入、安排财政支出，以及对财政收入和支出过程进行管理等方面的权限。① 财权在各级政府间的划分，是分级财政的核心内容，也是中央与地方关系中最重要、最敏感的中枢神经。

（一）中央政府与地方政府财权划分的原则

财权是政府进行国民收入再分配的重要手段，不同层级的政府所执行的特定职能或侧重点是不同的，因而应根据各级政府行使事权的需要，相应地划分财权和财力，为不同层级的政府履行其职责提供物质保证。一般而言，中央政府主要负责提供全国性公共物品，地方政府主要负责提供区域性公共物品，这实际上对中央政府与地方政府的职能范围在理论上进行了划分，而政府履行职能又需要相应的财力作为保证，因此形成了“公共物品层次性—中央政府与地方政府事权的划分—中央与地方政府财力的分配”的逻辑决定过程。在一定时期，如果需要中央政府提供的全国性公共物品和准全国性公共物品数量较多，相应地要求中央政府所掌握的财力就较多，反之亦然。因此，公共物品的层次性是决定中央和地方

① 刘溶沧，李茂生．转轨中的中国财经问题［M］．北京：中国社会科学出版社，2002：374.

财权与事权划分的重要理论依据。

税收是各级政府财政收入的主要来源。中央政府与地方政府财政支出范围的划分原则是税收归属划分的前提和基础。因此，为了提高政府获取税（费）的能力，在理论上应该将中央政府与地方政府取得财政收入、安排财政支出的权力进行划分，弄清楚哪些收入由中央政府来征收，哪些收入由地方政府来征收。

关于中央政府与地方政府财权划分的原则，诸多学者提出了自己的观点。

英国著名地方财政专家大卫·金提出了地方政府税收的“四不”原则：一是地方政府不应征收高额累进税；二是地方政府不应征收税基流动性很大的税；三是地方政府不应征收可将大部分归宿转嫁给非本地居民的税种；四是地方政府不应该征收不直接为本地居民所察觉的税。①

美国财政学家马斯格雷夫提出了划分中央与地方公共收入的七项标准：一是用于调节社会收入分配不公的累进性税收应由中央管理；二是作为经济稳定手段的税收应划归中央，而具有周期性稳定特征、收入起伏不大的税收应划归地方；三是税源在地区间分布不均的税种划归中央；四是流动性生产要素的税收划归中央；五是依附于居住地的税收划归地方；六是非流动性生产要素的税收划归地方；七是收益性税收既适合中央也适合地方管理。②

加拿大学者提出了税权划分的五原则：效率原则、简化原则、灵活原则、责任原则和公平原则。塞力格曼提出了税权划分的三原则：效率原则、适应原则和恰当原则。

我国从1985年开始实行“划分税种、核定收支、分级包干”的财政管理体制。1994年，我国开始实行分税制财政管理体制，对中央政府与地方政府的财政收入按照税种进行了划分，将维护国家权益、实施宏观调控所必需的税种划分为中央税；将与经济发展直接相关的主要税种划分为中央与地方共享税；将适合地方征收管理的税种划分为地方税。

依据上述财权划分的原则和标准，结合我国分税制理论与实践，本书认为，我国中央政府与地方政府的财权范围划分应该遵循以下五项原则：

第一，具有再分配性质、以支付能力为基础的税种由中央政府负责征收，地方政府则适于征收受益型税，即按受益原则征税。例如，个人所得税，作为直接

---

① 樊勇明，杜莉．公共经济学［M］．上海：复旦大学出版社，2001：314.

② ［美］理查德·A. 马斯格雷夫，佩吉·B. 马斯格雷夫．财政理论与实践（邓子基、邓力平译）［M］．北京：中国财政经济出版社，2003.

作用于个人收益的直接税，加上其综合、累进征收的制度设计，配以中央财政对地方财政的转移支付，具有为政府筹集财政收入和平衡个人收入差别、地区贫富差异两大调节功能，是中央政府调节收入分配的强有力工具。如果由地方政府进行征收，其调节收入分配的价值目标将会受到严重的削弱。因此，为了避免纳税者因有差别的区域累进税率而形成居住地选择上的扭曲和贫富差距两级分化的进一步强化，必须由中央政府征收。

第二，税基具有较强流动性的税种由中央政府征收，税基流动性较弱的税种由地方政府征收。如果具有较强流动性税基的税种由地方征收，当地方拥有相应税权时，地区间的税收差异可能引起税基以税收负担的高低为标准从高税地区流向低税地区流动，而不是以经济效率的高低为标准从边际产出较低的地区流向边际产出较高的地区流动，从而造成资源配置的扭曲，影响经济效率的实现。同时，也易导致地方政府为了吸引投资而进行低税竞争，造成国家税收大量流失，影响国家税收调控目标的实现。因此，税基具有流动性的税种一般不能作为地方税。例如，增值税作为我国流转税体系的组成部分，与地方的经济利益关系密切，其税基具有极强的流动性，税源的跨区域分布较为普遍，国、地税征收双方增值税税率的巨大落差容易导致税率较低的一方成为事实上的“避税港”，理性的纳税人会依此进行避税活动，将税基从高税率处转移到低税率处，从而导致地区间税基与税源的争夺。因此，税基具有较强流动性的税种由中央政府征收，可以避免纳税者因有差别的区域税率而使具有较强流动性的税基从高税率区域流向低税率区域，避免造成资源配置的扭曲以及关卡林立的区域割据局面出现。

第三，税基分布不平衡的税种应由中央政府征收。税基分布不平衡的税种如果由地方政府来征收，会引起各地方财政收入的极大差异，影响政府间财政能力的平衡，加大地区间净财政收益的差距。例如，资源税、企业所得税等税种与各个区域资源禀赋、社会经济发展水平存在着密切的联系，其税基在区域间分布极不平衡，由中央政府统一征收，可以缩小区域差距，加强中央政府对各区域财政的平衡能力。反之，如果由地方政府征收，将进一步加剧地区之间的差距。

第四，易发生周期性波动的税种应由中央政府征收。易发生周期性波动的税种作为一种经济的内在稳定器，随经济的繁荣、衰退而自动增减，从而减轻经济周期的波动，即在经济的繁荣时期，税款收入因税基（所得额与销售额）的增长而上升，但税收的自动增长又使经济扩张趋于缓慢；在经济萧条时期，税款收入因所得与销售的减少而自动下降，但税收的自动减少又使经济活动的收缩趋于缓慢。因此，收入易发生周期性波动的税种若划为中央税由中央政府征收，既可以使税收成为中央政府稳定宏观经济的一个重要的政策工具，避免中央政府在经济过热与经济萧条时期缺乏调控能力，从而较好地起到稳定经济的作用。反之，收入易发生周期性波动的税种若划为地方税由地方政府进行征收，由于外溢性的存在，地方政府实行反周期财政政策的能力受到很大限制，而且，由于地方政府筹集资金的途径和能力与中央政府相比较差，可能对地方政府的收入产生较大影响。因此，地方税的主体税种一般应为收入不易发生周期性波动的税种。例如，个人所得税、企业所得税都有明显的周期性，应划为中央税由中央政府征收。

第五，税负易转嫁的税种应由中央政府征收。所谓税负转嫁，是指在商品交换过程中，纳税人通过提高销售价格或压低购进价格的方法，将全部或部分税负转嫁给购买者或供应者，如增值税、营业税、消费税、关税等。税负转嫁并不会影响税收的总体负担，但会使税收负担在不同的纳税人之间进行分配，对不同的纳税人产生不同的经济影响。公平原则和受益者负担原则要求负担易转嫁的税种由中央政府征收。

综上所述，中央政府的财权范围应该是：再分配的、流动性的、可转嫁的、周期性的、税基在区域之间分布不均衡的税种。

（二）养老保险基金筹资权是中央政府的财权

养老保险基金筹资权是为筹集基本养老保险基金而对雇主、雇员的工资收入征收的费用，它是一种政府取得公共收入的行为。为了筹集养老保险基金，有的国家是以税的形式征收，例如，美国、英国、法国、加拿大等国的社会保障税；有的国家是以费的形式征收，例如，中国、爱尔兰等国的社会保障费。养老保险基金的筹资，无论是以税还是以费的形式征收，就其本质而言，都是一种基于再分配性质的公共收入。依据前文对中央政府与地方政府财权划分原则，养老保险基金的筹资应该划归为中央政府的财权范围，这是因为：

第一，养老保险费（税）是具有再分配性质、以支付能力为基础的费（税），应该由中央政府征收。养老保险是由劳动者、劳动者用人单位和国家共同供款负担，但是养老保险费（税）是按在职职工工资总额的一定比例缴纳的，职工缴费工资越高，缴纳的养老保险费（税）越多，退休后领取的养老保险金就越多。同时，收入水平不同的劳动者，缴纳养老保险费（税）的数额有别，由于养老保险具有代际之间和代内的收入再分配功能，且退休职工最终享受的养老金水平接近于其所缴纳的水平，所以，养老保险费以支付能力为基础，并具有明显的人员互济、社会再分配功能。因此，基本养老保险费（税）的财权应该是中央政府的财权范围，以避免缴费（税）者因有差别的区域费（税）而形成居住地选择上的扭曲，避免富人区和贫民窟两级的强化。

第二，养老保险费（税）是跨区域流动性的费（税），应该由中央政府征收。随着市场经济的发展和区域合作的加强，劳动力的跨区域流动性也不断增强，如果养老保险由各区域地方政府征收，区域之间的养老保险缴费率的差异会使企业、个人从高缴费率区域向低缴费率区域流动，引起资源配置的扭曲，同时，为了阻止资源的流失，各区域之间会设置包含地方利益的障碍。

第三，养老保险费（税）是一种区域分布不平衡的费（税）。我国各区域经济和社会发展程度的差距较大，基本养老保险费（税）的区域分布不平衡性非常明显。如果由中央政府征收，则可以通过区域转移支付来调剂养老保险的资金余缺，增强各区域的养老基金抗风险能力。如果由地方征收，区域之间经济社会发展水平的巨大差距可能会使区域养老保险水平差距越来越大，养老保险收入苦乐不均，且无法实现资金跨区域调剂使用，不利于区域之间养老风险的化解。

第四，养老保险费（税）是一种易发生周期性波动的费（税），它直接受经济繁荣与萧条的周期波动影响。由中央政府来征收，中央政府可以根据经济繁荣与萧条的周期波动对基本养老保险费（税）率进行调控。

第五，养老保险费（税）是一种易转嫁的费（税）。由于劳动力流动性的不断增强，导致养老保险的流动性不断增加，使在某一个地区缴纳养老保险，在另一个地区领取成为一种常见的现象。为了维护自己的利益，某些地方政府希望缴费者在本区域缴费，在异地退休，以便将养老负担转嫁给其他区域，虽然为了保证参保人员跨省、自治区、直辖市流动并在城镇就业时基本养老保险关系的顺畅转移接续，2009 年 12 月国务院通过的《城镇企业职工基本养老保险关系转移接续暂行办法》规定，参保人员跨省就业，除转移个人账户储存额外，还转移 12% 的单位缴费，但仍有 8% 的单位缴费留在了转出地，大量的流入仍然会对转入地造成一定的资金支付压力，而转出地的基本养老保险基金部分则可以部分来源于非本地领取养老金的居民，在分税制的财政管理体制下，这明显违反了公平原则。而且基本养老保险费（税）是具有明显受益性的税种，因此，公平原则和受益者负担原则要求基本养老保险费（税）由中央政府征收。

总之，合理划分中央与地方的财权，使财权与事权相匹配，这是处理中央与地方关系的关键。从中央与地方政府之间财权划分的角度，养老保险基金的筹资权是中央政府的财权范围。因此，只有中央政府在全国范围内对基本养老保险的资金统筹调度，才能更好地维护社会公平，获得最优效率。

第二节　财税结构是基本养老保险全国统筹的经济基础

我国公共财政制度在国民经济中占有重要地位，它对依法促进公平分配，调控宏观经济，合理配置市场资源等都起着不可代替的作用。税收收入是现代国家最重要的公共财政收入形式。分税制的建立，有效提升了中央财政收入在整个财政收入中的比重，确立了中央财政收入增长的新机制。我国公共财政支出更多地转向社会公共服务领域和分税制下中央政府履行公共职能的有力财力保障，为建立我国实现基本养老保险全国统筹提供了有力的经济基础。

一、公共财政为基本养老保险全国统筹提供了经济支持

一个运行良好的市场机制，离不开有效率的政府运作，而这种运作以公共财政为基础。所谓公共财政，是指以满足社会的公共需要为口径，界定财政职能范围，并以此设计财政收支体系，这在理论上被称为“公共财政”①。公共财政的理论出发点是公共部门在承担公共物品的提供、外部性的消除、国民收入再分配等职责方面更具效率，其实质是一种由政府主导的对资源、财富和社会福利的分配关系，其主要特征表现为：第一，从分配主体来看，公共财政分配是政府在全社会范围内凭借政治权力对资源的集中性分配，其收入的取得具有个体的无偿性和整体的有偿性。第二，从分配目的来看，公共财政着眼于满足社会公共需求，亦即“公共性”。相对于以事无巨细、包揽一切为特征的“生产建设财政”的职能范围而言，公共财政的职能范围是以满足社会公共需要为口径界定的。第三，从分配性质来看，公共财政的分配具有非盈利性。政府作为社会管理者，其行为动机不是以取得相应的报酬或盈利为目的，而是追求公共利益，为市场有序运转提供必要的制度保证和物质基础。第四，从运行过程来看，公共财政既然以满足社会公共需要为基本着眼点，它便与全体社会成员的切身利益直接挂钩，因此，必然要求公共财政收支行为应当规范化、法制化。

随着我国市场经济体制改革的不断向前推进，迫切要求我国政府职能的转变；我国政府职能的转变，迫切要求建立公共财政制度。1998 年末，我国正式提出建立公共财政基本框架的目标，使构建公共财政基本框架正式纳入政府的工

---

① 邹东涛等．中国经济体制改革基本经验［M］．北京：中国人民大学出版社，2008：142.

作议程。公共财政基本框架的正式提出，是继1994年财税体制改革之后，中国财政经济领域一项力度较大、范围较广的变革，同时也是适应转轨时期财政运行机制重构的一种必然选择。此后，经过不断地探索和创新，在借鉴市场经济国家经验基础上，我国的公共财政改革和建设取得了巨大成绩：公共财政制度不断得到完善，财政支出结构不断得到调整和优化，财政支出逐步从生产性、营利性领域退出，用于社会保障、环境、水利等公共服务、公益事业的力度不断加大，公共性更加突出，初步建立了与社会主义市场经济相适应的公共财政框架。

公共财政框架的建立与完善，意味着我国的财政更多关注社会公平问题，而不是一般建设性支出等经济投资问题，也意味着我国的财政支出将更多地转向社会公共服务领域，包括养老保险在内的社会保障支出将更加被重视。如表2－1所示，改革开放以来，随着我国整体经济实力的增强和国家对社会保障工作的不断重视，我国社会保障支出规模逐年扩大，社会保障支出水平逐年提高。1981—1985年，我国财政社会保障支出123.5亿元，年均社会保障支出仅为24.7亿元，到2006—2008年，我国财政社会保障支出为8610亿元，年均社会保障支出上升为1722亿元，基本上是1981—1985年的近70倍。同时，社会保障支出占财政支出的比重也从1981—1985年的1.65%提高到2006—2008年的5.63%。财政社会保障支出的提高对完善社会保障制度和人民安居乐业起到了不可忽视的作用。

表2－1　1981—2008年国家财政社会保障支出情况

年份	财政支出总额（亿元）	社会保障支出（亿元）	社会保障支出占财政支出的比重（%）
1981—1985	7483.18	123.5	1.65
1986—1990	12865.67	219.39	1.71
1991—1995	24387.46	419.64	1.72
1996—2000	57043.46	3821.74	6.70
2001—2005	128022.85	14094.47	11.01
2006—2008	152796.74	8610	5.63

注：“社会保障支出”包括抚恤和社会福利救济费、社会保障补助支出、行政事业单位离退休支出。1996年以前不包括由行政管理费开支的离退休支出。

资料来源：根据国家统计局．中国统计年鉴2010［M］．北京：中国统计出版社，2010数据计算整理。

养老保险作为社会保障体系的重要组成部分，是满足社会公共需要的一个重要组成部分，养老保险的公共物品性质决定了政府介入养老保险的供给可以减少养老金在筹集和支付中的成本、费用，提高资金的使用效率，成为维持劳动力生产、稳定社会发展、促进社会公平分配和调节经济运行的重要手段。公共财政对养老保险的支持和补贴，大体可以分为两种方式：第一种方式是直接财政补贴，一方面定期直接从公共财政中拨款支持养老保险，另一方面对养老保险收支赤字给予财政支持和补贴；第二种方式是间接财政补贴，主要表现为税收优惠，税收优惠虽然不表现为财政支出的扩大，但会导致一定时期财政收入的减少，因此可以把它看成是间接的财政补贴。

因此，在市场经济条件下，无论是养老保险基金的筹集还是分配，均需要公共财政的参与，养老保险已经成为公共财政体系的重要组成部分，保证养老保险支出需要，是社会主义市场经济条件下公共财政的一项重要职能。这为实现基本养老保险全国统筹提供了有力的经济支持。

二、分税制为基本养老保险全国统筹提供了经济保障

改革开放初期，我国实行了“分灶吃饭”的财政分权政策，这种制度安排的逻辑与改革开放本身的分权逻辑是相呼应的，本意是为地方政府促进经济改革、发展区域经济提供重要的财政激励和保障，但是，在实际的实施过程中，造成了地方政府、尤其是省级政府对财政资源享有很大的支配权，中央政府财政收入日益萎缩、中央政府的权威和宏观调控能力被严重削弱。如表 2 – 2 所示，1985—1993 年，中央财政收入占全国财政总收入的比重持续下降，从 1985 年的近 40% 下降到 1993 年的 20% 左右。

表 2 – 2　1978—1993 年中央财政收入与地方财政收入及其比重

年份	财政收入绝对数（亿元）			比重（%）	
	全国	中央政府	地方政府	中央政府	地方政府
1978	1132.26	175.77	956.49	15.5	84.5
1979	1159.93	284.45	875.48	24.5	75.5
1985	2004.82	769.63	1235.19	38.4	61.6
1989	2664.90	822.52	1842.38	30.9	69.1
1990	2937.10	992.42	1944.68	33.8	66.2
1991	3149.48	938.25	2211.23	29.8	70.2
1992	3483.37	979.53	2503.86	28.1	71.9
1993	4348.95	957.51	3391.44	22.0	78.0

资料来源：国家统计局．中国统计年鉴 2010 [M]．北京：中国统计出版社，2010.

为了扭转这种局面，党的十四届三中全会决定从 1994 年起实行“分税制”，

即分别设立了国家和地方税务机构，“税收实行分级征管，中央和共享税由中央税务机构负责征收，共享税中地方分享的部分，由中央税务机构直接划入地方金库，地方税由地方税务机构负责征收”。[①] 分税制是国际上通行的按税种划分中央和地方收入来源的一种财政管理体制，其精髓在于运用商品经济的原则对中央与地方收支权限进行划分，是一种自收自支、自求平衡的“一级财政、一级事权、一级预算”的财政管理体制。任何国家都存在经济发展不平衡和财政收入不均衡的问题，都需要把中央财政与地方财政联结成为一个整体以及统一预算管理机制的问题。这就是说，分税制要有分有合，分而统之，中央必须掌握调节财力分配的主动权。市场竞争要求财力相对分散，而宏观调控又要求财力相对集中。这种集中与分散的关系问题，反映到国家预算管理体制上就是中央政府与地方政府之间的集权与分权的关系问题。从历史上看，每个国家在其市场经济发展的过程中都曾遇到过集权与分权的关系问题；从现状上看，不管是发达国家或是发展中国家，无论是资本主义国家还是社会主义国家，一般都是采用分税制的办法来解决中央集权与地方分权的关系问题。对我国而言，分税制的实施，不仅有利于从制度上为我们解决改革进程中的深层次问题——中央与地方关系问题——提供了一条根本途径，而且有利于保证中央财政需要，掌握财政的主动权。

首先，在税收征管方面，建立两个税收体系，分设税务机构、分别征税，彻底打破了原来收入包干制下中央与地方的委托代理关系。同时，分税制在税种划分方面，将一些税源稳定、增收潜力大、有利于实施宏观调节、维护国家整体权益所必需的税收划归中央，保持中央税收的主导地位，从而奠定了中央政府与地方政府财力分配的基本格局，保障了中央政府财政收入的稳定增长，使国家有能力集中财力，解决重大社会经济问题，稳定全局。

其次，在财政收入的分配方面，保证了中央政府在主要收入项目的增量分配中占主导地位，摆脱了包干制下中央财政收入由于主要依靠地方上缴而陷入增长缓慢的困境，从而可以保障以更多的资金投向公共安全、卫生、教育、社会保障、公共基础设施等领域，不断加大对关系国计民生的重点支出项目的支持力度。

最后，实行中央政府对地方政府税收返还制度（转移支付制度），既可以调动地方政府的积极性，促使地方政府因地制宜地办一些实事，又可以紧密地方政府对中央财政的依赖度，掌握地方政府的支出范围和财力配置方向的主动权，强化中央财政的主导地位。

---

① 中国财政杂志社编辑部．中国财政年鉴［M］．北京：中国财政杂志社，1994：62.

分税制对于改善中央财政起到了立竿见影的作用。如表 2－3 所示，1994 年分税制实施以来，中央财政收入占全国的比重除 1996—1998 年略低于 50% 以外，其余年份均高于 50%。与此同时，中央的财政支出却不断下降，从 1994 年的 30.3% 下降到 2009 年的 19.99%。如果从地方财政视角看，这就意味着地方财政在 1994 年分税制改革之后逐渐增加了对中央财政的依赖程度。地方的支出在很大程度需要依靠中央的转移支付来实现。在分税制改革前的 1993 年，我国需要中央政府财政补贴的省级区域是 17 个，而实行分税制后则有 24 个省区需要中央政府财政补助或财政转移支付，即使是沿海部分比较发达的地区，也由中央依赖地方型转变为地方依赖中央型，如山东对中央财政的依赖度为 38.4%，广东为 28.3%。最为明显的是上海，分税制前中央对上海的财政依赖度为 87.5%，分税制后中央财政不仅不依赖上海，反过来上海对中央财政的依赖度为 10.9%。①

表 2－3　1994—2009 年中央财政收入与地方财政收入及其比重

	财政收入比重（%）		财政支出比重（%）	
年份	中央政府	地方政府	中央政府	地方政府
1994	55.70	44.30	30.29	69.71
1995	52.17	47.83	29.24	70.76
1996	49.42	50.58	27.10	72.90
1997	48.90	51.10	27.43	72.57
1998	49.50	50.50	28.95	71.05
1999	51.10	48.90	31.49	68.51
2000	52.20	47.80	34.70	65.30
2001	52.40	47.60	30.50	69.50
2002	54.96	45.04	30.71	69.29
2003	54.64	45.36	30.10	69.90
2004	54.94	45.06	27.71	72.29
2005	52.29	47.71	25.86	74.14
2006	52.78	47.22	24.72	75.28
2007	54.10	45.90	23.00	77.00
2008	53.29	46.71	21.32	78.68
2009	52.42	47.58	19.99	80.01

资料来源：国家统计局．中国统计年鉴 2010［M］．北京：中国统计出版社，2010.

① 卢洪友．中国分税制财政体制改革的十大成效［J］．经济学动态，1998（12）：15－18.

总之，分税制的建立，有效提升了中央财政收入在整个财政收入中的比重，增强了中央政府对地方政府的转移支付能力，确立了中央财政收入的主导地位。中央政府的财政能力的增强，最终目的是为了公正、有效地供给包括养老保险在内的公共物品。可以说，公共财政与分税制的建立，为中央政府履行公共职能提供了有力的财力保障，为建立我国实现基本养老保险全国统筹提供了经济基础。

第三节　单一制国家结构是基本养老保险全国统筹的政治基础

中央与地方关系是一个国家最基本的政治关系之一，这一基本政治关系直接关涉到国家的政治、经济、社会生活等各个方面。如何妥善处理这一关系，是世界各国普遍面临的重要课题。对于中央与地方关系的探讨，不论是西方资本主义学者，还是马列主义思想家，都给予了高度重视。西方资本主义学者针对资本主义国家发展过程中不断出现的中央地方矛盾，较早地对中央地方关系问题进行了系统研究，并产生了诸多理论学说与观点。目前对中央与地方关系模式研究影响较大的学说之一是拉焦尔的“中央与地方关系三模式说”。

法国政治学者安德雷·拉焦尔在其 1968 年出版的著作《行政部门的结构》一书中，从中央政府与地方政府的关系角度，概括了中央与地方关系分权的三种类型：政治分权型、行政分权型、行政转让型。①

第一种类型是政治分权型，其宪政结构是联邦制。在政治方面，地方政府的权威直接来自宪法，地方政府与中央政府之间是对等关系，而不是隶属关系，地方政府相对于中央政府是独立的政治实体。在人事方面，地方政府领导人由当地选举产生。在财政方面，地方政府在财政经济上高度自主，地方政府的收入能确保其行政管辖权所需的费用支出。

第二种类型是行政分权型，其宪政结构是单一制的。在政治方面，地方政府与中央政府不存在对等关系，地方政府的权力源于中央政府的授予，地方政府从属于中央政府，但并非完全依附于中央政府。地方政府相对于中央政府来说拥有一定程度的自主权，但并不完全自治，而是在中央集权的框架内实行地方自治，在其职权范围内有明确的权力。同时，中央政府通过立法、行政等手段对地方政府进行监督控制。在人事方面，地方政府的领导人由地方选举产生，但需要中央

① 陈振明．公共管理学［M］．北京：中国人民大学出版社，2005：153－154.

政府的任命和认可。在财政方面，地方政府在财政上享有部分自主权，但需要中央政府给予适当的财政补贴。

第三种类型是行政转让型。在政治方面，地方政府与中央政府权力不对等，完全从属于中央政府。中央政府向地方政府转让部分权限，地方政府的权力在法律上完全来自中央政府的授权，地方政府是中央政府的派生机构，所设立的职能部门和具体工作与中央政府大体上一一对应。在人事方面，地方政府领导人不由地方政府选举，而是由中央政府直接任命，地方政府充当中央政府的代理人。在财政方面，地方政府在财政上也完全依赖于中央政府。

拉焦尔关于中央政府与地方政府分权关系的模式是一种十分理想化的分析模型。在实际的政治安排中，世界各国的政府分权很少有只符合其中一种类型的，大多数都兼有几种类型的特征，或者说是更像某种类型。但这种分类方法，从总体上看是有效的，为人们认识中央政府与地方政府的法律地位提供了一种参照系。

对中国而言，中央政府和地方政府的关系无疑是国家建设的一项重要内容，也一直是中国宪政建设的核心问题。根据拉焦尔的分权模式，古代中国和当代中国的中央与地方的关系更接近于第三种类型，即行政转让型，改革开放以来逐渐从行政转让型转向行政分权型。

自秦统一中国以后，古代中国在全国范围内自上而下划分的行政区域奠定了封建制国家行政区域和行政建制的基本模式。在这之后的2000多年中，我国的行政区域和行政建制主要是在此基础上演变而成的。根据拉焦尔的分权模式，古代中国的中央政府与地方政府的关系大体上属于行政转让型。

新中国成立到改革开放之前，我国实行高度中央集权的计划体制。在政治上，地方从属中央，依据中央授予的权限从事行政管理活动。在人事上，地方政府基本上是中央政府的派出机构，地方首长由中央任命。在财政上，地方政府依附于中央。可以看出，此阶段，中央掌握着绝大部分的事务管理权、人事管理权和财权，根据拉焦尔分权模式，当代中国中央政府与地方政府之间的关系属于第三种类型，即行政转让型。

改革开放以来，尤其是改革开放之初在全国范围内以权力下放作为改革首要启动措施的改革的展开，使这一时期中央政府和地方政府关系最为重要的特点表现为一体化的利益格局被打破，地方利益逐渐形成，地方政府的自我组织、自我发展能力不断增强。尽管如此，中央政府对地方政府还保留着许多强有力的控制。因此，根据拉焦尔分权模式，此阶段中央政府与地方政府之间的关系逐渐从行政转让型向行政分权型转变。

当前，我国属于单一制的国家结构，它与联邦制国家结构都是当代国家结构的主要形式，所谓单一制国家结构，是指由若干不享有独立主权的一般行政区域单位组成的统一主权国家。《中华人民共和国宪法》正文中对国家机构的规定明显地体现了我国单一制的国家结构制度；我国的机构设置也较明显地体现了这一特点，即人们常所说的“地方机构设置与中央机构设置的对口”。而所谓联邦制国家结构，是指由两个以上共和国或邦、州联合组成的统一国家。

单一制国家结构与联邦制国家结构的区别主要表现在两个方面。

首先体现在国家的宪法结构和法源上。联邦制国家中，地方政府把各自权力交与联邦政府，同时又保留了一部分管理该地方政府内部事务的权力。联邦政府统一行使的权力和地方政府所保留的权力都由联邦宪法明确界定。因此，联邦制国家的地方政府，除了遵循联邦宪法外，通常还有自己的宪法；而在单一制的国家结构下，国家本身是一个统一的整体，设立有统一的中央政府和统一的立法机关，全国只有一个宪法，地方行政单位虽然也设有相应的权力机关或立法机关、行政机关和司法机关，但它们的权限是由宪法授予的或由中央政府直接授予或委托的，地方权力的大小完全取决于宪法的规定或中央的授予。这意味着从法理上讲，地方政府制定的法律和制度，其合法性权力重要来源便是中央政府。

其次体现在权力的分配方面。不论中央与地方的关系属于何种类型，从本质上看，都是一种对国家权力的分配。在联邦制国家，中央政府和地方政府存在严格和清晰的权力划分。联邦制国家除了有整个联邦的宪法、法律和最高国家机关以外，各组成单位还有自己的宪法和法律及最高国家机关，可以根据联邦宪法的规定行使自己的权力。而单一制国家的地方行政区从来就不是一个政治实体，不具有任何主权特征。我国地方政府所获得的权力，从宪政上，部分处于中央政府授权监督的框架下，部分处于地方人民代表大会授权和监督的框架下。但在现实中，来自中央政府的授权和监督更具有优势，更具有硬性约束力。目前，我国中央政府和地方政府的权力分配，具体来说，主要体现在事权、财权和人事权三个方面。在事权方面，“中央和地方的国家机构职权的划分，遵循在中央的统一领导下，充分发挥地方的主动性、积极性的原则”。① “全国地方各级人民政府都是国务院统一领导下的国家行政机关，都服从国务院”。② 可以看出，我国作为单一制的中央集权国家，中央政府是一切政治和行政权力的源头，始终保持对地方政府的绝对政治领导，地方政府在职能上要承接中央政府授权、委托的任务，接

① 《中华人民共和国宪法》第三条第四款。

② 《中华人民共和国宪法》第一百一十条第二款。

受中央政府的领导和监督。因此，中央政府对地方政府的控制具有了充分的前提。日本学者松村歧夫在他的《地方自治》一书中这样描述我国的中央政府与地方政府的关系："地方在法律上根据中央授予的权限从事行政管理。政治上，地方从属中央，地方首长由中央任命，地方政府基本是中央的派出机构。"① 在财权方面，实行分税制以来，我国中央政府与地方政府财政利益的分配，是通过中央政府确定的财税体制来决定的，税政权是中央财权高度集权的具体表现，其中，税收立法权、司法解释权、税收征管权、财政支出权等都主要集中于中央政府。第一，中央政府直接掌控绝大部分税收立法权。我国 80% 以上的税收法规由人大授权给国务院以条例、暂行规定等形式颁布实行。第二，从税收司法角度看，地方政府权力仅限于执法，司法解释权最终都在中央（高法、高检）。第三，税收征管权大部分集中在中央。分税制之后，我国分设国税和地税两套税务局，其中，国税局掌握了大部分税收的征管权，比如增值税、消费税。第四，绝大部分财政收入划归中央政府，财政支出权主要集中于中央政府。可以看出，税政权由中央高度集中，实质上是要通过税制的全国统一来圈定地方政府课税的界限和规则，同时也为中央利用税收手段调节经济与社会二者的发展格局奠定基础。就人事权而言，我国中央政府与地方政府曾实行过多次放权、集权的调整，但中央政府始终保持着对地方政府的绝对人事领导，一直强调地方政府要接受同级党委领导和党管干部原则。正是中央政府对地方政府事权、财权、人事权的强有力的领导与控制，维护了我国中央政府的权威、政权的稳定和国家的统一，保障了公共政策目标的实现。

总之，作为一个典型的管理问题，基本养老保险统筹层次的高低与一国公共政策目标和公共服务水平密切相关。我国单一制的国家结构形式赋予了中央政府调控地方政府的合法权力，使中央政府对地方政府的事权、财权、人事权都有着相当有力的控制，使中央政府在复杂的养老保险管理系统中有足够的能力与权威，从而为我国实现基本养老保险全国统筹提供了政治基础。

---

① ［日］松村歧夫．地方自治（孙新译）［M］．北京：经济日报出版社，1989：3.

第三章　基本养老保险统筹层次的历史变迁与现状

新古典主义经济学将制度视为既定的外生变量，忽视了制度在经济增长中的作用。新制度经济学改变了这一假设，认为制度是至关重要的，是动态变化的内生变量，并将制度纳入经济分析的范畴。根据新制度经济学的理论，描述制度变化的概念是制度变迁。本章在回顾我国基本养老保险统筹层次的历史变迁的基础上，得出我国基本养老保险统筹层次变迁不仅是一种制度变迁，而且是强制性制度变迁与渐进式制度变迁组合模式的结论。在此基础上，分析我国基本养老保险统筹层次的现状及其存在的问题。

第一节　基本养老保险统筹层次的历史变迁及其本质特征

有文字记载的中国养老思想追溯久远，我国最初的养老保险政策早在明朝就已出现。① 然而真正意义上的养老保险制度是新中国成立之后才逐步建立和发展起来的。社会化是社会保障的本质特征，统筹层次提高就是社会化水平提高。② 养老保险统筹作为社会保障的重要组成部分，基本养老保险统筹的实质也就是养老保险的社会化，养老保险制度演变的历史，实质上就是养老保险“社会化”的历史。我国养老保险统筹制度是在我国特殊国情中逐渐形成和发展起来的，并受我国特殊国情的制约，具有鲜明的中国特征，我国基本养老保险统筹层次变迁走的是强制性制度变迁与渐进式制度变迁组合模式之路。

一、基本养老保险统筹层次的历史变迁

从新中国成立之初我国传统养老保险制度的确立，到今天具有现代意义上的

① 《礼记》大同篇：“大道之行也，天下为公，选贤与能，讲信修睦，故人不独亲其亲，不独子其子，使老有所终，壮有所用，幼有所长，鳏寡孤独废疾者，皆有所养。”

② 冯兰瑞．社会保障社会化 yu 养老基金省级统筹［J］．中国社会保障，2002（10）：54－57.

基本养老保险制度框架的初步构成，“统筹”始终伴随着我国养老保险制度的发展过程。大体而言，我国基本养老保险的统筹发展可以划分为四个阶段。

（一）第一阶段：现收现付、待遇确定①下的“全国统筹”（1949—1965 年）

新中国养老保险制度始建于 20 世纪 50 年代。为了预防由于疾病、工伤、年老等风险引起的劳动者生活困难，解除劳动者的后顾之忧，我国政务院于 1951 年 2 月颁布了《中华人民共和国劳动保险条例》（以下简称《劳动保险条例》），该条例对劳动保险金的征集与保管方法、待遇标准、适用范围等做出了明确规定，企业社会保险费全部由企业承担，职工个人不缴纳任何保险费用，企业按月缴纳全部职工工资总额 3% 的劳动保险金，劳动保险基金由企业工会管理，其中 30% 上缴全国总工会，作为劳动保险总基金，由总工会在全国范围内调剂使用；70% 存于各企业工会基层委员会户内，作为劳动保险基金，主要用于支付企业退休人员的养老金及医疗保险等费用。工会基层委员会留用的劳动保险基金，每月结算一次，余额转入省、市工会组织或产业工会委员会，作为劳动保险调剂金，省、市工会组织或产业工会委员会掌管的劳动保险调剂金，用于补助其所属各级基层工会组织开支的不足和举办集体劳动保险事业，每年结算一次，余额上缴中华全国总工会；不足开支时则向中华全国总工会申请调剂（如图 3 - 1 所示）。

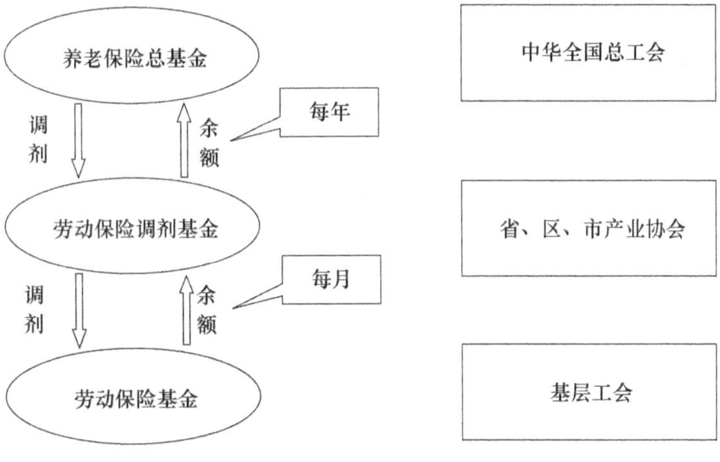

图 3 - 1 劳动保险的统筹调剂机制

资料来源：高书生．社会保障改革何去何从［M］．北京：中国人民大学出版社，2006：28.

① “现收现付制”是筹资模式，而“受益基准”是给付方式，又叫“确定给付制”，根据雇员参加养老保险计划的年数和工资水平预先确定其退休后的养老保险水平。在下文第二阶段，仅说明是“受益基准制”，是因为文革时期，根本没有筹资机制。

《劳动保险条例》是我国第一部社会保障法规，它的颁布实施，对于减轻职工生活困难，鼓舞职工的劳动热情，起到了积极的作用；同时标志着我国初步建立起企业职工养老保险制度。但《劳动保险条例》是在国家财政经济还没有全面恢复情况下制定的，有些待遇规定得较低，在实施范围上也只能采取重点试行的办法。

1953 年，国家财政经济状况开始好转，大规模经济建设工作即将展开。为了扩大《劳动保险条例》的实施范围，并酌量提高待遇标准，1953 年 1 月，政务院对《劳动保险条例》进行了修订，并通过了《关于中华人民共和国劳动保险条例若干修改意见的决定》，使我国养老保险制度进一步完善。

总的来说，这一阶段，我国初步建立了养老保险费用“全国统筹”的养老保险制度，其特点表现为：首先，在这种“全国统筹”的模式下，采取的是一种现收现付的待遇确定型的养老保险体系，一方面，企业按照制度规定负责养老金的筹集、发放并对退休人员进行管理，职工个人不缴纳任何费用，资金来源全部由企业和国家财政承担，统收统支，亏空由主管部门承担；另一方面，职工的养老金待遇标准根据职工的工作年限和退休前的工资水平确定；其次，劳动部负责政策制定和监督，工会系统负责具体的保险经办，这种政策制定、监督和执行分别由不同机构承担的制衡机制，有利于提高效率，防止腐败。统一筹集保险总基金由国家统筹管理，并在全国范围内调剂使用，在某种程度上已经具有了社会保险的性质，这是基本养老保险统筹的发端。“文化大革命”之前的养老退休费用一直采用这种做法。这种全国统一的养老保险体系在传统的计划经济体制下有其存在的合理性和可能性，也为后来的养老保险制度的建设和完善奠定了一定的基础。

（二）第二阶段：现收现付、待遇确定下的“企业统筹”（1966—1983 年）

文革期间，失误的政策使养老保险制度受到了严重的干扰和破坏，工会组织活动被停止，劳动部门被撤销，社会保险工作陷入无人管理的瘫痪状态，使得社会保险基金统一筹集、发放、管理和调剂等制度无法继续持续下去，新中国成立以来建立起来的社会保险的各项制度被否定和废止。在机构被撤、资料散失、政令不通的情况下，财政部于 1969 年 2 月下发了《关于国营企业财务工作中几项制度的改革意见（草案）》，规定“国营企业一律停止提取劳动保险金”，各级工会管理角色也因之消失，取而代之的是企业的直接管理；“企业的退休费用等社会保险开支改为企业营业外列支”，使养老保险完全变成了企业的内部事务。养老保险基金的积累被停止，具有养老保险准备金性质的国家统筹基金也被挪做他用，不仅使我国养老社会保险制度丧失了应有的统筹和调剂功能，而且使刚刚形成的养老保险“全国统筹”雏形退回到各自为政的“企业保险”，我们暂且称之为企业内部的“企业统筹”。

“文革”结束后，我国开始全面整顿、恢复和重建养老保险制度，先后颁布了一系列政策和法规。1978 年 6 月，国务院先后颁布了《关于安置老弱病残干部的暂行办法》和《关于工人退休、退职的暂行办法》，对原来的退休、退职待遇规定作出了较大修改，较好地扭转了“文革”中退休退职制度执行不力、职工队伍老化、企业冗员增多等不利局面，这标志着“文化大革命”后国家开始恢复养老保险制度。1980 年 3 月，国家劳动总局和全国总工会联合下发《关于整顿与加强劳动保险工作的通知》，对中断的企业社会保险工作进行全面的整顿和恢复，为社会保险事业的进一步发展打下了一定基础。1981 年 1 月，国务院颁布《关于严格执行工人退休、退职的暂行规定的通知》，强调必须严格掌握退休退职条件，使职工退休退职工作得以健康开展，被破坏的退休养老制度得以逐渐恢复。

这一阶段，我国养老保险制度主要表现出以下特点：首先，从保障模式上看，养老金在企业（单位）营业外列支，职工个人不承担缴费义务，企业按规定发放养老金的做法，依然属于现收现付、待遇确定型的制度体系。其次，由于当时国有企业和国家之间的利润分配关系还属于计划经济体制下的“统收统支”模式，企业利润基本上全部上缴财政，企业所需资金由财政拨款解决，这种单位列支模式事实上是一种国有经济范围内的大统筹制度。再次，养老金的筹集、发放和管理由工会变为企业本身，企业全面承担起原来劳动部门和工会组织的社会职能，过去管理机构之间的相互监督和制衡机制也不复存在。可以看出，养老保险费仍由企业负担和管理，这种事实上的“企业统筹”仍然没有改变企业职工养老保险的单位制性质，没有实现养老金的社会统筹和调剂。

（三）第三阶段：现收现付、待遇确定下的市、县级统筹和部分省级统筹（1984—1992 年）

改革开放后，随着计划经济体制的逐步打破和市场经济体制的不断完善，要求企业在公平竞争的市场环境下成为自主经营、自负盈亏的经济实体。为此，国家先后于 1983 年和 1984 年进行了两步“利改税”，逐步扩大企业自主权：国有企业由原先向国家上缴利润改为上缴所得税，企业的税后利润通过各种形式的在国家与企业之间进行分配。随着企业财务独立性的不断增强，我国计划经济体制下事实上的费用统筹关系遭到破坏，新老企业之间养老负担的苦乐不均现象严重，尤其是一些退休职工较多的老企业，本来经济效益不错，但“企业统筹”的筹资方式使其留利水平大为降低，甚至由盈变亏，给这些企业造成了沉重的退休费用负担。再加上 80 年代中期以来，一批 50 年代就业的职工陆续达到退休年龄，随着退休职工队伍不断扩大，退休离休和退职人员与在职职工人数的比例不断上升，在当时养老保险制度完全由企业负担的现收现付模式下，进一步加重了老企业的负担。而新办的企业没有退休包袱的拖累，退休负担相对较轻。这种企业之间养老负担畸轻畸重的状况，严重阻碍了企业之间公平竞争，并影响到企业职工的利益。随着老企业养老负担的日益加重，养老金在企业营业外项目列支的办法已经越来越不能适应企业改革和经济发展的要求，国有企业之间过去那种事实上的大统筹关系开始瓦解，传统的以企业为单位、以受益为基准的现收现付的养老金制度的弊端日益显露。为了与新的制度环境相适应，需要对养老保险制度进行创新，将企业职工的养老保险事务与企业日常经营剥离，使企业职工养老保险制度能够为企业的公平竞争服务。因此，从 1984 年开始，基本养老保险的社会统筹又被迫切地提到了议事日程。

在政府的推动下，全国各地区在市、县一级全民所有制企业范围内开始以退休费用社会统筹为主要内容的改革。1984 年，广东江门市和东莞市、四川自贡市、江苏泰州市和辽宁黑山县的全民所有制企业率先进行退休费用“社会统筹”试点，按照“以支定收，略有结余”的原则，确定养老金的支出比例，由政府规定的部门（多为劳动部门）负责养老金的统一收缴、统一发放、统一管理，实现了统筹区域内企业之间养老保障费用的统筹调剂。这是在“企业统筹”之外寻求新的养老保险机制的发端。由此，养老保险制度拉开了从“企业统筹”逐渐转向“社会统筹”的序幕。截止到 1986 年底，全国先后有 27 个省（自治区、直辖市）的 300 多个县市参加了试点，统筹层次为县（市）一级或地（市）一级。① 至此，我国的养老保险统筹范围扩大到县（市）级，逐步改变“企业统筹”的局面。

在总结各地试点经验的基础上，国务院于 1991 年 6 月颁布了《关于企业职工养老保险制度改革的决定》（国发〔1991〕33 号），明确提出，“养老保险实行国家、企业、个人三方共同负担，职工个人也要缴纳一定的费用”。同时指出，“尚未实行基本养老保险基金省级统筹的地区，要积极创造条件，由目前的市、县统筹逐步过渡到省级统筹”。该《决定》使养老保险社会统筹有了正式发文，成为我国养老保险改革的重要指导性文件，极大地推动了全国各地养老保险社会统筹工作的开展。到 1992 年底，全国 2300 个县市（约占县市总数的 95%）实

① 中国经济改革研究基金会，中国经济体制改革研究会联合专家组．中国社会养老保险体制改革［M］．上海：上海远东出版社，2006：10.

行了养老保险的社会统筹。① 至此，社会统筹在全国范围内开始正式实施。

这一时期，相对于原来的“企业统筹”，“社会统筹”提高了养老保险的社会化程度，在一定范围内解决了不同国有企业之间养老保险负担畸轻畸重的问题，较好地保障了离退休人员的基本生活。但是，社会统筹存在的问题也十分突出。一方面，虽然文件要求按“以收定支、略有结余、留有部分积累”的原则统一筹集基本养老保险基金，但随着国有企业退休职工人数的大幅上升，体制内抚养比迅速提高，总体养老负担越来越重，养老保险的现收现付模式势必会造成企业所承受的养老负担越来越沉重，更是难以确保我国人口老龄化高峰期的养老金发放的财源。另一方面，统筹层次低，仍以县市统筹为主。一些市县面临着财政支出困难，而另一些市县资金富余，这种低统筹层次难以解决市县之间养老负担不平衡的问题。虽然国家提出要在全国范围逐步实行养老保险省级统筹，但是由于地区之间利益摩擦严重，市县级统筹向省级统筹过渡缓慢。

（四）第四阶段：统账结合下的普遍市、县级统筹和省级统筹（1993 至今）

养老保险社会统筹过程中存在的种种问题引起了政府有关部门对养老保障制度的改革与发展的高度关注，并相继出台了一系列政策措施。

1993 年 11 月，党的十四届三中全会通过的《关于建立社会主义市场经济体制若干问题的决定》明确指出，“城镇职工养老保险金由单位和个人共同负担，实现‘社会统筹与个人账户相结合’”，即所谓的“统账结合”模式。个人账户为个人缴费积累，属于个人产权，个人账户的建立，意味着从根本上承认了养老金作为职工个人的一部分延迟支付的劳动报酬的性质。从理论上说，个人账户作为基本养老保险重要组成部分，如果个人账户由省级社会保险经办机构统一管理，将极大地减轻省级统筹的难度，进而加速基本养老保险省级统筹乃至全国统筹的实现。因此，“统账结合”模式实际上属于一种典型的部分积累制，“统账结合”模式的提出，不仅标志我国养老保险制度步入一个崭新的发展阶段，而且意味着为我国养老保险社会统筹奠定了重要的基础。

为了进一步观测中共十四届三中全会《决定》关于建立“统账结合”养老保险制度的精神，国务院于 1995 年 3 月发布了《关于深化企业职工养老保险制度改革的通知》（国发〔1995〕6 号），明确指出养老保险体制要实现从“现收现付”模式向“统账结合”的部分积累模式转变。为适应各地区的不同情况，文件还提出了“统账结合”的两个具体实施方案，供地方政府选择。自此，我

① 中国经济改革研究基金会，中国经济体制改革研究会联合专家组．中国社会养老保险体制改革［M］．上海：上海远东出版社，2006：11.

国养老保险正式进入"统账结合"的实施阶段。之后的实施过程中，多数地区形成了自己的修正方案。由于基本养老保险制度不统一、行业分割、统筹层次低等问题，使得本来就是以市、县为单位进行分散管理变得更加混乱，县级统筹向省级统筹过渡缓慢。如表3－1所示，1996年上半年，全国共有7个省、市选取了第一套改革方案，5个省、市选取了第二套方案，16个省、市、自治区既没有选择第一套方案，也没有选择第二套方案，而是吸收了两套改革方案的优点，结合本地情况，制定了第三套改革方案。各区域共有33种办法出台并付诸实施，各区域的筹资模式、养老金计发模式五花八门、各不相同。①

表3－1　"统账结合"不同的实施办法及地区选择

方案	个人账户规模	实施地区	地区数量
方案一	6%～17%	上海、吉林、黑龙江、江西、河南、云南、青海	7
方案二	3%～5%	北京、天津、浙江、湖南、广东	5
方案三	10%～12%	湖北、河北、陕西、山西、内蒙古、辽宁、江苏、安徽、福建、山东、广西、四川、贵州、甘肃、宁夏、新疆、电力、水利、石油、交通、煤炭	16+5

资料来源：高书生．社会保障何去何从［M］．北京：中国人民大学出版社，2006：125.

针对养老保险制度改革问题上"各自为政"的局面，为了扭转改革偏差，1997年7月，国务院颁发了《国务院关于建立统一的企业职工基本养老保险制度的决定》（国发〔1997〕26号），要求"进一步加快改革步伐，建立统一的企业职工基本养老保险制度"，对企业和职工个人的缴费比例、个人账户规模、养老金的发放标准等做出了统一规定，并指出"为有利于提高基本养老保险基金的统筹层次和加强宏观调控，要求逐步由县级统筹向省或省授权的地区过渡。"至此，我国加速推进基本养老保险省级统筹。

为了进一步加强基本养老保险基金管理和调剂力度，推动省级统筹的实现，1998年8月，国务院颁布了《关于实行企业职工基本养老保险省级统筹和行业统筹移交地方管理有关问题的通知》（国发〔1998〕28号），要求加快实行企业职工基本养老保险省级统筹，并明确提出了实行省级统筹的时间表、标准和范

① 林毓铭．中国社会保障制度可持续发展的分析与评估［D］．武汉：武汉大学，中国优秀博士学位论文全文数据库，2004：104.

围："1998 年底以前，各省、自治区、直辖市要实行企业职工基本养老保险省级统筹，建立基本养老保险基金省级调剂机制；到 2000 年，基本实现统一企业缴纳基本养老保险费比例，统一管理和调度使用基本养老保险基金，对社会保险经办机构实行省级垂直管理。"并要求"在 1998 年 8 月 31 日以前，实行基本养老保险行业统筹（以下简称行业统筹）企业的基本养老保险工作，按照先移交后调整的原则，全部移交省、区、市管理"。从此，我国改变了养老保险管理地区统筹和行业统筹并存的状况，为省级统筹的进一步实现奠定了一定的基础。

为贯彻落实中央十五届四中全会的精神，加快建立和完善企业职工基本养老保险省级统筹，1999 年 12 月，劳动和社会保障部、财政部联合下发了《关于建立基本养老保险省级统筹制度有关问题的通知》（劳社部发〔1999〕37 号）。《通知》比较具体地规定了省级统筹的具体内容，要求"加快建立省级统筹制度，在省、区、市范围内统一管理和调剂使用基本养老保险基金，统一企业和职工个人缴纳基本养老保险费的缴费基数和缴费比例，统一基本养老金的支付项目、计发办法和调整制度。尚未实现省级统筹的省份，须建立健全省级调剂金办法，并积极采取切实有效措施，逐步建立省级统筹制度"。此后，经过相关部门的共同努力，我国基本养老保险省级统筹工作取得了积极的成效。到 2001 年，北京、天津、上海、陕西率先建立了比较规范的基本养老保险省级统筹制度。[①]至此，我国形成了"统账结合"下市县统筹与省级统筹并存的局面，为基本养老保险省级统筹的全面实现做下了铺垫。

2005 年的 38 号文更是一个里程碑式的文件。在充分调查研究和总结东北三省完善城镇社会保障体系试点经验的基础上，国务院于 2005 年 12 月颁布了《国务院关于完善企业职工基本养老保险制度的决定》（国发〔2005〕38 号），对省级统筹提出了更加明确的要求："建立健全省级基金调剂制度，加大基金调剂力度，在完善市级统筹的基础上，尽快提高统筹层次，实现省级统筹要求。"这就为进一步完善省级统筹指明了方向，提高了省级统筹的可操作性。

为加快实现省级统筹的步伐，2007 年 1 月，劳动和社会保障部制定了《企业职工基本养老保险省级统筹标准》，详细规定了企业职工基本养老保险省级统筹的六项标准。之后，劳动保障部发布了《关于推进企业职工基本养老保险省级统筹有关问题的通知》（劳社部发〔2007〕3 号），要求各地要充分认识推进省级统筹的重要意义，并要求进一步明确省级统筹工作的重点，要求"尚未实现省级统筹的地区，应结合本地实际情况，积极创造条件，向省级统筹过渡；有条件

① 冯兰瑞．社会保障社会化 yu 养老基金省级统筹［J］．中国社会保障，2002（10）：54－57.

的地区，要积极实行社会保险经办机构垂直管理”。

经过各方的积极努力，我国基本养老保险的省级统筹如期完成任务。截至2009年底，全国31个省份和新疆生产建设兵团已建立养老保险省级统筹制度。

在基本养老保险省级统筹加快推进的同时，基本养老保险省级统筹也被提上议事日程。2003年10月，党的十六届三中全会通过《中共中央关于完善社会主义市场经济体制若干问题的决定》，做出逐步做实养老保险个人账户的决定，进一步明确了我国养老保险统账结合、部分积累的制度模式，并进一步明确指出："建立健全省级养老保险调剂基金，在完善市级统筹基础上，逐步实行省级统筹，条件具备时实行基本养老金的基础部分全国统筹。”至此，我国明确指出了基本养老保险全国统筹的发展方向，并将基本养老保险全国统筹提上了议事日程。2008年底，党的十一届全国人大常委会第六次会议通过的《中华人民共和国社会保险法（草案)》指出了“基本养老保险基金实行省级统筹，逐步实行全国统筹”的目标。2010年10月通过的《中华人民共和国社会保险法》中明确指出，“基本养老保险基金逐步实行全国统筹，具体时间、步骤由国务院规定”，这就从法律上为我国基本养老保险统筹层次改革指明了方向。2011年3月，《中华人民共和国国民经济和社会发展第十二个五年规划纲要》正式发布，其中明确指出，“全面落实城镇职工基本养老保险省级统筹，实现基础养老金全国统筹”。2013年2月，国务院批转发展改革委、财政部、人力资源社会保障部《关于深化收入分配制度改革若干意见的通知》，强调要“全面落实城镇职工基本养老保险省级统筹，‘十二五’期末实现基础养老金全国统筹”。2013年5月，国务院批转发展改革委《关于2013年深化经济体制改革重点工作意见的通知》（国发〔2013〕20号），把基本民生保障制度改革作为年度大力推进年度重点改革的七项内容之一，特别是把“研究制定基础养老金全国统筹方案”作为我国养老保险制度改革的重要任务。

这一阶段，是我国基本养老保险统筹层次发展的关键时期。一方面，经过一系列政策文件的颁布，我国确定了“统账结合”的养老保险制度，确立了基本养老保险省级统筹的工作重心，明确了积极实行养老保险全国统筹的工作方向；另一方面，在“统账结合”的前提下，我国养老保险统筹层次稳步推进，如期完成了省级统筹的任务，并积极向全国统筹的目标迈进。

（五）小结

从我国基本养老保险统筹变迁的历程看，第一阶段的“全国统筹”是公平优先。由于片面追求公平而忽视了效率，导致劳动积极性不高，但总体而言与当时的传统的计划经济体制是相适应的。第二阶段的“企业统筹”是效率优先。

随着经济体制改革的不断推进，“企业统筹”追求效率而忽视了公平，导致的新老企业之间养老负担畸轻畸重的矛盾日益突出，对企业公平的竞争环境造成严重的冲击。为了使养老保险在效率的基础上兼具公平，第三阶段的“社会统筹”是折衷且必然的选择。为此，国家积极推进养老保险的市县统筹，并不断创造条件推进养老保险的省级统筹。前三个阶段，我国均实行现收现付、待遇确定的养老保险制度。但是，这种养老保险制度在向更高统筹层次推进过程中，由于缺乏资金的积累，面临着严重的资金困难。为了扫除统筹障碍，需要对现收现付的养老保险制度进行改革。为此，第四阶段我国确立了“统账结合”的养老保险制度。“统账结合”养老保险制度，有利于调整国家、企业、个人三者关系，使企业职工拥有了自己的个人账户。个人账户实际上是基金制的一种派生机制。个人账户的建立，意味着从根本上承认了养老金作为职工个人的一部分延迟支付的劳动报酬的性质，从而扭转在养老保险制度中国家包揽了过多、企业负担过重的状况，有利于形成社会互助和刺激个人储蓄双重机制；同时，随着省级统筹的不断实现，资金可以在全省范围内调剂使用，在兼顾效率的同时兼顾了公平。可以说，“统账结合”养老保险制度是一场重要的分配体制改革，不仅有利于增加养老金的积累，解决人口老龄化高峰期养老金的支付危机，而且将个人账户养老金从基本养老金中的分离出来，使养老保险的统筹任务集中于基础养老金部分，可以减轻提高统筹层次的负担，加速省级统筹乃至全国统筹的实现。

二、基本养老保险统筹层次变迁的本质特征

我国养老保险统筹制度是在我国的特殊国情中逐渐形成和发展起来的，并受我国特殊国情的制约，具有鲜明的中国特征。

（一）我国基本养老保险统筹层次变迁是一种制度变迁

新制度经济学认为，所谓制度变迁，是指制度的替代、转换和交易过程，它的实质是一种效益更高的制度（即所谓“目标模式”）对另一种制度（即所谓“起点模式”）的替代过程。① 制度之所以会被替代、被创新，是因为有许多外在性的变化形成了“潜在利润”（或称“外部利润”）。“从理论上讲，有许多外部事件能导致外部利润的形成。在现有的经济安排状态给定的情况下，这些利润是无法获得的，我们将这类收益称之为‘外部利润’。”② 只要这种外部利润存在，就表明社会资源的配置还没有达到帕累托最优状态，从而可以进行帕累托改进，

---

① 卢现祥. 西方新制度经济学［M］. 北京：中国发展出版社，2003：80.

② R. 科斯，A. 阿尔钦，D. 诺斯等. 财产权利与制度变迁［M］. 上海：上海三联书店，1991：276.

即在不损害其他任何人利益的前提下，至少还可以使一个人的处境得到进一步改善，使社会净收益增加。“正是获利能力无法在现存的安排结构内实现，才导致了一种新的制度安排（或变更旧的制度安排）的形成”。[①] 如果一种安排性创新成功地将这些利润内部化，那么总收入就会增加，创新者可能在不损失任何人的情况下获取收益。[②] 因此，外部利润内在化过程的实质就是一个制度变迁和制度创新的过程。

从我国基本养老保险统筹层次变迁的历史轨迹可以看出，我国基本养老保险统筹层次变迁的过程就是外部利润内部化的过程。建国之初建立的现收现付、待遇确定下的基本养老保险“全国统筹”，其主要目的是预防由于疾病、工伤、年老等风险引起的劳动者生活困难，解除劳动者的后顾之忧，切实保障退休职工的合法权益。文革时期实行的企业职工养老保险单位制，使养老保险制度退回到“企业统筹”。随着市场经济体制改革的不断推进，导致了制度环境的改变，这种“企业统筹”不能与新的制度环境相适应，弊端日益加剧。为了推动养老保险制度改革的顺利进行，需要对“企业统筹”进行变迁和创新。在意识到“社会统筹”的潜在利润时，使人们有动力将基本养老保险“社会统筹”提上议事日程，在政策的大力支持和各方的共同努力下，我国基本养老保险统筹范围逐渐扩大到县（市）级，改变了“企业统筹”的局面。相对于原有的“企业统筹”，养老保险“市、县统筹”提高了养老保险的社会化程度，在一定范围内解决了不同企业之间养老保险负担的不均衡问题，较好地保障了离退休人员的基本生活。但是，随着经济体制改革的逐渐推进和人口结构的不断变化，这种现收现付下的“市、县统筹”的养老保险金缺口问题越来越严重，虽然中央政府一直致力于推动提高基本养老保险统筹层次的改革，然而改革进展依然缓慢，养老保险省级统筹并未落到实处收效不明显。为了克服上述困难，国家在总结各地养老保险制度改革经验教训的基础上，设计出“统账结合”的养老保险模式，这种模式是中国在世界上首创的一种养老制度模式。该制度既吸收了传统养老保险制度的社会互济、分散风险、保障性强的优点，又借鉴了个人账户模式的长处，强调了社会互济与职工自我保障相结合。“统账结合”养老保险模式的提出及其在全国范围内的正式推行，推动了我国基本养老保险统筹制度的不断完善，不论是维护企业的利益还是退休职工个人的利益，都起着不可忽视的作用。

因此，我国基本养老保险统筹层次的变迁是伴随着制度环境的改变与制度不

① R. 科斯，A. 阿尔钦，D. 诺斯等．财产权利与制度变迁［M］．上海：上海三联书店，1991：296.

② R. 科斯，A. 阿尔钦，D. 诺斯等．财产权利与制度变迁［M］．上海：上海三联书店，1991：276－277.

均衡逐渐展开的，随着我国基本养老保险统筹制度变迁过程中潜在利润不断出现并不断被认识，将激励人们不断推进我国基本养老保险统筹制度的变迁和创新。这种变迁和创新既顺应了养老保险制度发展的自身规律，也适应了经济社会发展的客观需要。我国基本养老保险统筹制度的变迁之路，也是我国探索适合中国国情的养老保险制度之路。因此，我国基本养老保险统筹层次变迁的过程就是一个效益更高的制度对原有制度替代的制度变迁过程。

（二）我国基本养老保险统筹层次变迁是强制性制度变迁

新制度经济学关于制度变迁的模型，按照不同的标准，可以划分为不同的类型。从制度变迁的主体和性质角度，可以划分为诱致性制度变迁与强制性制度变迁。

1. 诱致性制度变迁与强制性制度变迁

诱致性制度变迁的概念和理论由拉坦提出。拉坦从技术变迁与制度变迁的历史关系中探讨诱致性制度变迁模型，其分析方法来源于希克斯的诱致性技术变化模型。拉坦建立了一个包括制度供给和制度需求的新古典制度变迁模型，认为，对制度变迁需求的转变是由要素与产品的相对价格变化以及与经济增长相关联的技术变迁所引致的；对制度变迁供给的转变是由社会科学知识和有关的商业、计划、法律和社会服务专业知识进步所引致的，并指出制度变迁可能是关于社会与经济行为、组织与变迁的知识供给进步的结果。[①] 但他并没有明确给出诱致性制度变迁的定义。

林毅夫用新古典的“需求－供给”理论架构把制度变迁模式划分为诱致性制度变迁和强制性制度变迁，提出了强制性制度变迁和强制性制度变迁的概念，并进行了经济学分析。他认为，诱致性制度变迁可以视为需求拉动的，而强制性制度变迁则是供给推动的。

具体而言，诱致制度变迁是指现行制度安排的变更或替代，或者说是新制度安排的创造，是由个人或一群（个）人在响应获利机会时自发倡导、组织和实行的。诱致性制度变迁必须由某种在原有制度安排下无法得到的获利机会引起。[②] 诱致性变迁的新制度模式是由组织自身设计的，制度变迁的方案得到了组织成员的一致认同与共同参与，实施成本和摩擦成本相对于其他变迁模式而言较低。这种制度变迁有利于集思广益，提高成员的积极性，具有很强的稳定性与适应性。但是，诱致性制度变迁的前提是创新者的预期收益大于预期成本。因此，

① R. 科斯，A. 阿尔钦，D. 诺斯等．财产权利与制度变迁［M］．上海：上海三联书店，1991：333－337.

② R. 科斯，A. 阿尔钦，D. 诺斯等．财产权利与制度变迁［M］．上海：上海三联书店，1991：384.

制度变迁需要创新者花费大量的时间和精力进行组织、谈判，并得到一致性同意，这将导致说服成本和实施阻力较大，且易造成时间上的拖延；而且每一成员都满意的方案，不一定是最优的方案，未必能给组织带来最大效益。同时，这种组织自行创造的制度模式面临着“搭便车”和外部性问题，降低了组织成员创新的积极性，会极大地影响制度安排创新的密度和频率，可能会持续地出现制度不均衡和制度短缺。

强制性制度变迁则是由政府命令和法律引入和实行。与诱致性制度变迁不同，强制性制度变迁可以纯粹因在不同选民集团之间对现有收入进行再分配而发生。① 强制性制度变迁的主体是国家，国家是一种“在暴力方面具有比较优势的组织”，在制度变迁中具有垄断地位，因此，制度出台的时间相对较短、推行某种制度的实施成本和组织成本较其他组织相对较低，而且在运用强制力方面国家有着相当大的“规模经济”效应。但是，这种制度变迁方式不是相关利益主体通过重复博弈形成的，“决策者或影响决策的利益集团会利用制度供给的机会为自身牟利”，而统治者只有在强制推行一种制度安排的预期边际收益大于预期边际成本时才会采取行动弥补制度供给的不足，这样容易导致制度供给的不足；同时，由于受到统治者的偏好和有限理性、意识形态刚性、官僚政治、集团利益冲突、社会科学知识的局限、国家的生存危机等问题的困扰，政府并不一定能够建立起最有效的制度安排。

将制度变迁从制度变迁主体的角度划分为诱致性制度变迁和强制性制度变迁，只是一种理论的抽象。在社会实际生活中，任何制度变迁都是诱致性因素和强制性因素的统一和配合。② 一方面，由于制度的“公共产品”特征，难以避免“搭便车”行为，仅凭诱致性制度变迁不能从根本上解决制度变迁的供给不足问题，此时需要国家实施强制性制度变迁来弥补制度供给不足；而另一方面，制度作为一种“公共品”也不是无差异的，即制度具有层次性、差异性和特殊性，这决定了有些制度供给及其变迁只能由国家来实施，如法律秩序等，即使这些制度变迁有巨额的外在利润，任何自发性团体也无法获取；有些制度供给及其变迁，由于适用范围是固定的，只能由相关利益团体（群体）来完成。③

诱致性制度变迁和强制性制度变迁，作为新制度经济关于制度变迁的代表性模型，二者相互联系、互为补充、相互制约，共同推动着社会的制度变迁。

2. 我国基本养老保险统筹层次变迁是强制性制度变迁

① R. 科斯，A. 阿尔钦，D. 诺斯等．财产权利与制度变迁［M］．上海：上海三联书店，1991：84.

② 柳新元．利益冲突与制度变迁［M］．武汉：武汉大学出版社，2002：44.

③ 卢现祥．西方新制度经济学［M］．北京：中国发展出版社，2003：113.

在我国基本养老保险统筹层次的变迁过程中，政府是我国基本养老保险统筹制度变迁的初级行动团体，具有不可替代的作用。同时，我国基本养老保险统筹制度变迁采取了强制性变迁的方式。因此，整体而言，我国基本养老保险统筹层次变迁不仅是一种制度变迁，而且是政府主导的强制性制度变迁。

首先，政府是基本养老保险统筹层次变迁的发动者和推进者。政府的每一项政策或每一次改革，都是各政党及其所代表的政治势力、各种利益集团、组织、社团及社会公众之间逐利互动、相互博弈的结果。养老保险具有“公共物品”的性质，政府对养老保险承担着财政“兜底”责任。因此，养老保险问题能否妥善处理，直接关系着政府的财政情况。养老保险问题处理得好，有利于减轻政府的财政“兜底”责任；反之，则会加重政府的财政“兜底”责任。同时，养老保险问题的妥善处理有利于社会安定和经济的发展，经济的发展又必然带来税收的增加，从而可以使政府获得更充裕的财政收入，为民众提供更多的公共产品，提升在民众心目中的威望。因此，当政府推行制度创新收益较大时，强制性制度变迁就成为必然。回顾我国基本养老保险统筹制度变迁的历史轨迹，我国基本养老保险制度从国家福利型走向个人承担部分责任的转型，从“企业统筹”向“社会统筹”的转变，从现收现付到“统账结合”的变迁，基本都是在政府尤其是中央政府领导下有秩序、有步骤地推行的，所制定的多部养老保险法律、法规，如1951年颁布的第一个内容完整的社会保险法规《中华人民共和国劳动保险条例》，1991年6月国务院颁布的要求“积极创造条件，由目前的市、县统筹逐步过渡到省级统筹”的《关于企业职工养老保险制度改革的决定》，1997年7月国务院发布的要求“逐步由县级统筹向省或省授权的地区过渡”的《关于建立统一的企业职工基本养老保险制度的决定》，2005年12月国务院发布的要求“在完善市级统筹的基础上，尽快提高统筹层次，实现省级统筹”的《国务院关于完善企业职工基本养老保险制度的决定》（国发〔2005〕38号）等等，始终是在中央与国家行政及立法机关直接领导、指挥、命令、指导或调控下，通过下达行政命令或者借助法律手段实施的，中央政府始终是基本养老保险制度变迁的策划者与推动者。因此，从总体上说，我国基本养老保险统筹层次的变迁是政府主导的强制性变迁。

其次，政府设置了基本养老保险统筹层次变迁的方向和准则。养老保险制度改革作为我国经济社会改革的重要组成部分，必然要受到所有制结构调整、经济结构调整、企业制度改革、财税制度改革等的影响。同时，养老保险制度的改革也会对其他方面的改革产生深远影响，关系着整个改革的进程。因此，政府在进行养老保险制度改革、努力实现退休职工福利最大化的同时，必须兼顾其他改革的利益，使改革在符合整个改革大局的基础上进行。为此，政府在基本养老保险统筹制度改革的过程中，必须设置相应的改革方向和准则，掌握改革每一阶段的步骤、节奏与具体目标，例如，1998 年 8 月，国务院颁布《关于实行企业职工基本养老保险省级统筹和行业统筹移交地方管理有关问题的通知》明确提出了实行省级统筹的时间表、标准和范围。同时，改革的推进需要出台相应法律、法规和政策对基本养老保险统筹制度的改革进行规范，并对改革过程中出现的偏差及时予以纠正。我国基本养老保险统筹制度变迁的历程表明，我国基本养老保险制度变迁历经的几次重要转折，都是在政府的指导方针和发展规划下进行的，其发展过程中应该遵循的基本原则，都是政府以法规文件的形式确立。因此，政府设置了我国基本养老保险统筹层次变迁的方向和准则。

最后，政府提供了基本养老保险统筹层次变迁的制度环境和制度安排。基本养老保险统筹层次变迁是一个包括公共财政体制、政府管理体制等在内的系统性的、以政府为核心的创新和变革。因此，政府作为基本养老保险统筹制度创新和变革的主体，需要以制度供给者的身份，为基本养老保险制度变迁提供所需要的制度环境：通过加大财政支持力度和税收优惠力度来支持我国基本养老保险制度的变迁；根据改革的总体方案，对企业和职工的缴费比例、个人账户的规模、职工的退休年龄、养老金缴纳年限等方面做出规定；加强养老金的投资、管理与运营，推进养老金的保值增值；结合财政与非财政、短期应急措施和长期制度化行为的多元筹资方式与渠道筹集养老保险资金解决筹资难题等等。另外，需要政府对基本养老保险统筹层次做出一系列的制度安排。例如，在“现收现付”的养老保险制度下，一些地区出现了养老金收不抵支，拖欠养老金的情况，使我国由县市级统筹向省级统筹的过渡进程十分缓慢，更是难以确保我国人口老龄化高峰期的养老金发放的财源。“统账结合”的新型养老保险制度模式作为一种长期的制度化措施，有利于解决养老保险的资金难题，推进我国基本养老保险统筹层次的提高，确保我国养老保险制度改革的顺利进行。

（三）我国基本养老保险统筹层次变迁是渐进式制度变迁

从制度变迁的速度看，可以将制度变迁分为渐进式制度变迁与激进式制度变迁。总体而言，我的基本养老保险统筹层次变迁是渐进式制度变迁。

1. 渐进式制度变迁和激进式制度变迁

渐进式制度变迁与激进式制度变迁这一模型主要是针对前社会主义国家从计划经济向市场经济转轨的问题提出来的。

所谓激进式制度变迁，也称突进式变迁、革命式变迁、“休克疗法”，就是在短时间内，不顾及各种关系的协调、采取一揽子果断措施取代原制度形态的制度变迁方式。萨克斯是激进式改革方式的主要提出者和倡导者。激进式制度变迁通常采取“一步走”的剧变方法，以尽可能快的速度将旧的制度框架打破，按照“目标模式”的最优方式重新构造新的制度。前苏联及东欧社会主义国家是激进式制度变迁的典型。

由于激进式变迁往往以终极预期目标为参照系数，一般在制度变迁的初始阶段就能果断地完成关键性任务，其余非关键性任务在以后慢慢完成。① 因此，激进式制度变迁具有减少不必要的争论，减少从旧制度的抛弃、崩溃到新制度的建立时间，减少变迁成本向后累积的风险和急需的核心制度能够较快安排到位的优点。② 埃里克森（Ericson，R）在对前苏联的经济体制进行系统的分析基础上提出：“计划体制的逻辑完整性对改革的含义是，改革必须是跳跃性的、大规模的，而分步走的改革方式不太可能成功。”③ 但是，一步到位的改革势必造成极大的冲击。而且，当制度安排不适应实际时，修正和调整的成本将非常高，甚至无法实现。因此，“休克疗法”的实施效果远没有想象中和设计中的那么理想。中国“分步走”、“阶段式”改革的成功和俄罗斯 90 年代初的经济大衰退，似乎都否定了埃里克森等人的“市场社会主义”无效论和一揽子改革总是有效的观点。

所谓渐进式制度变迁，是采取分阶段、分地区、分部门、分群体的方式，在较长时间内，从局部到全局、从部分到整体、先试点后推广、从体制外到体制内、从增量到存量的逐步推进改革的方式。中国是渐进式制度变迁的典型代表。

与激进式制度变迁不同，渐进式制度变迁不是在变迁的初始阶段就能果断地完成关键性任务，而通常是将关键性的任务放在最后面解决，采取需求累增与阶段性突破的方式，在不断解决实际问题的过程中逐渐进行制度转轨。渐进式改革往往从经济体制改革开始，以此不仅可以为推进社会其他制度的改革提供物质基础，也使怀疑和反对改革者得到改革的收益，减少阻力，甚至变阻力为动力。同时，渐进式制度变迁采取局部推进方式，从而容易控制，社会动荡相对较小，社会冲突相对较弱，风险也就相对较小。另外，渐进式制度变迁经历的时间跨度较长，面临的利益冲突较多，涉及的制度安排也较广，改革的每一阶段费用代价也许较低，但总的改革过程费用与代价可能是高昂的，而且改革过程中也可能伴随体制性腐败等问题。

总之，激进式制度变迁和渐进式制度变迁各具特色。穆雷尔（Murell，P）

---

① 程恩富，胡乐明．新制度经济学［M］．北京：经济日报出版社，2005：196.

② 卢现祥．新制度经济学［M］．武汉：武汉大学出版社，2004：177.

③ Ericson，R. The Classical Soviet-Type Economy：Nature of the System and Implication for Reform［J］. The Journal of Economic Perspectives，1991，vol. 5，no. 4.

在对苏东的激进式改革方式进行反思的基础上，对激进式制度变迁和渐进式制度变迁作了比较深刻的分析。他认为激进式制度变迁和渐进式制度变迁的区分实际上是关于改革的一般方法的哲学或世界观。① 激进式变迁强调理性设计，终极目标明确、采取果断措施不惜代价地对旧制度进行强行改造；渐进式变迁则充分利用了自发性变迁的积极作用和基层组织的创造精神，在培育和发展新制度基础上，逐步深化、推广，最后取代旧制度。②

2. 我国基本养老保险统筹层次变迁是渐进式制度变迁

第一，在政策的制定上：分阶段、分步骤。由于我国独特的国情和我国独特的基本养老保险统筹制度的起点和方向，使我国基本养老保险统筹制度变迁既没有外国现成的经验可以照搬，也无本国的历史经验可以借鉴，再加上政府有限理性的存在，使政府不能一步到位地出台一个理想的基本养老保险统筹政策或方案，而只能是“摸着石头过河”，在实践过程中不断调整、逐步深入。因此，我国基本养老保险统筹层次的变迁，并不是一步到位的，而是经历了从现收现付、待遇确定下的“全国统筹”到现收现付、待遇确定下的“企业统筹”，到现收现付、待遇确定下的市、县级统筹和部分省级统筹，再到部分积累制下的普遍市、县级统筹和省级统筹的分步骤、分阶段性的渐进式制度变迁。

第二，在改革实施的范围上：先局部后整体。为了使我国基本养老保险统筹制度的变迁过程相对平稳，新旧制度之间较好地衔接，不引起较大社会震动，我国基本养老保险统筹制度的变迁采取的是由局部到整体的变迁方式。例如，在基本养老保险从省级统筹向全国统筹的过渡方面，2003 年 10 月，党的十六届三中全会通过《中共中央关于完善社会主义市场经济体制若干问题的决定》明确指出，“逐步实行省级统筹，条件具备时实行基本养老金的基础部分全国统筹”。到 2011 年 3 月，《中华人民共和国国民经济和社会发展第十二个五年规划纲要》正式发布，其中明确指出，“全面落实城镇职工基本养老保险省级统筹，实现基础养老金全国统筹”。可以看出，我国基本养老保险省级统筹向全国统筹的过渡，先是在部分省份展开，当条件具备后再在全国范围内推行，是由局部到整体，分地区层层推进的渐进式制度变迁。

第三，在变迁的速度上：先试点后推广。相对于“一步走”的剧变式方法，先试点后推广的变迁方式是在新组织、新信息不断发展壮大的过程中，将新制度逐渐铺开，并不断解决新制度实施过程中出现的问题。我国在做实养老保险个人

---

① Murell, P. Evolutionary and Radical Approaches to Economic Reform [J]. Economic Planning, Vol. 25, pp. 79 – 95.

② 吴敬琏等．渐进与激进——中国改革道路的选择［M］．北京：经济科学出版社，1996：12.

账户的过程中采取的就是这种方式：2000 年 12 月，国务院出台《关于完善城镇社会保障体系试点方案的通知》，决定在辽宁省进行做实养老保险个人账户试点；在总结辽宁试点经验的基础上，2004 年 5 月，国家劳动和社会保障部发文决定将试点扩大至东北三省；2006 年 1 月，劳动和社会保障部将试点省份扩大至天津、上海、山西等八省市；2009 年末扩大至辽宁、吉林、黑龙江等 13 省市。① 以先试点后推广的方式做实养老保险个人账户，虽然从启动制度变迁到完成制度变迁需要较长时间，但通过采取这种需求累增与阶段性突破的方式，可以避免对于旧体制的组织造成过大的冲击，避免较大的风险和代价，从而稳妥地、逐渐地推进制度升级并向终极制度靠拢。

（四）小结

根据制度变迁的主体和性质、制度变迁的速度，可以组成如下四种制度变迁的组合模式，② 如表 3－2 所示。

表 3－2　制度变迁组合模式

模式	主动	被动
急速	强制性制度变迁＋激进式制度变迁（1989 年以来的俄罗斯和东欧市场化改革）	诱致性制度变迁＋激进式制度变迁（1978 年以来的中国农村土地制度变迁）
缓慢	强制性制度变迁＋渐进式制度变迁（1978 年以来的中国国有企业改革）	诱致性制度变迁＋渐进式制度变迁（1978 年以来的农业制度变迁）

第一种组合模式是强制性制度变迁方式＋激进式制度变迁方式，简称激进式强制性制度变迁组合模式。这种制度变迁的组合模式是一种“暴风骤雨”式的变革方式，在实践中也称为“休克疗法”。其主要特点是以政府为制度变迁的主体，变迁自上而下，变迁时间较短，速度快、力度大，从而有利于减少利益集团制度寻租的机会，节约制度实施成本。但是由于制度变迁缺乏弹性和不可逆性，使制度变迁风险较大，可能引起社会震荡较大，破坏性极大。

第二种组合模式是强制性制度变迁方式＋渐进式制度变迁方式，简称渐进式强制性制度变迁组合模式。这种制度变迁的组合模式从整体上看是以政府为主导的强制性制度变迁，但也有渐进因素。制度需求主体有一定的内生需求时间和空间，制度安排有一定的调整余地，由此可以减少制度作用对象对新制度的抵制，

① 人力资源和社会保障部. 2009 年度人力资源和社会保障事业发展统计公报［R］，2010.

② 邓大才. 制度创新方式与制度演进方式相机组合——制度变迁组合模式的一个分析框架［J］. 北京行政学院学报，2002（4）：42－47.

减轻制度震荡和破坏性。这种制度变迁组合模式较第一种组合模式相对比较温和，摩擦成本较低。

第三种组合模式是诱致性制度变迁方式＋激进式制度变迁，简称激进式诱致性制度变迁组合模式。这种制度变迁的组合模式占主导的是诱致性制度变迁，但在单个制度的安排上有激进性体现。这种制度变迁的组合模式关键是要处理好制度变迁强度问题，要保证核心制度按时出台。

第四种组合模式是诱致性制度变迁方式＋渐进式制度变迁，简称渐进式诱致性制度变迁组合模式。这种组合模式占主导的是诱致性制度变迁。以市场微观主体为制度变迁的主体，通过微观主体的内生制度需求渐进地、缓慢地推动制度变迁。这种制度变迁方式所引起的社会震荡较小，能够较准确的把握制度变迁的方向，制度变迁成功的概率较高，然而变迁的速度慢、时间长、强度小、成本高。

现实社会中，制度变迁究竟采取以上四种制度变迁组合模式中的哪种，需要结合实际，充分考虑制度的需求状况、现有制度条件、制度转型成本等多方面的因素。

为了建立与市场经济发展阶段相适应的、兼顾公平与效率的基本养老保险统筹层次格局，我国基本养老保险统筹层次变迁走的是强制性制度变迁与渐进式制度变迁组合模式之路。一方面，基本养老保险统筹层次提高是一个各相关主体利益再分配的过程。因此，要顺利提升基本养老保险统筹层次，需要政府的强制性力量做保证，减少地方政府对基本养老保险省级统筹乃至全国统筹的抵制与阻碍，减少制度安排的摩擦成本；另一方面，我国基本养老保险统筹层次提高是分阶段、分步骤，先局部后整体，先试点后推广的渐进式改革，这种渐进改革不仅符合我国社会经济领域一贯的改革思路，同时也符合养老保险制度自身变迁的内在要求。而且，通过这种渐进式制度变迁可以给制度需求主体一定的内生需求时间和空间，使制度安排有一定的调整余地。可以说，我国基本养老保险统筹制度变迁采取强制性制度变迁与渐进式制度变迁的组合模式，通过强制性制度供给满足制度累增的需要的同时，可以通过渐进式制度变迁有效避免社会震荡和减少变迁的破坏性，从而有效地推动基本养老保险统筹层次变迁的顺利进行。

第二节　我国基本养老保险统筹层次的现状与问题

基本养老保险的统筹层次问题是养老保险制度设计中的重要内容。基本养老保险省级统筹的实现，有利于实现本省内养老资源的优化组合，是养老保险制度改革的一大进步。但是，随着市场经济的发展和区域合作的加强，基本养老保险省级统筹依然无法解决养老保险资源在省区之间的协调与配置，无法满足我国经济社会发展的客观需要。

一、我国基本养老保险统筹层次的现状

为了逐步提高基本养老保险统筹层次，适应养老保险社会化的要求，早在1991年，国务院就提出“积极创造条件，在全国范围要逐步实行养老保险省级统筹。”之后，国家相继出台了一系列政策措施，要求2009年底在全国范围内全面实现基本养老保险省级统筹。经过各方的积极努力，我国基本养老保险省级统筹如期完成任务。截至2009年底，全国31个省份和新疆生产建设兵团已建立基本养老保险省级统筹制度，如表3－3所示。然而，省级统筹的基本实现，是否就意味着省内养老资源的优化配置呢？

表3－3 我国基本养老保险省级统筹工作推进情况

年份	地区
截至2006年	北京、天津、吉林、黑龙江、上海、福建、重庆、云南、陕西、甘肃、青海、宁夏、新疆13个省区市实现了养老保险省级统筹；辽宁、安徽、山东、河南、广东、广西、西藏7个省区和新疆生产建设兵团以市级统筹为主；其他省份仍以县级统筹为主。
截至2007年	北京、天津、吉林、黑龙江、上海、福建、重庆、云南、陕西、甘肃、青海、宁夏、新疆13个省区市实现了省级统筹；河南、湖南、江西、西藏4个省区和新疆生产建设兵团出台了省级统筹办法。
截至2008年	海南、安徽、湖北、河北、山西5省启动省级统筹。
截至2009年	广东、广西、贵州、内蒙古、江苏、浙江、四川、辽宁、山东9省区启动省级统筹；截至2009年底，全国31个省区市均建立养老保险省级统筹制度。

理论中统筹的涵义有广义和狭义之分。就省级统筹而言，从广义层面看，是指养老保险金由市县级政府征缴，市县级社会保险机构的人员归市县级政府管理，市县级政府只需向省级政府缴纳一定比例的养老保险金作为省级政府的调剂之用，此时的省级统筹只不过是市县级政府向省级政府缴纳一定的统筹调剂金，总体上仍是市县统筹，只能算是部分意义的省级统筹。从狭义层面看，只有市县级社会保险机构由省级政府实行垂直管理，市县级社会保险机构是省级社会保险机构的派出机构，省级政府对养老保险金实行统收统支，这样的统筹才算是完全

意义的省级统筹。本书所要探讨的主要是狭义层面的省级统筹。

2007 年 1 月，劳动和社会保障部发布了《企业职工基本养老保险省级统筹标准》，提出了衡量企业职工基本养老保险省级统筹的 6 个标准：一是统一企业职工基本养老保险制度和政策；二是统一企业和职工基本养老保险缴费比例和缴费基数；三是统一基本养老金计发办法、统筹项目和调整办法等待遇发放；四是统一基本养老保险基金的调度使用，实行统收统支，由省级直接管理；五是统一编制和实施基本养老保险基金预算；六是统一基本养老保险业务规程。①

结合基本养老保险省级统筹的涵义和劳动和社会保障部关于基本养老保险省级统筹的 6 个衡量标准，本书认为，衡量是否完全意义的省级统筹，有两个关键的衡量指标，一个是管理模式，另一个是调剂基金的方式。从目前我国基本养老保险省级统筹的实施情况来看，按照管理体制的不同，可以将其分为垂直管理模式和分级管理模式；按照调剂养老保险金的方式，可以将其分为统收统支型和差额结算型。以下结合划分我国基本养老保险省级统筹的两个关键衡量指标，对我国基本养老保险省级统筹的实际情况进行具体分析。

（一）按照管理模式的不同划分

完善的管理模式是实现基本养老保险省级统筹的组织保障。从目前已实施省级统筹的省市来看，按照管理模式的不同，可以将其分为垂直管理模式和分级管理模式。

1. 垂直管理模式

所谓垂直管理模式，是指在某一行政区划内，上级政府对下级政府相同序列机构的编制、人员、经费等进行统一管理，各级养老保险管理机构在上级养老保险管理部门的领导下开展工作，从而实现“人、财、物、事”自上而下的管理。这种管理模式意味着养老保险经办机构脱离属地政府管理序列，不再接受属地政府的领导管辖，是养老保险管理模式最彻底的改革。养老保险的垂直管理，有利于养老保险基金调度使用功能得到最大限度发挥，解决各省市县基金结构性矛盾；有利于杜绝差额缴拨、协议缴费、随意减免养老保险费等违规行为的发生，保障基金的安全；同时也有利于改变属地管理时期的条块分割、政出多门、责任不清、工作推诿的状况，实现管理的政令畅通、步调一致、令行禁止、高效快捷。

早在 1998，我国基本养老保险省级统筹的垂直管理模式工作开始启动。1998 年 8 月，国务院颁布的《关于实行企业职工基本养老保险省级统筹和行业统筹移

① 《关于推进企业职工基本养老保险省级统筹有关问题的通知》（劳社部发〔2007〕3 号）。

交地方管理有关问题的通知》（国发〔1998〕28号）明确提出“加快实行企业职工基本养老保险省级统筹，养老保险经办机构实行省级垂直管理”。尽管在以后的实践过程中我国一直积极推动基本养老保险管理模式的改革，但基本养老保险省级统筹的垂直管理进程不尽如人意。到目前为止，只有北京、上海、天津、陕西省、青海省等少数地区实现了垂直管理模式。

陕西省作为垂直管理模式的代表，其基本养老保险垂直管理起步较早。为了真正做到基本养老保险省级统筹，从1999年下半年开始，陕西省开始将各级养老保险经办机构的人、财、物、事由省劳动保障部门实行垂直管理，领导干部由省劳动保障厅任命，经费由省财政统一划拨，人员参照公务员管理制度统一管理，业务实行政事分开，[①] 进而率先在全国实行了基本养老保险垂直管理模式——“五子模式”，即政府定点子、社保开单子、税务收票子、银行发票子、财政补空子。[②] “五子模式”的实施，改变了过去养老保险经办工作各行其是、执行政策不一、效率低下的状况，有利于政令畅通，令行禁止，加强了政策落实力度，并在运行中形成了“两级管理、三级服务、市级直发、省级负责”的运行新机制，提高了养老保险经办工作效率和透明度，陕西养老保险统筹事业驶入了“快车道”。在“五子模式”的基础上，经过各方的努力，陕西率先在全国实行了企业职工养老保险的“六统一”，即统一政策规定、统一缴费费率、统一统筹项目、统一缴拨方式、统一调剂使用基金、统一养老保险经办机构。“六统一”的实现，标志着陕西基本养老保险垂直管理模式更加完善。从2000年下半年起，陕西养老保险管理实现了“政策全省一致、机构垂直管理、基金统收统支”，成为全国率先实现真正意义上的基本养老保险省级统筹的省市之一。

2. 分级管理模式

所谓分级管理模式，即属地化管理模式，是指各级政府中相同序列机构分属本级政府管理，上级政府采用编制预算、设立考核标准等方法，将一定的基金调剂使用权和管理权赋予下级政府，并将下级政府的机构编制、人员、经费、干部管理等交由下级政府自行管理。这种管理模式意味着属地政府和上级部门是“双重领导”关系，上级部门负责管理业务“事权”，属地政府负责管理“人、财、物”。回顾我国基本养老保险省级统筹的历史历程，由于经办机构不向上级经办机构负责，只向地方政府负责，在财政分权体制和地方政府片面追求政绩观的影响下，政府干预基金的管理和运作，且社会保险主管部门领导由政府任命，难以

---

① 赵云．话说养老保险的“陕西模式”［J］．中国社会保障，2003（7）：28－29.

② 王俊霞，邓晓兰，徐谦．实行基本养老保险省级统筹制度运行模式初探——对陕西“五子模式”的剖析［N］．中国劳动保障报，2004－1－15.

形成对基金管理的有效外部制约和监督，难以保证基金管理的独立性，地方养老保险基金一旦出现缺口，就会形成向上级财政的倒逼机制，不利于养老保险制度的自我完善与自我发展；同时，属地管理模式下，养老基金收入实际上被当作当地政府财政收入的一部分，一些地方和行业从自身利益出发，不将结余的基金调出来，造成基金的地域分割，不利于基金安全。① 尽管属地管理模式的缺陷有目共睹，但是，到目前为止，我国广东、云南、山东等大部分省市均采用这种管理模式。

提高基本养老保险统筹层次的前提，是要打破下级养老保险经办机构的属地化管理模式。在推进基本养老保险全国统筹的过程中，遇到的困难会与推进省级统筹过程存在相似之处。因此，实现基本养老保险全国统筹也必然要求打破属地管理模式，建立垂直管理模式。

（二）按照调剂养老保险金的方式划分

合理的调剂养老保险金方式是实现基本养老保险省级统筹的前提。从我国基本养老保险省级统筹的实施情况看，按照调剂养老保险金的方式，可以将其分为统收统支型和差额结算型。②

1. 统收统支型

所谓统收统支型，即“收入全额上划，支出按实下拨”，是指建立以省（自治区、直辖市）为单位的基本养老保险基金，在收入方面全额上划，即各市县征缴的基本养老保险费全部作为省级收入上划省国库，省国库核实后全部上缴省级社会保险经办机构的财政专户；在支出方面按实下拨，即实行省级垂直管理的各县级养老保险经办机构在月初根据基金支付实际需求填报当月基金用款计划申请书，并经各级财政和社保部门审核后报送省财政社保部门，核实无误后再通过财政专户拨入省级社保部门后逐级按用款计划下拨。对于当年的基金超支全部由省级负担。青海、陕西、天津、宁夏、海南、云南、甘肃、新疆生产建设兵团等采取的就是这种养老金调剂模式。

青海省是统收统支型养老金调剂方式的代表，青海省是人口小省，与其他省区相比，参加企业职工基本养老保险的职工人数也相对较少，基本养老保险基金的收支规模也相对较小。同时，从青海省的养老保险基金收支状况来看，全省绝大部分州（地、市）县收不抵支，对基本养老保险基金的补贴逐年增加，而且这些补贴全部来源于中央财政和省财政。因此，对青海省绝大部分州、县来说，实行基本养老保险的省级统筹并不影响其既得利益，易于做到基本养老保险基金

① 郑功成．实现全国统筹是基本养老保险制度刻不容缓的既定目标［J］．理论前沿，2008（18）：12－15.

② 方丽强．对养老保险省级统筹运作模式的设想［J］．决策与信息（下半月刊），2007（10）：62－64.

的全省统一管理。1998 年 11 月，青海省发布《青海省贯彻国务院〈关于建立统一的企业职工基本养老保险制度的决定〉的实施办法》（青政［1998］78 号）规定，“从 1999 年 1 月 1 日开始，青海省社会保险机构根据各地实际情况，在全省范围内统一调剂使用省级调剂金”。此后，青海省按照该实施办法的规定，养老保险基金收入直接缴存省级国库，养老保险基金的发放由省财政厅按月拨付到省级养老保险经办机构，省再转到各地市养老保险经办机构，再由经办机构逐级下发，实行社会化发放。基本养老保险基金的统收统支，不仅最大限度地发挥了基金的调剂使用功能和保障作用，解决了部分州、县因统筹层次低导致的各市之间养老保险负担畸轻畸重的结构性矛盾，增强了养老保险基金的抗风险能力，而且基本杜绝了差额缴拨、协议缴费、随意减免养老保险费以及挤占、挪用基金等不规范行为和违纪问题的发生。2002 年，青海省进一步加强了基金调剂和征缴工作，基本养老保险省级统筹开始进入正轨。

2. 差额结算型

所谓差额结算型，即“余额上缴、差额拨付、分级负担”，是指养老保险基金缴费收入不用全部上划，而是首先划入各市县级社会保障基金财政专户。月初，各市县级社保经办机构填制当月用款计划申请并经同级财政部门审核盖章后，逐级审核上报，最后经省级社保部门和财政部门联合批准后下达用款计划，同时根据各市县级基金收入与养老金发放的金额，实行余额上缴省级财政专户，发放差额则由省级财政专户直接下拨。对于当年各市县的基本养老保险基金超支部分，实行省、地市、县三级按比例负担消化。北京、上海、黑龙江、吉林、河南、江西等省采取的就是这种差额结算模式。

总体而言，统收统支与差额结算这两种模式在制度、标准、管理等方面的统一程度大体一致，其区别主要体现在资金的运作方式和超支的负担方式。在具体实施过程中，二者也各有利弊。统收统支模式增加了省级统筹的权威性，杜绝基金被地方挤占挪用，但同时弱化了市县级政府的责任，不利于基金收入的增长，尤其基金超支全部由省级财政承担无疑加重了省级财政的压力。而差额结算模式由于超支实行分级负担，有利于强化各级政府的责任，分解省级政府的压力，但由于基金不全部上划，容易造成基金被挤占挪用，一定程度上削弱了养老保险省级统筹的作用。

综上所述，我国基本养老保险省级统筹制度的建立，在解决不同地区养老保险负担畸轻畸重，增强养老保险的抗风险能力，促进劳动力合理流动与劳动力资源的优化配置，保障离退休职工基本生活，维护社会的安定等方面发挥了积极的作用。但是，省级统筹并非仅仅是养老保险经办机构人、财、物、事的垂直管理，也并非仅仅是实行社会统筹过程中一种较高层次的调剂退休费用的方式，更是在在一个省的范围内实施统一的基本养老保险制度、统一的基本养老保险费缴纳标准和待遇支付标准、统一的养老保险业务管理、统一的基金调剂与管理，即所谓的“四个统一”①。其中，社保机构的垂直管理是省级统筹的组织保证；基本养老保险基金的统收统支是省级统筹的基础；“四个统一”是省级统筹的标志。只有建立合理的垂直管理社保机构才能保证基金的统收统支；只有实现了社保基金的统收统支才能保证“四个统一”的完成，只有“四个统一”的完成才是实现真正意义的省级统筹的标志。因此，按照上述基本养老保险省级统筹的衡量标准，我国仅有北京、天津、上海、陕西等部分省市在全省（市）范围内实现了严格的统一制度、统一标准、统一管理和统一调剂管理基金的真正意义的基本养老保险省级统筹，大部分省市由于存在调剂基金上解困难、调剂力度弱、制度实施不到位、管理办法不规范等方面的问题，仍停留在基本养老保险省级统筹的分级管理和基金调剂阶段。因此，为了更好地推动基本养老保险统筹层次的提高，我们需要从上述基本养老保险的基金管理模式和基金调剂方式出发，实现基本养老保险基金的垂直管理和统收统支。

二、我国基本养老保险统筹层次的问题

目前，我国在全国范围内建立了基本养老保险省级统筹制度。省级统筹是基本养老保险统筹的较高层次，在一个省内实现了养老资源的优化组合，有利于缓解省内基本养老保险基金苦乐不均的矛盾，有利于劳动力省内流动与劳动力资源的优化配置，是养老保险制度改革的一大进步。但是，我国目前基本养老保险省级统筹在实际运行过程中，还存在诸多问题。

（一）上下级政府之间责任仍然模糊

充分调动上下级政府的积极性是推动基本养老保险统筹良性发展的重要条件。上下级政府之间没有形成明确的责任分担机制，将会导致上下级政府之间财权与事权并不统一，责任模糊不清，一方面是省级政府与市县级政府之间责任模糊。基本养老保险省级统筹的实现，意味着明确了省级政府的责任和义务，省级政府作为确保基本养老金社会化发放的第一人，承担着调剂省内养老保险资金余缺、弥补资金缺口、保证养老金按时足额发放等责任。但是，却并没有明确规定市县级政府应该承担什么样的责任。市县级养老保险经办机构是省社会保障厅的下派单位，省级统筹使市县级政府减少对本级社保经办机构干预，同时，市县级社保经办机构也淡化了基本养老保险的责任。上述问题的存在，最终导致现阶段

① 雷晓康，郝康．中国养老保险省级统筹的经验与问题［J］．理论学刊，2009（11）：47－50.

存在一个显著事实：省级政府的责任在持续扩大，而市县级政府的责任在逐渐淡出。这从制度上就加大了省政府的责任和风险。另一方面是中央政府与省级政府之间责任划分不清。目前，中央政府与地方政府之间的实际责任分担基本没有制度依据，当省级政府缺乏实现基本养老保险收支平衡的财政条件时，本应由省级政府承担的养老保险“兜底”责任将转嫁给中央政府，由中央政府承担起最后的“兜底”责任，又回到依靠中央大量的转移支付的原点上来，从而使得省级统筹流于形式。

（二）省级统筹在一定程度上增加了省级财政负担

基本养老保险省级统筹意味着省级财政成为了养老保险收支的主要责任主体，调剂省内养老保险资金余缺、弥补资金缺口、保证养老金按时足额发放成了省级主管部门的责任。这种责任不仅体现在养老金按时足额发放上，更是体现在基金筹集上。

基本养老保险省级统筹后，离退休人员基本养老金全部由省财政解决，这直接导致有些市县政府的地方保护主义现象盛行，使省级政府财政负担大为增加。第一，督促企业缴费的积极性不高，甚至纵容企业瞒报、漏报缴费基数、拖欠保费，使得保费源头浑浊不清，征收基数不断缩小。第二，纵容职工提前退休。省级统筹使省级政府为确保养老金发放的第一责任人，市县级政府为了减轻本地企业负担，放松对企业的退休审核，使职工退休的积极性大为提高。提前退休一方面意味着在职劳动力人数的减少，为养老保险制度缴费的人数减少，劳动者缴纳养老金的时间缩短，从而造成基金积累的规模缩小；另一方面意味着退休队伍规模的扩大，领取养老金的人数增多，退休人员领取养老金的时间延长，从而造成退休金的支付规模扩大。这一增一减，其影响是巨大的。第三，出于自身利益考虑，为减轻市县级政府和企业负担，随意出台减免养老保险费的“优惠政策”，将一些非统筹项目也列入统筹范畴。在当前各地经济发展不平衡、基金缺口大、省级财政吃紧的情况下，市县级政府的这种地方保护主义行为使本来就短缺的养老金来源问题显得更加突出，无异于使省级财政雪上加霜。虽然中央财政每年都会对各省进行养老保险缺口的转移支付，但是，中央对各省的转移支付基本稳定，当各省出现养老金缺口陡然增加时，作为确保本省基本养老金按时足额发放的第一责任人，省级财政的支付压力将会加大，省级财政的风险随之增加。

（三）各部门协同能力较差

基本养老保险省级统筹意味着，为了顺利完成基本养老金征缴与发放，必须做到社保管理部门、社保经办机构、财政部门、地税部门等部门的协调配合。基本养老保险省级统筹下，省级政府领导省级社保部门制定养老保险征缴计划，地税部门据此征缴养老保险费。省级社保部门在提出的征缴计划时，需要获取企业大量真实信息，但是，与县市级统筹相比，省级社保部门获取企业利润、缴费等真实信息的难度相对较大，而且社保机构本身不具有行政权力，政府也没有赋予其行政检查职能，使社保部门对企业的检查难度大，进而导致社保部门制定的征缴计划缺乏准确性和科学性。当地税部门依据社保部门开具的征缴方案征缴保费时，由于征收依据不实，导致存在较大征缴漏洞；再加上地税部门在保费征收过程中，没有审核权和稽查权，更没有税法中的强制执行和保护措施，使其所承担的责任与可行使的权力不对等，难以保证保费的按时足额征收。可以看出，基本养老保险统筹的顺利运行是一个需要多部门参与的工作，而且，与县市级统筹相比，省级统筹下养老保险的各部门的关系更为复杂，更难以协调，如不能有效协调好各部门的关系，漏报缴费基数、拖欠保费等现象将难以有效遏制，并将导致养老金无法足额征缴，加剧养老金收支缺口的矛盾。

（四）省级统筹维系基本养老保险制度的能力脆弱

虽然全国 31 个省份和新疆生产建设兵团都已建立起基本养老保险省级统筹制度。但是，如果说市县统筹是碎片式的管理，那么省级统筹可称之为块块式的管理。基本养老保险省级统筹意即把基本养老保险在全国分成 31 块，形成了 31 个统筹单位，31 个统筹单位之间各自为政，统筹制度各异，规定繁琐，养老金畸轻畸重现象严重，养老负担差别很大。在财政分权制度下，由于地区利益刚性，养老金从养老负担轻的省市调剂到负担重的省市的“抽肥补瘦”的做法必然遭到调出省市的政府及社会保险经办机构的阻挠，使得养老金无法跨省级统筹区域调剂使用，养老基金供求的结构性矛盾难以从根本上得以缓解，不能真正分散养老保险基金收支不平衡的风险。因此，这种块块管理体制与社会基本养老保险所要求的社会公平与效率仍然存在较大差距，不利于区域之间的协调发展，不符合现代养老保险制度理念的要求。

总之，目前我国基本养老保险省级统筹的运作过程中还存在诸多问题，这些问题都会导致省级政府的责任与负担增加。而中央政府与地方政府之间的实际责任分担基本没有制度依据，当省级政府缺乏实现基本养老保险收支平衡的财政条件时，本应由省级政府承担的养老保险“兜底”责任将转嫁给中央政府。因此，对中央政府来说，与其是弥补省级政府在省级统筹过程中难以承担的责任，不如事先划清中央政府与地方政府之间的责任，做到中央政府与地方政府财权与事权的统一。如前所述，提供基本养老保险属于中央政府的事权和财权。为此，需要在明确基本养老保险筹资机制和责任分担机制的基础上，将基本养老保险的事权和财权收归中央，实现基本养老保险全国统筹才是我国基本养老保险统筹制度改革的最终归宿。

第四章　基本养老保险全国统筹的动因：制度变迁的供给需求分析

供给－需求分析是新古典经济学的基本分析工具，基于新古典的制度分析也沿袭了这一传统。新制度经济学认为，制度变迁是在制度需求与制度供给出现不一致的情况下得以实现的，即现有制度安排不能满足人们对制度的需求，这样就会产生对新制度安排的一种需求，而制度变迁就是为了满足这种需求而出现的制度供给行为。因此，研究制度变迁的动因，有必要将制度变迁放在供给－需求的分析框架中进行。我国基本养老保险全国统筹是政府主导的强制性制度变迁。因此，本部分将基于制度变迁的供求分析框架，对产生基本养老保险全国统筹的制度需求原因和形成基本养老保险全国统筹的制度供给动力两方面分析我国政府提供基本养老保险全国统筹这种制度的动因。

第一节　制度变迁的供求理论

基于供求分析框架解释制度变迁的制度经济学家众多。他们把制度变迁中的主体分为不同的利益集团，由于拥有不同的力量，不同的利益集团处于不同的地位；由于拥有不同的需求，不同利益集团对各自的利益展开角逐，并造成了他们相对力量的变化，从而引起制度需求和制度供给的变化，产生制度从非均衡到均衡然后再到非均衡的动态变迁过程。制度变迁的需求因素和供给因素共同推动制度变迁的产生。从已有的研究成果看，制度变迁的供求分析基本上依循着需求线索、供给线索与需求供给线索这一轨迹展开的。

一、制度变迁的需求理论

对制度变迁的分析最初是从需求角度展开的。最早从需求角度来论证制度变迁的学者可以追溯到舒尔茨，他以人的经济价值的不断提高作为分析起点，指出“我们的理论是用于解释那些作为对经济增长动态的反应而发生的制度变迁，制度被视为一种具有经济价值的服务的供给者。我们假定增长进程改变了对服务的需求，并且这种需求上的改变又导致了以长期成本与收益来衡量的供求之间的非均衡”。[①] 也即是说，随着人的经济价值的提高，从而拥有新的人力资本价值的人会对制度产生新的需求，但立法和法律为适应由人的经济价值提高所作出的调整是滞后的，因而出现了制度非均衡。

从需求方面对制度变迁展开分析的代表人物还有道格拉斯·C. 诺斯和罗伯特·托马斯。在《西方世界的兴起》一书中，他们通过对西方世界资本主义经济制度形成历史的考察，对制度变迁的原因进行了经典的分析。在他们看来，制度变迁是由人口对稀缺的资源赋予的压力增加所引致的。资源稀缺诱致人们推行制度变迁，并且制度创新由于外部性、规模经济、风险和交易成本所引起的收入的潜在增加不能内在化时，从而引致人们去努力改变他们现有的制度安排，一种新制度的创新可能应运而生，并使获取这些潜在收入的增加成为可能。也就是说，制度变迁是土地和劳动力等重要生产要素的稀缺性发生变化而导致的相对价格发生长期变化的产物，是对劳动力-土地价格率变化的一种回应。主要根据这一支配产权规则的制度变迁，他们解释了西欧在900—1700年间的经济增长。[②]

另外，速水佑次郎（Yujiro Hayami & Masao Kikuchi）等人也对需求引致的制度变迁提出了自己的见解。速水佑次郎等人通过对菲律宾和印尼爪哇岛收割制度演变的研究指出，在传统的收割制度下，地主必须允许村里的其他人参与收割，并得到收获量的六分之一。随着绿色革命的传播，土地产量大幅度增加，六分之一的产量作为对收割者的报酬超过了当地劳动力的价格。土地价值的相对提高，使得减少收割者对土地产量的占有的制度变得有利可图的。因此，新的收割制度应运而生。[③]

二、制度变迁的供给理论

关于需求引致制度变迁的研究就制度安排的演进所作的论述是很有见地的，但这种分析大都强调，只要制度变迁的预期收益超过预期成本就会发生制度变迁的需求，而往往忽视了制度变迁的供给一方。学者们的研究表明，需求的变动趋势虽然是制度变迁的必要条件，但并非是制度变迁的充分条件，制度变迁的供给也是至关重要的。

---

① R. 科斯，A. 阿尔钦，D. 诺斯等. 财产权利与制度变迁［M］. 上海：上海三联书店，1991：257-258.

② R. 科斯，A. 阿尔钦，D. 诺斯等. 财产权利与制度变迁［M］. 上海：上海三联书店，1991：333.

③ Yujiro Hayami & Masao Kikuchi. Asian Village Economy at the Crossroads：An Economic Approach to Institutional Change［M］. Tokyo：University of Tokyo Press，1981.

从制度供给的角度来分析制度变迁问题的第一人是拉坦。拉坦指出，“无论是诺斯和托马斯还是舒尔茨都没有试图提供一个制度变迁供给的理论，而且我们发现老的和新的新制度学派文献对此都少有助益。”[①] 拉坦（Vernon W. Ruttan）和速水佑次郎（Yujiro Hayami）增补了其从前关于引致性制度变迁的论著的内容，特别是强调了影响供给的诸因素，并指出制度变迁的供给依赖于两个因素，即知识基础和创新成本。“假定制度变迁的供给与技术变迁的供给之间的类似性是有理论根据的，正如当科学和技术知识进步时，技术变迁的供给曲线会右移一样，当社会科学知识和有关的商业、计划、法律和社会服务专业的知识进步时，制度变迁的供给曲线就会右移。”[②] 进而断言，我们拥有的社会科学知识越多，我们设计和实行制度变迁就越顺利。由此将技术变迁的研究方法引入到制度变迁理论中，从供给的角度填补了制度变迁理论的空白。但是，仅有知识的积累是不够的。“制度变迁也可能是由政治家、官僚、企业家及其他人指导他们的日常活动时所实施的创新努力的结果。”[③] 重要的制度创新的供给，必然包含政治企业家和创新者的诸多政治手段的动用，从而进一步论证了上层决策者的收益在制度变迁中的重要作用。但是，有时制度创新的成本可能是巨大的，立法改变上的成本、法庭立案的成本、限制既得利益集团政治权力所付出的成本使得创新成本高得令人望而却步，足以扼杀制度创新于摇篮之中。由此可见，制度创新的供给主要取决于一个社会的各既得利益集团的权力结构或力量对比。[④]

沿着拉坦和速水等人的思路，诺斯在《经济史中的结构与变迁》等多本著作中，对其以前的需求分析框架作了进一步补充和发展，把制度变迁的供给方面纳入制度变迁的分析框架中，提出了制度供给分析框架，进一步发展与完善了拉坦和速水的制度供给理论。其分析思路是：相对要素价格的变化和个人偏好的改变会诱使外部利益出现，从而形成制度变迁的动力。但制度供给的进程需要供给主体来推动，而供给主体的知识结构与对影响制度变迁的动力因素的认知决定了制度供给的实际状况。考虑到个人主体认知的局限性以及无法避免的“搭便车”行为，诺思把国家纳入到制度供给的范式中，把国家看作是制度供给的“第一行动集团”，认为“制度创新将是出自统治者，而不是出自国家

---

① R. 科斯，A. 阿尔钦，D. 诺斯等．财产权利与制度变迁［M］．上海：上海三联书店，1991：336.

② R. 科斯，A. 阿尔钦，D. 诺斯等．财产权利与制度变迁［M］．上海：上海三联书店，1991：336.

③ R. 科斯，A. 阿尔钦，D. 诺斯等．财产权利与制度变迁［M］．上海：上海三联书店，1991：336.

④ Vernon W. Ruttan , Yujiro Hayami. Toward a theory of induced institutional innovation［J］. Journal of Development Studies, 1984, Vol. 20, No. 4, pp. 203 -223.

成员，因为后者总面临搭便车这个问题”。[①] 一旦统治者的私人收益超过了统治者的私人成本，统治者出于自身的利益追求，会通过为社会提供“服务保护”以及借助手中的行政力量来促进部分或根本的制度创新。在很多时候制度需求和制度供给是很难分开的，在供给和需求两个力量的角逐下，制度才能产生并有可能暂时达到均衡。但从整体上看，诺斯主要从制度供给方面对制度变迁进行研究的。[②]

三、制度变迁的供求理论

制度变迁理论基本上依循着需求主线与供给主线得以不断完善和发展，并试图对历史和现实中的制度变迁提供适当的解释。但是，单从需求方面或供给方面寻求制度变迁的因素也是不充分的。制度变迁的需求因素与供给因素是紧密联系的，因此，对制度变迁的研究需要放在“需求－供给”的分析框架中来进行。如何建立制度变迁的实证模型，把制度变迁的需求与供给结合起来，这种努力到了20世纪80年代末期才有极少数经济学家开始进行探索。戴维·菲尼即是其中一个代表人物。

在《制度安排的需求与供给》一文中，戴维·菲尼在戴维斯、诺斯、拉坦和托马斯等人研究的基础上，对已有的从需求和供给两个角度的制度变迁理论作了阶段性总结，提出了制度安排的供给－需求分析框架。根据该分析框架，当相对产品和要素的价格、宪法秩序、技术和市场规模等因素导致产生制度变迁的需求时，政治秩序提供新的制定安排的能力和意愿决定了制度变迁的供给。这种能力和愿望又取决于宪法秩序、现存制度安排、制度设计的成本、现有知识的积累、实施新安排的预期成本、规范性行为准则、公众态度、上层决策集团的预期净利益等等。在影响制度供给的诸多因素中，现有知识的积累、实施新安排的预期成本、上层决策集团的预期净利益等因素对强制性制度变迁起决定性作用。[③] 该框架将比较静态方法与演进观点融为一体，旨在反复考察制度安排的演变，分析外部冲击对制度安排的均衡所产生的影响。

---

① ［美］道格拉斯·C. 诺斯. 经济史中的结构与变迁（陈郁、罗华平等译）［M］. 上海：上海三联书店、上海人民出版社，1994：32.

② 杨依山. 制度变迁理论评述与理论重构的初步尝试［C］. 2007年山东大学“海右”博士生学术论坛论文集，2007：61－77.

③ V. 奥斯特罗姆，D. 菲尼，H. 皮希特. 制度分析与发展的反思——问题与抉择（王诚等译）［M］. 北京：商务印书馆，1992：138－156.

第二节　基本养老保险全国统筹的需求分析

基本养老保险全国统筹作为社会保障领域的一次制度变迁和创新，其发生首先源于对基本养老保险全国统筹的一种需求。需求分析即主观条件分析，也就是对提高基本养老保险统筹层次的内在原因的分析。具体而言，基本养老保险全国统筹的需求包括维护社会公平、缓解中央财政压力、增强抗风险能力、劳动力的自由流动的需要。对于这些需求，或者说是潜在利润，在现有的省级统筹制度框架下不能实现。

一、基本养老保险全国统筹是维护社会公平的需要

公平是一个内涵宽泛的社会范畴概念。社会公平是指社会应当以公正的、不偏不倚的态度来对待每一位社会成员，包括起点公平、过程公平和结果公平，即在起点公平的原则下产生最初的所有者，在规则平等的原则下产生最终的所有者。在市场经济条件下，经济领域竞争激烈，不可避免地出现社会财富分配不平衡、贫富悬殊，甚至两极分化现象，这种现象不予以适当控制，必然影响社会的稳定。基本养老保险是一项具有全国性的公共事业，是一种具有收入调节与财富分配功能的“强制险”，通过国民收入的二次分配，使财富在富人和穷人之间、年轻人和老年人之间、富裕地区和贫困地区之间合理地转移，从而保障国民基本生活需求，提高社会总福利水平，实现社会公平目标。

（一）养老保险公平程度的测算指标

养老金的计发办法是养老保险制度的重要组成部分。为了分析统筹层次提高对养老保险公平程度所产生的影响，本书拟从基础养老金的计发角度进行分析。为了考察统筹层次提高对养老保险公平的影响程度，本书运用绝对差距和相对差距的分析方法进行度量。

1. 养老保险公平程度与养老金给付标准

1997 年我国的养老保险模式由现收现付变为社会统筹账户与个人账户相结合的部分积累制。个人账户部分的养老金主要体现效率，多缴多得，这部分养老金无法实现在劳动者之间进行收入再分配的目标；社会统筹部分的养老金主要体现公平，实现社会成员之间的互助互济，养老保险的收入再分配功能主要是由这部分养老金发挥作用的。

养老金的计发办法是养老保险制度的重要组成部分，也是其核心内容。养老

金计发水平的确定对于实现养老保险应有的功能，维持养老保险制度本身的可持续性以及保持同经济的协调发展起着决定性作用。自 1997 年我国确立统账结合的养老保险模式后，我国基础养老金计发办法的确立和完善主要经历了三次大的变迁，如表 4－1 所示。

表 4－1　我国基础养老金计发办法的演变

年份	与缴费基数的关系	与缴费年限的关系
1997 年	无关	无关
2000 年	无关	个人投保记录超 15 年后，每增加 1 年，按平均投保工资的 0.6% 增发基础养老金，增发额以达到 30% 为上限。
2005 年	以当地上年度在岗职工月平均工资和本人指数化月平均缴费工资的平均值为基数	缴费每满 1 年发给 1%，上不封顶

1997 年 7 月 16 日，国务院发布的《国务院关于建立统一的企业职工基本养老保险制度的决定》规定，“个人缴费年限累计满 15 年的，退休后按月发给基本养老金。基本养老金由基础养老金和个人账户养老金组成。退休时的基础养老金月标准为省、自治区、直辖市或地（市）上年度职工月平均工资的 20%”。在这种计发办法下，缴费 15 年以上参保人员的养老金水平与缴费基数和缴费年限无关，也即是说，不论缴费多少，也不论缴费时间比 15 年延长多少，社会统筹部分的养老金都一样，都只能享受相当于社会平均工资 20% 的替代率。可以看出，这种计发方法缺乏激励机制，不利于激励个人投保，不利于养老保险事业的健康发展。

鉴于 1997 年《规定》对激励的不利影响，2000 年国务院颁布了《关于完善城镇职工社会保障体系的试点方案》，对上述问题进行了一定的修正和完善：“个人投保记录超 15 年后，每增加 1 年，按平均投保工资的 0.6% 增发社会统筹养老金，增发额以达到 30% 为上限。”与 1997 年的给付标准相比，改革后养老金给付的多少与缴费年限相挂钩，这对鼓励劳动者“多工作”具有重要意义。但是，新的养老金的给付方式没有考虑到不同职工缴费基数的差别，难以体现“多缴费、多得养老金”的原则。虽然社会统筹部分的养老金是用人单位缴纳的，但用人单位的缴费也是劳动者自己所创造价值的一部分，是用人单位给予劳动者的一种回报。而且，社会统筹部分养老金的给付增发额以 30% 为上限，难以体现“多工作、多缴费、多得养老金”的原则，因此仍不能算理想。

为了进一步完善职工养老保险制度的计发机制，2005 年《国务院关于完善企业职工基本养老保险制度的决定》对社会统筹养老金的计发办法又做了进一步的调整，“退休时的基础养老金月标准以当地上年度在岗职工月平均工资和本人指数化月平均缴费工资的平均值为基数，缴费每满 1 年发给 1%”。这样就使基础养老金待遇水平与缴费年限的长短、缴费基数的高低直接挂钩，参保人员每多缴一年，退休后养老金中的基础养老金部分就增发 1 个百分点；缴费基数越大，退休后基础养老金越多，越有利于形成“多工作、多缴费、多得养老金”的激励机制。

目前，我国仍然沿用 2005 年的基础养老金的计发办法，即我国现行的基础养老金和过渡性养老金是以退休时上 1 年的在岗职工月平均工资与本人指数化月平均缴费工资之和的平均值为基数。即：

$$\text{基础养老金} = \left(\begin{matrix}\text{本人退休时全省上年度在岗职工月}\\ \text{平均工资} + \text{本人指数化月平均缴费工资}\end{matrix}\right) \div 2 \\ \times \text{个人累计缴费年限} \times 1\%$$

其中，本人指数化月平均缴费工资为当地上年度在岗职工月平均工资与本人平均缴费工资指数的乘积。本人平均缴费工资指数是指职工在整个缴费年限或连续计算的若干缴费年限中，每一缴费年度的缴费工资与相对应年度的在岗职工平均工资之比的和，除以整个缴费年限或连续计算的若干缴费年限后的值。用公式可表示为：

$$\text{本人平均缴费工资指数} = (a_1/A_1 + a_2/A_2 + \cdots\cdots + a_n/A_n)/N$$

其中，a_1、a_2……a_n为参保人员退休前 1 年、2 年……n 年本人的年缴费工资额；A_1，A_2……A_n为参保人员退休前 1 年、2 年……n 年全省（市）在岗职工平均工资；N 为职工实际缴纳基本养老保险费的年限。

可以看出，按照现行基础养老金的计发公式，基础养老金的计发主要受两方面因素的影响。一方面，受职工个人因素的影响，即受职工本人缴费工资和缴费时间长短的影响。基本养老保险费是按在职职工工资总额的一定比例缴纳的，职工缴费工资越高，缴费时间越长，意味着缴纳的养老保险费越多，退休后领取的基本养老金也就越多。而职工缴费工资又是影响平均缴费工资指数的重要因素，职工缴费工资越高，平均缴费工资指数就越大，退休后享受的基本养老保险待遇也就越高。因此，职工平均缴费工资指数充分体现了养老保险权利与义务相对应的激励作用和效率原则，它不仅有利于将养老金发放数额的多少与个人缴费的情况相挂钩，而且能够比较全面、准确地反映某一职工在社会经济生活中的相对位置。若职工平均缴费工资指数大于1，说明该职工在整个缴费年限或连续计算的若干缴费年限的缴费工资高于相同年限的职工平均工资；若职工平均缴费工资指数等于1，则说明该职工在整个缴费年限或连续计算的若干缴费年限的缴费工资等于相同年限的职工平均工资；若职工平均缴费工资指数小于1，则说明该职工在整个缴费年限或连续计算的若干缴费年限的缴费工资低于相同年限的职工平均工资。

另一方面，受社会因素的影响，即受在岗职工平均工资水平的影响。在岗职工的平均工资收入是影响基础养老金给付的重要因素，基础养老金给付的收入再分配主要是通过在岗职工平均工资实现的。这是因为，对于一个社会来讲，在岗职工平均工资越高，其生活水平也就越高。以在岗职工平均工资为基础计发基础养老金，能够反映出退休职工最基本生活需求随着社会发展而变化这一动态过程，以此作为养老金的计发标准可以保证养老金的发放与经济社会的发展水平相适应。纵观世界各国养老金的计发，一般也是以在岗职工平均工资为基础的。长期以来，我国各地区经济发展水平差异较大，地区间工资水平也存在很大差距。在低统筹层次下，以各市县在岗职工平均工资作为基础养老金的计发基数意味着对于不同市县的退休职工来讲，其领取的养老金水平会因本地在岗职工平均工资的不同而有所差异，随着基本养老保险统筹层次提高到省级统筹乃至全国统筹后，将以全省或全国的在岗职工平均工资作为养老金的计发基数，这更有利于养老金在更大的范围内调剂使用，符合养老保险的大数法则和互助共济原则。因此，我国的基本养老保险制度选择以在岗职工平均工资作为养老金的计发标准具有合理性，有利于实现不同地区不同收入水平职工之间的收入再分配，推动社会公平的实现。

为了分析统筹层次提高过程中在岗职工平均工资变化的方向及程度对基础养老金所产生的影响，研究统筹层次提高过程中工资收入差距对地区间收入再分配的影响程度，可以从基础养老金的给付角度进行分析。而基础养老金设计的主导思想是追求公平，因此，有必要对养老金地区间差异的合理性进行分析。[①]

2. 对公平程度衡量指标的选取

在研究区域差异问题中，绝对差距和相对差距是主要的分析方法。为了对我国养老保险公平程度进行分析，本书运用绝对差距和相对差距两种方法来分析我国各省、市基础养老金的差异程度。

（1）绝对差距及其分析指标

绝对差距是指某变量值偏离参照值的绝对额，反映的是不同区域之间总量的

① 本书对基础养老金的计发按照《国务院关于建立统一的企业职工基本养老保险制度的决定》的相关规定。

离差，其变动趋势不仅受区域增长率的影响，还决定于所有区域总量的大小。具体的衡量指标包括极差、离差、标准差等。

①极差：又称全距或范围误差，是指一组数据中的极大值与极小值的差额，反映的是变量分布的变异范围和离散幅度。

其计算公式为：

$$极差 = 极大值 - 极小值$$

极差的优点是计算简单，含义直观，运用方便，故在数据统计处理中仍有着相当广泛的应用。但是，它仅仅取决于两个极端值的水平，不能反映其间的变量分布情况，同时易受极端值的影响。

②离差：又称差量或极均值差，是单项数值与平均值之间的差额，或某区域某指标值与全国均值的差额。

其计算公式为：

$$离差 = 极值 - 均值$$

离差是正数，说明某区域某指标水平高于全国平均水平；反之，离差是负数，说明该区域该指标水平低于全国平均水平。同时，离差也可以反映该指标的区域差异内部分化状况，例如，有多少区域的指标值超过了全国均值，各区域相差的程度是否太大。如果分析的样本区域较多，按极值差幅方法计算的绝对差异值，可能会因极值区域的某些特殊性（例如由于历史原因、地理优势、国家的政策扶持等方面的差异）而出现偏离或分散现象，利用离差方法可以克服此缺点。

③标准差：又称均方差或标准偏差，是各数据偏离平均数的距离的平均数，表示同类事物变量值的变异情况或离中趋势，常与指标平均数结合运用，是方差的算术平方根，说明变量值的离散程度。

其计算公式为：

$$a = \sqrt{\frac{\sum_{i=1}^{n} (X_i - X)^2}{n - 1}}$$

其中：σ 为标准差，X 为某指标的数值，$\overline{X}$ 为某组指标的平均数值，n 为样本区域个数。

标准差越大，说明大部分数值和其平均值之间差异越大，即区域差异越大；标准差越小，说明这些数值较接近平均值，即区域差异越小。

（2）相对差距及其分析指标

相对差异是指某变量偏离参照值的相对额（倍数或百分比），反映的是经济总量之间的比例，它消除了总量大小的直接影响，其变化仅仅直接受区域增长率影响。[①] 相对差异有多种评估指标，包括极值差率、比率、相对发展速度、区位熵、变异系数等。

①极值差率是指一组数据中极大值与极小值的比率。其计算公式为：

极差率 = 极大值/极小值

②比率，又称极均值差率，是指一组数据中极值与均值之比率，即为某区域某指标值与全国均值的比率。比率大于1，说明该区域该指标水平高于全国平均水平；比率小于1，说明该区域该指标水平低于全国平均水平。同时，比率也可以反映该指标的区域差异内部分化状况，例如，有多少区域超过了全国均值，各区域相差的程度是否太大。其计算公式为：

比率 = 极值/均值

③区位熵，又称专门化率，某地区某部门占全国该部门的比重与该区整个部门占全国该部门比重之比，是比率的比率，反映的是各个区域相对于全国平均发展水平的差异。区位熵在衡量某一区域要素的空间分布情况时，反映的是某一产业部门的专业化程度，以及某一区域在高层次区域的地位和作用。其计算公式为：

$$Q_i = \frac{S_i}{P_i}$$

Q 为区位熵，Q 的大小表明区域的经济发展水平的高低程度。区位熵大于1，说明区域经济在全国经济中相对发达；区位熵小于1，说明区域经济在全国经济中相对欠发达。

④变异系数，又称"标准差率"或离散系数，是衡量资料中各观测值变异程度的另一个统计量，是标准差与平均数的比值，用来反映变量的离散程度。变异系数的计算公式如下：

$$e = \frac{S}{\overline{X}}$$

其中，e 代表变量的变异系数，S 代表变量的标准差或样本标准差，$\overline{X}$ 代表变量的平均值。

原则上，变异系数越大，说明区域之间的差异程度越大；变异系数越小，区域之间的差异程度越小。

⑤相对发展速度，是指某区域某指标值在一段时间内人均增长率与全国同期

① 韦伟．中国经济发展中的区域差异与区域协调［M］．合肥：安徽人民出版社，1995：28.

增长率的比值，可衡量区域与全国发展速度的差异。相对发展速度大于1，表示区域该指标发展速度快于全国发展速度；反之，相对发展速度小于1，表示区域该指标发展速度慢于全国发展速度。①

为了衡量各省市2009年基础养老金发放额的绝对不公平程度和相对不公平程度，考虑到绝对差距和相对差异各个分析指标的特点，本书将分别选用离差（极均值差）和比率（极均值差率）进行衡量。

（二）省级统筹下职工的养老金水平

为了比较地区间退休职工基础养老金的差距，现假设全国各省市都有这样一位条件相同的职工：该职工从1995年年初开始参加工作，2010年年初达到退休年龄并退出劳动领域，在整个工作期间按月缴纳养老保险费，从未间断，并假设该职工历年缴费工资总额为全国的平均缴费工资水平，如表4-2所示。

表4-2　1995—2009年全国职工的平均缴费工资　　单位：元

年份	缴费工资总额	年份	缴费工资总额
1995	5348	2003	13969
1996	5980	2004	15920
1997	6444	2005	18200
1998	7446	2006	20856
1999	8319	2007	24721
2000	9333	2008	28898
2001	10834	2009	32244
2002	12373		

资料来源：国家统计局．中国统计年鉴2010［M］．北京：中国统计出版社，2010.

该职工达到退休年龄且缴费年限满15年，符合基本养老保险金的给付条件，因此可按月发给基本养老金。2009年底，我国31个省份和新疆生产建设兵团都已建立起基本养老保险省级统筹制度。由于实行的是基本养老保险省级统筹，分别计算该职工以各省在岗职工月平均工资为计发标准所得到的基础养老金，计算结果如表4-3所示。

① 李吉芝，秦其明．辽宁省区域经济差异与区域协调发展的初步研究［J］．中国人口资源与环境，2004（2）：78-81.

表 4-3　2009 年基本养老保险省级统筹下各省区市职工基础养老金①

单位：元

	上年度在岗职工月均工资	月均缴费工资指数	指数化月均缴费工资	基础养老金发放额	各省的绝对差异（极均值差）	各省的相对差异（极均值差率）
北京	4814.92	0.57	2747.74	567.20	164.15	1.41
天津	3661.42	0.76	2779.12	483.04	79.99	1.20
河北	2314.50	1.21	2793.39	383.09	-19.96	0.95
山西	2338.83	1.24	2897.77	392.75	-10.30	0.97
内蒙古	2540.50	1.23	3127.33	425.09	22.04	1.05
辽宁	2543.58	1.08	2752.77	397.23	-5.82	0.99
吉林	2161.92	1.22	2639.08	360.07	-42.98	0.89
黑龙江	2067.08	1.28	2645.22	353.42	-49.63	0.88
上海	4861.33	0.54	2629.10	561.78	158.73	1.39
江苏	2934.75	0.90	2652.10	419.01	15.96	1.04
浙江	3046.08	0.75	2283.37	399.71	-3.34	0.99
安徽	2393.58	1.23	2938.79	399.93	-3.12	0.99
福建	2363.83	0.98	2309.78	350.52	-52.53	0.87
江西	2013.75	1.33	2684.59	352.38	-50.67	0.87
山东	2449.83	1.08	2651.35	382.59	-20.46	0.95
河南	2242.17	1.28	2865.83	383.10	-19.95	0.95
湖北	2212.25	1.25	2759.85	372.91	-30.14	0.93
湖南	2211.17	1.17	2585.25	359.73	-43.32	0.89
广东	3039.08	0.73	2222.11	394.59	-8.46	0.98
广西	2276.83	1.18	2679.60	371.73	-31.32	0.92
海南	2065.83	1.25	2590.04	349.19	-53.86	0.87

① 说明：由于重庆市于 1997 年 3 月 14 日批准成为直辖市，因此重庆市只有从 1998—2009 年这 12 年的数据，为了数据比较的可行性，本书假定重庆市前 3 年的水平是后 12 年的平均水平。

续表

	上年度在岗职工月均工资	月均缴费工资指数	指数化月均缴费工资	基础养老金发放额	各省的绝对差异（极均值差）	各省的相对差异（极均值差率）
重庆	2541.58	1.03	2617.23	386.91	-16.14	0.96
四川	2345.75	1.15	2687.51	377.49	-25.56	0.94
贵州	2286.42	1.25	2855.70	385.66	-17.39	0.96
云南	2180.25	1.08	2359.61	340.49	-62.56	0.84
西藏	3778.92	0.62	2343.06	459.15	56.10	1.14
陕西	2463.83	1.21	2983.54	408.55	5.50	1.01
甘肃	2228.58	1.13	2526.26	356.61	-46.44	0.88
青海	2706.75	0.93	2516.83	391.77	-11.28	0.97
宁夏	2743.00	1.05	2888.02	422.33	19.28	1.05
新疆	2301.42	1.10	2526.93	362.13	-40.92	0.90

资料来源：国家统计局．中国统计年鉴2010［M］．北京：中国统计出版社，2010，并根据基本养老金的计发公式计算得出。

如表4-3所示，全国共有8个省市的基础养老金发放额高于全国的平均水平，有23个省市的基础养老金发放额低于全国的平均水平。其中，职工在北京工作并退休能领取到基础养老金为最高，达567.20元，在岗职工平均工资收入水平最低的是云南，领取到基础养老金仅为340.49元，与北京相差226.71元，比北京低40个百分点。如果考虑到过渡性养老金，职工之间的养老金的差距将会更大。

可以看出，在实行基本养老保险省级统筹的情况下，具有相同条件的职工在不同地区领取的养老金存在较大的差异。也即是说，虽然各地区职工历年的缴费工资总额、缴费率、缴费时间完全相同，由于职工所在地区的经济发展水平不同等原因，导致在岗职工平均工资存在较大的差异，致使职工退休后得到的基础养老金的存在较大的差异。

（三）扣除物价差异后省级统筹下职工实际养老金水平

根据上述各省基础养老金的计算结果我们发现，具有相同条件的职工在不同地区领取的养老金存在差异。但是，养老金水平差距和退休职工的实际生活水平差距是两个不同的概念，决定一个地区退休职工实际生活水平的主要因素除了退休后所能领取的基础养老金的多少外，还包括所在地区的物价水平。由于地区间物价水平的差异，导致在不同地区的退休职工为了能够维持大体相同的实际生活水平，所需的养老金水平也是不同的。这是因为，虽然职工在经济发展水平比较高、在岗职工平均工资收入水平也较高的地区所领取的基础养老金要高于在低收入地区职工所领取的养老金，但这并不能代表职工在高收入地区的实际的生活水平也较高。如果职工领取养老金的这种差异仅是因为各地物价水平的不同所导致，则说明这种差异的存在是合理的，即地区间基础养老金水平的差异不体现个人身份高低，不体现所在区域贫富的差别，只体现所在区域物价的差别。但如果这种差异超出了物价因素的影响，导致职工在不同地区的生活质量的差别，则说明这种养老金分配方式是不合理的，没有实现基础养老金的公平给付目标，有待于进一步改进。因此，为了衡量各个地区退休职工实际生活水平的真实差距，需要剔除价格因素的影响。①

1. 价格指数的选取标准

建立社会保险制度的基本原则是保障大多数人的基本生活。《贝弗里奇报告——社会保险和相关服务》指出，“社会保险和国民救助由国家组织并提供服务，用于确保基本生活。”② 同样，养老保险必须遵循保障基本生活的原则。2005 年 12 月，国务院颁布的《国务院关于完善企业职工基本养老保险制度的决定》明确指出，完善企业职工基本养老保险制度的主要任务之一是“确保基本养老金按时足额发放，保障离退休人员基本生活”。值得说明的是，保障基本生活不等于保障最低生活水平。更明确地说，养老保险提供的基本生活保障高于社会救助提供的最低生活保障。这是非常必要的，因为，基本生活保障是依靠劳动和缴费才能享受的，一旦最低生活水平等于或高于基本生活水平，接受社会救助的贫困人口享受的生活水准等于或高于参加社会劳动的人口享受的生活水准，将导致很多人不愿意参加劳动，更没有人愿意参加社会保险。因此，把建立社会保障的原则确立为保障基本生活而不是保障最低生活水平，有利于激励劳动者参加社会保险的积极性。

退休职工的“基本生活”需要，除了维持纯生理上的需要之外，还包含了另外两层意思：一层是保障退休者能够达到社会基本的生活水平，退休人员基本生活水平的内容要与一定的物质文明水平相适应，也即退休人员生活必需的消费品量、消费构成要随着全体人口消费量、消费构成的变化而变化，它应能够使养老金收入不因为物价逐年上涨而导致实际生活水平的逐年降低；另一层是保证和

① 江小涓，李辉．我国地区之间实际收入差距小于名义收入差距［M］．经济研究，2005（9）：11－18.

② ［英］贝弗里奇·贝弗里奇报告——社会保险和相关服务（社会保障研究所译）［M］，中国劳动社会保障出版社，2004：136.

维持退休人员退休后的基本生活水平，要与当地的经济发展和社会进步相适应，最低养老金标准应随着社会进步和科学技术的发展相应提高，保证退休人员在一定程度上分享经济发展和社会进步的成果。

在中国，城镇家庭总支出一般包括：消费性支出、购房建房支出、转移性支出、财产性支出、社会保障支出，这些支出的总和决定了城镇家庭的综合消费水平。其中，消费性支出是指家庭用于日常生活的支出，包括食品、衣着、家庭设备用品及服务、医疗保健、交通和通信、娱乐教育文化服务、居住、杂项商品和服务等八大类支出。[①] 基础养老金的发放主要是为了维持退休职工的基本生活需要，因此，可以将基础养老金给付水平的目标定位于维持退休职工低层次基本生活需要与高层次基本生活需要之间。依据米红、邱晓雷计算的中国城镇日常消费支出各类消费品的需求收入弹性值（见表4－4）。

表4－4　不同收入水平群体的各项支出的收入需求弹性

项目	总平均	最困难户	中等收入	最高收入
食品	0.386	0.542	0.411	0.378
衣着	0.089	－0.312	0.057	0.221
家庭设备及用品及服务	1.462	1.667	1.420	1.238
医疗保健	3.795	4.317	4.336	3.393
交通通讯	6.2122	2.458	6.342	4.076
娱乐教育文化用品	4.337	5.447	5.624	1.987
居住	1.559	2.998	1.626	0.831

资料来源：米红，邱晓蕾．中国城镇社会养老保险替代率评估方法与实证研究——兼论不同收入群体替代率的比较［J］．数量经济技术经济研究，2005（2）：12－32.

考虑到退休职工的实际情况，参照城镇家庭日常消费性支出标准，本书将我国退休职工的基本生活从低到高划分成三个不同层次：满足最低层次基本生活水平的消费需求，主要包括食品和衣着两大类需求，反映了困难城镇家庭维持生存的消费水平；满足中等层次基本生活水平的消费需求，主要包括食品、衣着和医疗保健支出等三大类支出，反映了普通城镇家庭日常基本消费水平；满足最高层次基本生活水平的消费需求，主要包括食品、衣着、家庭设备用品及服务、医疗保健、交通和通信、娱乐教育文化服务、居住、杂项商品和服务等五大类支出，反映了生活较富裕的城镇家庭的日常消费水平。每个层次包括不同的消费支出，保障不同的生活水平，如表4－5所示。

① 根据国家统计局．中国统计年鉴2010［M］．北京：中国统计出版社，2010．关于人民生活的主要统计指标解释。

表 4－5　不同层次基本生活的消费支出

基本生活	消费支出
低层次的基本生活	食品、衣着
中层次的基本生活	食品、衣着、医疗保健
高层次的基本生活	食品、衣着、医疗保健、交通和通信、杂项商品和服务

2. 价格指数的选取

影响不同地区某种商品或服务价格水平的因素主要有：消费者收入水平、消费者偏好、替代商品以及互补商品的价格水平、要素或商品的供求状况、商品和服务在地区间的可贸易性等。为了比较不同层次基本生活水平，使五大类商品能较好地反映退休职工基本生活水平，考虑到影响不同地区某种商品或服务价格水平的因素，本书将五个大类商品和服务细分若干小类，如表 4－6 所示。

表 4－6　商品和服务的样本

类别	商品名称	规格、等级	单位
食品	鲜牛肉	新鲜去骨	元/500 克
	鸡蛋	新鲜完整鸡场蛋	元/500 克
	鲜牛奶	当地主销（袋装）	元/500 克
	鲤鱼	活 500 克以上一条	元/500 克
	香蕉	国产一级	元/500 克
	大白菜	新鲜一级	元/500 克
衣着	男士内衣	当地主销纯棉普通	元/套
	女士内衣	当地主销纯棉保暖	元/套
医疗保健	挂号费	普通门诊复诊	元/次
	诊疗费	市级（三级甲）医院门诊	元/次
	住院费	普通病房（4 人间）	元/床·日
	检查费	CT 头颅平扫（15 层及以下）	元/次
	手术费	阑尾切除术	元/次
交通和通信	公共汽车普票	一票制	元/张
	出租汽车租价	普通桑塔纳、捷达、富康	元/公里
	本地网营业区内通话费	首次三分钟	元/次
	移动电话资费	中国移动，本地通话费	元/分钟
杂项商品和服务	居民生活用水	不含污水处理费、水价附加等	元/吨
	居民用电	220v	元/千瓦时
	物业服务费	普通住宅	元/月·平方米

资料来源：中国价格信息中心（http://www.cpic.gov.cn/）。

考虑到数据的可得性、可靠性和可比性，本书所选择的商品和服务样本是全国31省区市都比较齐全的样本，所使用的数据来源于中国价格信息中心网站。利用表4-6中的商品和服务样本，按照不同层次的基本生活消费支出，计算出全国31省区市的价格指数，如表4-7所示。这里的价格指数，是相对于购买不同层次的商品和服务而言，假定以全国的平均价格水平为基数，即全国平均价格指数为1时，不同地区购买该层次商品和服务需要支付的价格与全国平均价格水平的比值。

表4-7　各省区市不同层次基本生活的价格指数

	低层次的基本生活	中层次的基本生活	高层次的基本生活
全国	1	1	1
北京	1.01	0.94	1.03
天津	0.70	0.81	0.89
河北	0.82	0.80	0.84
山西	0.80	0.74	0.83
内蒙古	1.23	1.08	1.02
辽宁	0.87	0.96	0.98
吉林	1.04	0.98	0.93
黑龙江	0.98	0.95	0.94
上海	0.93	1.20	1.17
江苏	1.13	1.08	1.10
浙江	1.01	0.95	0.98
安徽	1.04	0.94	0.90
福建	0.88	0.89	0.92
江西	0.92	1.00	0.97
山东	0.87	1.05	1.05
河南	0.89	0.88	0.91
湖北	1.21	1.10	1.07
湖南	1.23	1.08	1.05
广东	1.04	1.24	1.29
广西	1.22	1.01	0.98

续表

	低层次的基本生活	中层次的基本生活	高层次的基本生活
海南	1.21	1.25	1.19
重庆	0.93	1.00	1.07
四川	1.00	0.99	1.05
贵州	0.81	0.80	0.90
云南	1.09	1.07	1.02
西藏	1.08	1.05	0.95
陕西	0.86	0.90	0.90
甘肃	1.05	1.11	0.98
青海	1.02	1.03	0.94
宁夏	1.09	1.07	1.00
新疆	1.05	1.04	1.15

资料来源：根据表4－5和表4－6所包括的商品计算得出，价格为中国价格信息中心网站2010年11月中旬的价格。

从表4－5不同层次基本生活的消费支出和表4－7各省区市不同层次基本生活的物价指数来看，以全国的平均物价水平为参照标准，保障低层次基本生活、中层次基本生活和高层次的基本生活所对应的消费支出的物价指数在全国31省区市之间存在一定的差距，但通过进一步分析我们发现，全国31省区市之间在食品、衣着、医疗保健、交通和通信、杂项商品和服务之间的价格差距并不明显，物价指数比较低的地区不但包括四川、甘肃、云南等经济发展水平比较低的地区，同时还包括天津、河北、江苏等经济发展水平比较高的地区；同样，物价指数比较高的地区不仅包括广东、上海、海南等经济发展水平比较高的地区，还包括内蒙、新疆、重庆等经济发展水平比较低的地区。可以看出，经济发展水平比较高地区与经济发展水平比较低地区之间的物价差异并不明显，其主要原因是，我们所选取主要是维持退休职工基本生活需要的商品和服务，这些商品和服务不仅价格水平相对较低，而且相对于房地产、教育等商品和服务而言在地区间流动和可贸易性也相对较大。

3. 扣除价格差异后省级统筹下职工基础养老金水平

为了反映出退休职工的实际生活水平，本书根据不同层次基本生活的目标定位，剔除价格因素的影响，计算出表4－2中各地具有相同条件的职工在不同层次基本生活水平的养老金的实际值，如表 4 -8 所示。

表 4 -8　基本养老保险省级统筹下保障不同层次基本生活的实际养老金比较

	低层次的基本生活	中层次的基本生活	高层次的基本生活
全国	403. 05	403. 05	403. 05
北京	560. 25	605. 35	551. 58
天津	688. 59	598. 57	545. 66
河北	466. 29	476. 10	456. 38
山西	490. 86	531. 96	474. 10
内蒙古	346. 76	394. 09	416. 51
辽宁	455. 16	413. 70	404. 89
吉林	347. 12	367. 21	385. 33
黑龙江	360. 75	373. 66	374. 47
上海	605. 90	468. 02	480. 90
江苏	372. 43	386. 98	381. 52
浙江	395. 19	422. 71	407. 18
安徽	385. 53	426. 09	443. 50
福建	397. 76	392. 40	381. 13
江西	384. 78	353. 23	364. 26
山东	439. 28	363. 62	365. 39
河南	429. 91	437. 61	419. 51
湖北	306. 94	337. 98	350. 08
湖南	292. 61	332. 80	344. 01
广东	380. 65	318. 79	304. 98
广西	304. 49	366. 97	378. 91
海南	289. 02	280. 02	293. 97
重庆	415. 20	386. 65	362. 06
四川	376. 52	382. 72	358. 97
贵州	479. 01	483. 24	428. 29
云南	313. 52	317. 36	334. 11
西藏	424. 40	436. 31	483. 68
陕西	475. 93	453. 44	451. 79
甘肃	339. 01	321. 61	365. 66
青海	383. 87	379. 59	415. 89
宁夏	386. 41	393. 77	423. 77
新疆	345. 75	347. 96	314. 64
极值差率	2. 38	2. 16	1. 88

从表4－8可以看出，即使对不同层次的基本生活标准进行调整后，职工在不同地区所得到的养老金实际值同样存在较大的差异。按照价格指数调整后的保障低层次基本生活的基础养老金水平最高地区是最低地区的2.38倍，保障高层次基本生活的基础养老金水平最高地区与最低地区之间的比值也达到了1.88。从公平的角度来讲，为了保障各个地区的退休职工都能够享受到大致相同的基本生活，即使养老金的给付考虑到了物价因素的影响，养老金的给付额也应该是大致相等的。但是，我国31省区市基础养老金的实际值存在较大的差异，这表明即使剔除物价因素的干扰，职工在不同地区的实际生活水平仍存在较大差异。这也说明，在省级统筹下我国基础养老金差距依然偏大。因此，为了保障离退休人员基本生活，实现基础养老金公平给付原则，维护社会公平，提高基本养老保险统筹层次实现全国统筹是必然要求。

二、基本养老保险全国统筹是缓解政府财政压力的需要

财政因素是影响养老保险制度可持续发展的至关重要因素。没有充足的财源，养老保险制度设计得再精良也只是一纸空文。随着人口老龄化的加剧，养老保险制度将会越来越脆弱，对财政的依赖也会越来越强烈。截至2009年底，我国31个省区市建立了基本养老保险省级统筹制度。但是，省级统筹意味着中国基本养老保险在全国被分成31块，形成31个统筹单位，各个统筹单位之间各自为政、块块分割，基金不能跨省横向调剂，各地区养老保险负担畸轻畸重，负面影响严重。

（一）我国政府对基本养老保险基金存在大量补贴

养老保险制度有缴费型保险和非缴费型保险之分，一般而言，非缴费型保险的资金来源主要以政府财政为主，而缴费型保险则应该通过制度设计追求制度自身的财务平衡。如果混淆二者的责任，就有可能使养老保险对财政过分依赖，不仅会分散有限的财力，制度本身也可能会陷入财务风险。

1997年7月，国务院颁发了《国务院关于建立统一的企业职工基本养老保险制度的决定》，要求到本世纪末，基本建立起社会统筹与个人账户相结合的养老保险体系并要逐步由县级统筹向省或省授权的地区统筹过渡。这种统账结合模式下逐步向省级统筹过渡的养老保险制度，既是缴费型养老保险，也是政府负责型的养老保险，但首先是缴费型的养老保险，追求制度内资金的自我平衡是其首要选择，其资金主要来源于参保企业和个人缴费，只有在特殊情况下，例如养老基金出现财务危机时，才会出现政府尤其是中央政府为维护国家稳定、安全与信誉，承担“兜底”的责任。

目前，我国31个省区市实现了基本养老保险省级统筹，但31个省级统筹区

域之间各自为政，在各省级统筹区域之间资金存在畸轻畸重的情况下，资金无法跨省调剂，而且地方政府与中央政府之间权责模糊。为了确保基本养老金的按时足额发放，承担着财政“兜底”责任的政府不得不加大对基本养老保险的转移支付力度，导致政府财政负担不断加重，财政风险增加。

从绝对值上看，1998—2009 年，各级政府对基本养老保险的补贴规模巨大（见表 4 -9）。从 1998 年各级财政补贴养老金缺口 53 亿开始，此后政府补贴规模不断增加，其中，1999 年突破一百亿元，达 192. 9 亿元，2007 年突破一千亿元，达 1157 亿元，2009 年各级财政补贴基本养老保险高达 1646 亿元。整个 1998—2009 年间，基本养老保险补贴来自于各级财政的总金额达 8474. 7 亿元。财政补贴规模占全部基本养老保险基金总收入的比重也从 1998 年的 3. 63% 上升为 2009 年 14. 32%。来自世界银行的数据或许更能说明问题的严重性：按照 1997 年以来执行的制度，如果没有任何财政补贴，要想达到资金平衡，那么中国的企业和个人需要承担的费率将达到工资总额的 37%，而实际企业和个人缴费率合计为 28%，则多余的 9% 将都由各级财政负担。

表 4 -9　各级财政补贴基本养老保险情况

年份	各级财政补贴基本养老保险金额（亿元）	全国基本养老保险基金总收入（亿元）	各级财政补贴基本养老保险占基本养老保险基金总收入比重（%）
1998	53	1459. 0	3. 63
1999	192. 9	1965. 1	9. 82
2000	365. 7	2278. 5	16. 05
2001	402. 5	2489. 0	16. 17
2002	454. 6	3171. 5	14. 33
2003	530	3680. 0	14. 40
2004	614	4258. 4	14. 42
2005	651	5093. 3	12. 78
2006	971	6309. 8	15. 39
2007	1157	7834. 2	14. 77
2008	1437	9740. 2	14. 75
2009	1646	11491	14. 32

资料来源：胡晓义．走向和谐：中国社会保障发展 60 年［M］．北京：中国劳动社会保障出版社，2009：93；国务院新闻办公室．中国劳动和社会保障状况白皮书［N］．人民日报，2004 - 4 - 28；人力资源和社会保障部．中国劳动和社会保障事业发展统计公告［R］，2002 - 2009.

从增长速度上看，各级财政对基本养老保险的补贴呈现出快速增长的势头

（见表4－10）。1998年以来，我国财政支出补贴基本养老保险基金支出的增长速度不仅快于同期财政支出的增长速度，而且快于同期补贴社会保障支出（不含卫生经费中的行政事业单位医疗、新型农村合作医疗补助、城乡医疗救助等医疗保障支出）的增长速度。1998—2009年，财政支出由1998年的10798.18亿元增加到2009年的76235亿元，年均增长19.45%；同期各级财政补贴社会保障的支出从1998年的596亿元增加到2008年的3593亿元，其比例也从1998年的5.52%增加到2008年的24.2%，年均增长23.6%；同期各级财政补贴基本养老保险从1998年的53亿增加到2009年的1646亿，年均增速高达22.7%。其中，2006年，财政补贴基本养老保险金缺口一项就达到971亿元，增长率达49.2%，而同期财政补贴社会保障支出的增长率仅为16.8%，财政支出增长率也仅为19.14%。而且，基本养老保险补贴占据了社会保障补贴的重要位置，2002—2009年，其占比位于35%～46%之间，这就进一步加剧了基本养老保险基金补贴的重要地位。

表4－10　我国各级财政对基本养老保险和社会保障补贴规模

	各级财政补贴基本养老保险（亿元）	各级财政补贴基本养老保险增长率（%）	财政补贴社会保障支出（亿元）	财政补贴社会保障支出增长率（%）	财政支出（亿元）	财政支出增长率（%）
1998	53	—	—	—	10798.18	—
1999	192.9	263.96	—	—	13187.67	22.13
2000	365.7	89.58	—	—	15886.50	20.47
2001	402.5	10.06	—	—	18902.58	18.98
2002	454.6	12.94	1017	—	22053.15	16.66
2003	530	29.8	1262	24.1	24649.95	11.58
2004	614	15.8	1525	20.8	28486.89	15.76
2005	651	6.0	1818	19.2	33930.28	19.11
2006	971	49.2	2124	16.8	40422.73	19.14
2007	1157	19.2	2893	36.2	49781.35	23.15
2008	1437	24.2	3593	24.2	62592.66	25.74
2009	1646	14.5	—	—	76235	21.2

资料来源：根据国家统计局．中国统计年鉴2010［M］．北京：中国统计出版社，2010．相关数据整理得。

在结构上，我国对基本养老保险的补贴以中央财政为主。如表4－11所示，1998年以来，我国对基本养老保险的财政补贴来源于中央财政与地方财政，且主要来源于中央财政。虽然中央财政补贴基本养老保险的增长率呈现在波动中小幅下降的趋势，但是中央财政对基本养老保险的补贴仍然占据绝对优势，使中央对养老保险的补贴成为基本养老保险资金供给的重要渠道，地方财政依赖中央财政的态势没有从根本上改变的迹象。从中央财政补贴的绝对规模看，1998—2008年，基本养老保险补贴资金来自于中央财政的总金额约为5600亿元，来自各级地方财政的总金额约为1100亿元。① 其中，1998—2000年全国财政“两个确保”支出总计1097.58亿元，其中中央财政占75.8%，地方财政占24.2%；2000年中央财政补贴占各级财政补贴的比重更是高达92.43%。2008年为中央财政补贴占各级政府补贴的比重最低的一年，其补贴比重也将近80%②。就中央财政补贴的增长速度而言，1998—2000年全国财政“两个确保”支出年均增幅为103.6%，其中中央财政支出的增幅为123.7%，而地方财政支出的增幅仅为62.3%。在低统筹层次格局下，这种中央政府承担大部分养老保险责任的态势被扭曲为下级政府过度依赖于上级政府的机制，一些资金盈余省市甚至采取盲目降低企业费率，提高待遇标准，自行出台鼓励提前退休的政策等措施，人为制造或扩大了资金缺口，迫使上级政府拨付定向补助资金。这种扭曲的机制加剧了资源分配的不合理，加重了上级政府的财政负担。

表4-11　中央财政地方财政补贴基本养老保险的规模

年份	中央财政补贴基本养老保险的规模（亿元）	地方财政补贴基本养老保险的规模（亿元）	中央财政补贴占各级政府补贴的比重（%）	年份	中央财政补贴基本养老保险的规模（亿元）	地方财政补贴基本养老保险的规模（亿元）	中央财政补贴占各级政府补贴的比重（%）
1998	47.7	5.3	90.00	2004	522	92	85.0
1999	174.4	18.5	90.4	2005	544	107	83.6
2000	338	27.7	92.4	2006	774	197	79.7
2001	349	53.5	86.7	2007	918	239	79.3
2002	408.2	46.4	89.8	2008	1127.4	309.6	78.5
2003	474.3	55.7	89.5				

资料来源：杨方方．从缺位到归位［M］．北京：商务印书馆，2006：175；人力资源和社会保障部．人力资源和社会保障事业发展统计公报［R］，2002-2008；中华人民共和国财政部．关于2008年中央和地方预算执行情况与2009年中央和地方预算草案的报告［R］，2009.

从上述分析可以看出，我国对基本养老保险存在大规模、高增长率的财政补贴，尤其是来自中央财政的补贴。养老保险作为一项准公共产品，属于政府的事权

① 胡晓义．走向和谐：中国社会保障发展60年［M］．北京：中国劳动社会保障出版社，2009：93.
② 段家喜．养老保险制度中的政府行为［M］．北京：社会科学文献出版社，2007：213-214.

和财权，各级财政尤其是中央财政对养老保险资金缺口的“兜底”承担着不可推卸的责任，这也是政府承担公共责任的具体体现。但是，政府的财政性转移支付应更多用于社会救助、低保等非缴费型保障项目。财政长期大额补贴缴费型养老保险，虽然缴费型养老保险与其他非缴费型社会保障项目同样都是用于转移性支付，但在中国，财政没有单独列支养老保险支出，对养老保险的补贴是通过各项事业费、社会福利费支出等体现。当国家用于社会保障项目的财政资金一定时，过高的养老保险补贴势必会挤占非缴费型社会保障项目的财政资金，使非缴费型项目资金不足。如果既要为缴费型养老保险基金缺口全额买单，又要保证非缴费型社会保障项目的财政资金，势必增加财政资金用于社会保障转移性支付的比重，过高的社会保障转移支付将会导致由财政提供的包括养老保险缺口在内的社会保障项目只能挤占其他正常财政支出，这将与国家的宏观发展目标相冲突。而且，简单地动用公共财政来提供体制内人员的养老保障而不顾及数量庞大的体制外人员的基本需要，还会涉及一个广义的社会公平问题，会导致再分配领域中形成日益扩大的鸿沟。因此，随着基本养老金缺口的增大，挤占的财政资金也将越来越大，最终会使政府财政不堪重负，影响整个宏观经济的正常运行，长此下去，势必造成一系列的社会问题。

（二）我国基本养老保险基金存在大量结余

我国对基本养老保险存在大规模、高增长率的财政补贴，同时存在大规模、高增长率的基本养老保险基金结余。

从全国基本养老保险基金的当期结余看，如表4－12所示，1998—2009年，尤其进入21世纪以来，我国基本养老保险基金规模发展惊人。除1998年当期基本养老保险基金收不抵支结余为负外，其余年份均有结余，且呈现连年增长之势。其中，2005年基本养老保险基金当期结余突破千亿大关，达到1052.982亿元，2009达2597亿元。从全国基本养老保险基金累计结余看，1998年以来，我国基本养老保险基金累计结余快速增长。其中，2001年我国基本养老保险基金累计结余突破千亿元，达1054.1亿元，2009年突破万亿元，达12526万元，1998—2009年，年均增速达32.4%。

表4－12　1998—2009年我国基本养老保险基金收支情况

年份	基金总收入（亿元）	基金征缴收入（亿元）	基金总支出（亿元）	基金当年结余（亿元）	基金累计结余（亿元）	各级财政补贴金额（亿元）	各级财政补贴相当于当年基金结余比例（%）
1998	1459.0	1442.1	1511.63	－52.653	587.8	53	—
1999	1965.1	1797.5	1924.85	40.261	733.5	192.9	26.30

续表

年份	基金总收入（亿元）	基金征缴收入（亿元）	基金总支出（亿元）	基金当年结余（亿元）	基金累计结余（亿元）	各级财政补贴金额（亿元）	各级财政补贴相当于当年基金结余比例（%）
2000	2278.5	1959.6	2115.48	162.986	947.1	365.7	38.61
2001	2489.0	2161.6	2321.26	167.701	1054.1	402.5	38.18
2002	3171.5	2551.4	2842.91	328.554	1608.0	454.6	25.4
2003	3680.0	3044.0	3122.10	557.894	2206.5	530	24.0
2004	4258.4	3585.0	3502.10	756.302	2975.0	614	20.6
2005	5093.3	4312.0	4040.30	1052.982	4041.0	651	16.1
2006	6309.8	5215	4896.66	1413.101	5488.9	971	17.7
2007	7834.2	6494	5964.90	1869.262	7391.4	1157	15.7
2008	9740.2	8016	7389.60	2350.559	9931.0	1437	14.5
2009	11491	9534	8894.43	2597	12526.1	1646	13.1

资料来源：国家统计局．中国统计年鉴2010［M］．北京：中国统计出版社，2010；国家统计局．中国劳动统计年鉴2009［M］．北京：中国统计出版社，2009；人力资源和社会保障部．2009年度人力资源和社会保障事业发展统计公报［R］，2009.

从基本养老保险基金的征缴收入与总支出的差额看，1998—2009年我国基本养老保险基金均有结余。其中，2004—2009年基本养老保险基金征缴收入大于总支出，由于基本养老保险基金收入不仅包括基本养老保险基金征缴收入，还包括基本养老保险基金利息收入、上级补助收入、下级上解收入、转移收入、财政补贴和其他收入，因此基本养老保险基金有结余属理所当然。1998—2003年，我国基本养老保险基金的征缴收入小于总支出，而同期基本养老保险基金仍处于结余的状态。究其原因在于，各级财政补贴基本养老保险基金保持快速增长的态势，1998—2009年，各级财政补贴基本养老保险相当于当年养老保险基金结余的比例都保持在较高的水平，补贴比例最高的为2001年，达38.61%，最低为2009年也达到了13.1%。大规模的财政补贴能有效弥补基本养老保险基金的征缴收入小于总支出的缺口部分，从而推动我国基本养老保险基金结余仍能不断上涨。

从各省市的具体情况看，1998—2009年，我国各省市基本养老保险基金收支情况良好，除个别年份个别地区外，几乎所有省市每年都有一定的基金结余，如表4-13所示，2009年全国31个省区市的养老保险统筹基金均有结余。虽然一些省市（如陕西、云南、湖南等省）基本养老保险基金征缴收入小于基本养老保险基金总支出，但由于高额的财政补贴，其基本养老保险基金每年仍然存在一定的结余。以陕西为例，自2000年实行基本养老保险省级统筹以来，陕西省基本养老保险基金一直处于收不抵支的状态，但是，通过中央政府和陕西省对基本养老保险基金的财政转移支付，使陕西省基本养老保险基金每年都有结余，而且基本养老保险基金的累计结余呈快速增长态势。其中，2009年基本养老保险基金征缴收入182.14亿元，基金总支出201.86亿元，缺口达19.72亿元。但是，通过中央和地方政府的财政补贴，全省基本养老保险基金总收入237.43亿元，2009年年末基金累计结余165.63亿元，比上年累计结余增加了35.57亿元。可以看出，陕西省属于经济欠发达地区，若没有各级财政转移支付的支持，仅靠本省基本养老保险基金的征缴收入，不仅陕西省退休职工养老金的确保发放将无从谈起，基本养老保险基金的结余更无从谈起。另一些省市（如四川、安徽、河南等省）的基本养老保险基金的征缴收入大于总支出，但是仍然存在高额的财政补贴，使得每年存在大量的基本养老保险基金结余。因此，总体而言，我国基本养老保险基金结余的快速增长是建立在各级财政高额补贴基础之上的。

表4-13 2009年全国各省区市基本养老保险基金收支情况 单位：亿元

地区	基金收入	基金支出	累计结余	地区	基金收入	基金支出	累计结余
全国	11490.8	8894.4	12526.1	河南	417.1	363.6	399.6
北京	527.6	415.7	441.4	湖北	435.1	350.6	345.4
天津	250.1	230.1	196.0	湖南	384.3	307.9	358.6
河北	482.9	390.0	430.1	广东	886.5	553.1	1951.4
山西	330.7	219.2	502.3	广西	243.6	147.2	284.5
内蒙古	218.9	171.9	203.2	海南	72.9	57.8	58.7
辽宁	735.9	644.1	660.8	重庆	317.8	240.5	209.2
吉林	254.2	205.1	314.8	四川	720.6	490.5	733.1
黑龙江	492.3	400.7	455.0	贵州	124.8	89.9	140.7
上海	790.4	739.7	419.6	云南	168.0	126.8	179.5
江苏	895.7	645.9	1006.5	西藏	10.6	8.5	3.2
浙江	526.5	369.7	986.1	陕西	235.2	201.2	165.6
安徽	299.3	232.2	280.6	甘肃	138.1	106.6	139.4
福建	198.0	171.5	180.8	青海	46.0	36.9	42.1
江西	193.1	160.1	165.3	宁夏	51.0	38.1	72.7
山东	824.7	621.7	883.4	新疆	216.4	155.9	310.0

资料来源：国家统计局．中国统计年鉴2010［M］．北京：中国统计出版社，2010.

从上述分析可以看出，1998 年以来，我国存在大规模、高增长率的基本养老保险基金结余，同时，各级政府对基本养老保险的财政补贴却呈现出大规模、高增长之势，形成基金结余与财政补贴并存的局面。

为什么会出现基本养老保险基金收支基本平衡甚至基金总收入远远高于基金总支出，却需要政府高额的财政补贴呢？这就是著名的基金“凹凸面”问题。[①]这种“凹凸面”问题表现为由于统筹层次低而造成基本养老保险在全国被划分为若干个单位，各个统筹单位各自为政。再加上我国地区间经济社会发展存在极大差距、人口年龄结构的巨大差异等因素的共同影响，最终导致我国基本养老保险基金规模在地区之间存在显著差异，有些经济发达、人口年龄结构较轻、制度内“老人”较少的地区基本养老保险基金存在盈余，而一些经济不发达、人口年龄老化严重、尤其是制度内“老人”过多的地区基本养老保险基金缺口严重。有关资料显示，养老保险体系的负担系数全国平均为 31%，而传统的工业基地，如上海、辽宁、天津、重庆等，负担系数都较高，接近或达到了 50%，而私营经济发展比较好的广东省，负担系数只有 16%。[②] 基本养老保险基金是一种稀缺资源，虽然有些地区存在基金盈余，有些地区收不抵支、存在资金短缺，但由于目前基本养老保险基金只能在省级范围内统筹，中央政府无力跨统筹区域在全国范围内统一调剂有限的基本养老保险基金，使基本养老保险基金的结构性矛盾无法得以解决。为了确保养老金按时足额发放，缓和基本养老保险基金供求的结构性矛盾，承担着“兜底”责任的政府尤其是中央政府必须以财政资金弥补地方基本养老保险基金的缺口。在我国目前财政运行状况良好的状态下，国家财政对社会保障特别是基本养老保险的投入是理所当然的。但是，随着我国人口老龄化程度的不断加剧，我国财政负担将会越来越重。相对于人口老龄化背景下的基本养老保险基金支付需求的增加，这种财政投入是在基本养老保险基金存在区域性、结构性矛盾的形势下做出的，由此导致本应该在制度内解决的问题，却在制度外寻求答案，必然加重政府财政负担。而且，这种大规模、高增长率的财政补贴会掩盖省级内部各地区之间基本养老保险基金结余与不足并存的现象，不利于社会保障事业的可持续发展。

总之，我国对基本养老保险大规模、高增长率的补贴是在基本养老保险统筹层次过低导致的结构性矛盾下产生的。为了缓解不同地区之间基本养老保险基金负担畸轻畸重的矛盾，缓解政府尤其是中央的财政压力，促进养老保险制度的可

① 盛碧荷．养老保险低层次统筹面临的问题及对策［J］．劳动者，2004（10）：38－39.

② 袁志刚．中国养老保险体系选择的经济学分析［J］．经济研究，2001（5）：13－19.

持续发展，必然要求实现基本养老保险基金在全更大范围内的统筹。统筹层次过低的体制性矛盾必须在体制内解决，而只有提高基本养老保险的统筹层次，才有可能抚平地区间基本养老保险基金结余的巨大差距，才能真正扫除这一体制性障碍。因此，提高基本养老保险统筹层次并最终实现基本养老保险全国统筹是解决这一体制性矛盾的必然选择。

三、基本养老保险全国统筹是劳动力自由流动的需要

市场经济的一个基本规律是使投入要素在流动中实现价值最大化。在生产的四种投入要素中，劳动是最具能动性的要素，它具有一般投入要素所不具有的创造性和可变性的特点。为了实现劳动力要素价值的最大化，居民必须具有迁徙的自由，当居民不能容忍地方政府权力行使的状况时，能以“用脚投票”方式退出地方政府的管辖；否则，居民的偏好不能在地方政府的政策中得到显示，“居民更多的选择机会”也就无从谈起。① 随着我国市场经济体制的逐步完善、政府行政职能不断转变和企业转换经营机制的不断转换，不可避免地要求更强的劳动力流动性。

（一）基本养老保险统筹层次对劳动力自由流动的影响

市场经济的高效运行要求劳动力生产要素能通过市场实现自由流动，而养老保险“便携性”的高低是影响劳动力自由流动的重要因素。这里的“便携性”是指已经参加了养老保险的职工在变换工作单位或转入到其他不同的养老保险项目时，能够保留其在原统筹区的养老保险记录从而维护其养老保险权益的属性。② 统筹层次越高，养老保险的“便携性”越强，越有利于劳动力的自由流动，从而有利于形成全国统一的劳动力市场；反之，统筹层次越低，将给流动人口养老保险关系转移接续带来诸多不便，影响劳动力的自由流动。

养老保险关系顺畅转移接续是劳动力自由、有序流动的基本条件。如果养老保险制度采用完全积累模式，基于个人账户的性质，即使在较低的统筹层次下，养老保险关系的区际转移也较为便利。但是，我国目前实行的是“统账结合”的养老保险制度，在这种养老保险制度下，由于基本养老保险统筹层次较低，大大小小、层次不等的“统筹范围”将参保人员划入不同的管辖范围，每个范围养老保险基金收支具有相对独立性。为了保证“统筹范围”基金收支账实相符，当人员进出时，必须办理参保档案及个人账户资金的转移手续。虽然1997年以

---

① 吴湘玲．我国区域基本养老保险协调发展研究［M］．武汉：武汉大学出版社，2006：57－58.

② 刘传江，程建林．养老保险“便携性损失”与农民工养老保障制度研究［J］．社会保障制度，2009（1）：61－67.

来，我国逐步建立了统一的企业职工基本养老保险制度，但是，目前各级政府在基本政策框架下均有权制定具体政策，各省市的基本养老保险制度在缴费标准、待遇标准、管理手段等方面不完全相同，当劳动力跨地区流动时，会给养老保险关系接续和权益记录增加许多困难，带来了“便携性损失”。而且，随着我国经济社会发展进入新的阶段，城镇企业职工、农民工、个体户乃至大学生等劳动力的跨地区流动越来越普遍和频繁，各自为政的基本养老保险省级统筹难以完全适应这种大规模的流动，使养老保险关系难以在省级区域之间顺畅转移和有效衔接，出现了一些劳动者特别是农民工因跨地区、跨城乡就业而养老保险权益得不到有效维护的问题，使我国养老保险制度陷入了养老保险区际转移的频率越高、转移的技术难度和成本就越高的困境。养老保险关系转移接续不畅，制约了劳动力流动和人力资源市场的发育，直接影响了养老保险制度的吸引力，特别是降低了流动就业人员的参保积极性，已经成为我国养老保险制度顺利实施的瓶颈。

建立养老保险关系区际转移制度，增强养老保险关系的“便携性”，是解决劳动力流动过程中存在的诸多问题的关键环节。这一关系人民群众切身利益的问题得到了党中央、国务院高度的重视。为切实保障参加城镇企业职工基本养老保险人员的合法权益，促进人力资源合理配置和有序流动，党中央、国务院高度采取积极措施，制订和完善适合现实需要的参保人员跨地区流动就业的养老保险关系转移接续办法。2007 年 6 月新修订的《中华人民共和国劳动合同法》第四十九条规定，“国家采取措施，建立健全劳动者社会保险关系跨地区转移接续制度”。劳动和社会保障事业发展“十一五”规划纲要明确提出，“完善参保人员社会保险关系转移、衔接的政策措施”。党的十七大报告中，明确提出要“制定全国统一的社会保险关系转续办法”。为了保证参保人员跨省、自治区、直辖市流动并在城镇就业时基本养老保险关系的顺畅转移接续，2009 年 12 月国务院通过了《城镇企业职工基本养老保险关系转移接续暂行办法》（以下简称《暂行办法》）。

（二）《暂行办法》的出台及其重要意义

从世界范围的经验看，为了确保劳动者的养老权益不因劳动力的跨地区流动而受到损失，有两种解决办法：一是建立“全国统筹”的养老保险制度，实现缴费基数和待遇计发办法全国统一，并通过专门预算等方式统筹使用基金，世界上绝大多数国家采取这种办法；二是建立不同制度之间的衔接机制，当劳动者退休时，其养老金由他在不同国家（地区）累计的养老金权益共同构成，采取这种方式主要是因为各国（地区）养老金制度框架不完全相同。这种方式目前主要在欧盟范围内使用。①

目前，我国正处于经济高速发展的时期，劳动力大规模的跨区域、跨行业的流动将长期存在。社会保险关系，特别是基本养老保险关系跨地区转移接续已成为一个社会热点问题。2009 年底，我国各省市相继出台基本养老保险省级统筹办法，基本养老保险关系可以在省内顺畅转移接续，参保人员在省内流动就业已经实现或正在逐步实现。但是，各省级统筹单位之间的养老保险依然是“划疆而治”，使参保人员因工作异地调动带来基本养老保险关系接续难题仍未得以解决。为了促进劳动力跨地区自由流动，我们有必要积极借鉴国际经验，建立“全国统筹”的养老保险制度。但是，由于现实条件的约束，我国短期内还难以实现“全国统筹”，因此，有必要将解决问题的目光转向第二种解决办法，即建立不同制度之间的衔接机制。建立不同制度之间的衔接机制在我国具有一定的可行性。为切实保障参加城镇企业职工基本养老保险人员（以下简称参保人员）的合法权益，促进人力资源合理配置和有序流动，保证参保人员跨省、自治区、直辖市（以下简称跨省）流动并在城镇就业时基本养老保险关系的顺畅转移接续，2009 年 12 月 22 日，国务院第 93 次常务会议讨论通过《城镇企业职工基本养老保险关系转移接续暂行办法》，并决定于 2010 年 1 月 1 日起实施。

《暂行办法》适用于包括农民工在内的参加城镇企业职工基本养老保险的所有人员，其主要内容可以概括为以下几个方面。首先，综合考虑转入地与转出地、当期与长远的资金平衡关系，规定参保人员跨省就业时，除转移个人账户储存额外，还转移 12% 的单位缴费。由此，单位缴费的少部分留给转出地，用于确保当期的基本养老金支付。单位缴费的大部分随跨省流动就业转给了转入地，有利于减轻转入地未来长期的资金支付压力，平衡转出地和转入地的基金关系，而且不会对流动就业参保人员本人的基本养老金水平核定产生不利影响；其次，规定参保人员在各地的缴费年限合并计算，有利于克服先前只承认在本地的参保缴费年限不认同异地的参保缴费年限对流动就业的参保人员造成的权益损失，解决了职工的异地权益认同问题；再次，《暂行办法》规定了基本养老保险关系转移接续手续的办理流程，参保人员离开就业地，由社保经办机构发给参保缴费凭证；在新就业地参保，只需提出转续关系的书面申请，转入和转出地社保经办机构为其协调办理审核、确认和跨地区转续手续，包括农民工在内所有参加城镇企业职工基本养老保险的人员，都可以在 45 个工作日之内办妥养老保险转移接续

① 养老保险跨省转接只能是权宜之策［N］. 新京报，2009－2－24.

的手续，有利于避免参保人员因办理转续关系而在两地往返奔波；另外，建立全国县级以上社保经办机构联系方式信息库，并向社会公布，以方便参保人员查询参保缴费情况，办理基本养老保险关系转移接续手续。

总之，《暂行办法》的出台实施，是落实党中央、国务院惠民政策的体现，使我国养老保险异地转移有了基本的制度安排。通过规定全国统一的资金转移比例、各地责任范围和转移接续经办规程等政策，有利于解决参保缴费年限在各地互认和累加的问题，维护参保人员特别是广大农民工的养老保险权益，从而打破养老保险转移的地区分割，从制度上打通了养老保险跨地区转移接续的通道，解决包括农民工在内的参加城镇企业职工基本养老保险的所有参保人员基本养老保险关系跨省就业的转移接续问题，也将进一步推动全国统一的人力资源市场的形成和完善，是我国养老保险制度走向科学化、合理化的一大进步。

（三）劳动力自由流动要求基本养老保险全国统筹

《暂行办法》的积极意义毋庸置疑。不过，也要看到，现行的养老保险关系接续办法，只是解决劳动力跨省流动就业的过渡性办法，还无法有效应对劳动力异地流动日益频繁的现实，因此只能是权宜之计。基本养老保险全国统筹才是从根本上解决现行“统账结合”养老保险制度下劳动力自由流动的根本保证。

1. 基本养老保险全国统筹是避免转出地和转入地相互推诿责任的需要

异地转移实际上涉及的是“转出地”与“转入地”政府间财政利益的重新分配。由于各地往往把征缴的养老保险基金看作自己的资源，担心损害本地的局部利益就成为导致基本养老保险关系异地转移难的根本原因。《暂行办法》实施之前，养老保险转出时只转个人缴费部分，单位缴费部分就沉淀下来了；而接收地接收时，不能接收单位缴费，却需要支付转入参保职工单位缴费部分养老金。因此，少数转入地考虑到本地区的基金支付能力，特别是担心临近退休的参保人员转入后，缴费少而领取待遇时间长，因而不愿接收，出现了“愿转不愿接”的现象。《暂行办法》规定，除了转个人账户外，也转部分单位缴费，这使“转出偏好”有可能改变，但情况可能会变为“愿接不愿转”。如果实现基本养老保险全国统筹，把由地方负责发放的基础性养老金改为由中央政府负责，由中央政府在全国范围内统一管理使用，资金缺口由中央财政补贴，则能有效避免上述“愿转不愿接”和“愿接不愿转”的现象。

2. 基本养老保险全国统筹是解决多地参保问题的需要

我国城镇企业职工的基本养老金包括基础养老金和个人账户养老金。对于个人账户养老金，《暂行办法》规定，个人账户储存额全部转移，退休时以一定系数计算，这对流动就业和稳定就业的劳动者没有区别。对基础养老金部分，我国执行的是2005年12月颁布的《国务院关于完善企业职工基本养老保险制度的决定》，“累计满15年的人员，退休时的基础养老金月标准以当地上年度在岗职工月平均工资和本人指数化月平均缴费工资的平均值为基数，缴费每满1年发给1%”。《暂行办法》坚持了这一计发办法，只是进一步明确了流动就业人员在各参保地的各年度缴费工资要以待遇领取地对应的各年度在岗职工平均工资计算其缴费工资指数。对于在每个参保地的累计缴费年限均不满10年的参保人员，《暂行办法》第六条第四款的规定，“基本养老保险关系不在户籍所在地，且在每个参保地的累计缴费年限均不满10年的，将其基本养老保险关系及相应资金归集到户籍所在地，由户籍所在地按规定办理待遇领取手续，享受基本养老保险待遇”。这意味着一些职工最终要回到户籍所在地领取养老金。但是，由于工作所在地与户籍所在地的经济发展水平及工资收入水平可能存在较大的差距，按照《暂行办法》执行的结果有可能会出现这样的情况：那些在每个地方持续工作都不到10年的职工，在每个工作所在地按照很高的标准缴纳了养老保险金，由于地区经济发展水平及工资收入水平的巨大差距，当地上年度在岗职工月平均工资差别也很大，从而可能导致以户籍所在地上年度在岗职工月平均工资为标准领取的养老金不及缴纳的养老保险费多。例如某位户籍在江西的职工，从1995年年初开始参加工作，在北京、上海、广州各工作5年后达到退休年龄，假定该职工在3个地方工作的年工资为当地的平均水平。由于该职工在三地的工作年限均不满10年，所以将其基本养老保险关系归集到户籍所在地。由于江西省1995—2009年每年职工月平均工资均低于北京、上海、广州三地，因此，这位江西户籍职工回到老家后能领取到的养老金将低于其缴纳的养老金。由此可见，基本养老保险省级统筹下的多地参保可能会影响参保人员的合法权益，进而给劳动力的自由流动造成冲击。而基本养老保险全国统筹意味着不管职工的户籍是月平均工资较低的地区还是月平均工资较高的地区，不论跨省流动就业参保人员在各个参保地缴费多少年，当地上年度在岗职工月平均工资都以全国上年度在岗职工月平均工资为标准，职工不管在何地领取的养老金都不存在差别，从而可以有效地解决多地参保问题。

3. 基本养老保险全国统筹是解决社保移民问题的需要

社保移民是指参保者从低缴费地区流入高缴费地区，从而可以在退休之后享受较高的社保待遇。《暂行办法》从两个方面力图杜绝这一现象。①

一方面，《暂行办法》第五条规定，“年满50周岁的男性和年满40周岁的女

① 郭晋晖．养老保险跨区域“双转移”比例敲定［N］．第一财经日报，2009－12－30.

性参保人员跨省流动就业时，应在原参保地继续保留基本养老保险关系，同时在新参保地建立临时基本养老保险缴费账户，记录单位和个人全部缴费。参保人员再次跨省流动就业或在新参保地达到待遇领取条件时，将临时基本养老保险缴费账户中的全部缴费本息，转移归集到原参保地或待遇领取地。”《暂行办法》对跨省流动就业参保人员的基本养老保险关系转移的年龄加以限制，其中一个很重要的目的就是防止低缴费地区的参保人员到高缴费地区享受较高的退休待遇。如果实现基本养老保险全国统筹，基础养老金核算标准之一——当地上年度在岗职工月平均工资，不管是低缴费地区还是高缴费地区，都以全国上年度在岗职工月平均工资为标准。因此，基本养老保险全国统筹下，按现行退休年龄规定，即使年满 50 周岁的男性和年满 40 周岁的女性参保人员在达到法定退休年龄时已经不可能在新参保地缴费满 10 年，参保人员退休之后在全国各地均以全国上年度在岗职工月平均工资为标准，享受的退休待遇在全国各地均一样的，参保人员就没有必要将其基本养老保险关系从低缴费地区转入高缴费地区，从而可以有效抑制社保移民问题的出现。

4. 基本养老保险全国统筹是减少劳动力流动管理成本的需要

首先，《暂行办法》规定，为了平衡转出地和转入地的基金关系，我国基本养老保险关系的转移接续其中个人账户全额转移，统筹账户转移缴费基数的 12%。2010 年 10 月通过《中华人民共和国社会保险法》以国家立法形式将基本养老保险转移接续上升为法律，指出“个人跨统筹地区就业的，其基本养老保险关系随本人转移，缴费年限累计计算；个人达到法定退休年龄时，基本养老金分段计算、统一支付”。这显然并非治本之策，同时会导致管理成本的提高。例如，假如一位劳动者先在上海工作，然后去了北京，之后又去了广州，最后又回到了上海，那么他的个人账户和一部分统筹账户就需从上海转移到北京，再次北京转移到广州，最后又转移回上海。省级统筹下，个人账户的全部转移、统筹账户的部分转移和分段计算会给各省的结算机构带来很多麻烦，带来了较大的、不必要的管理成本。全国统筹下，由全国统一的部门管理个人账户和统筹账户，并且由中央承担财政兜底的责任，那么就不需要转移个人账户和 12% 的统筹账户，也不需要对基本养老金进行分段计算，或者只需要形式上的转移而不需要实际的资金转移，避免了不必要的管理成本。

其次，《暂行办法》规定的养老保险领取地点的推算方法十分繁琐。如果实现了基本养老保险全国统筹，退休职工可以在不转移养老保险关系的前提下就近选择养老金的领取地点，从而可以节约相应的管理成本。

再次，依据2005年12月颁布的《国务院关于完善企业职工基本养老保险制度的决定》，《暂行办法》进一步明确了跨省就业人员缴费工资指数的计算方法，即在各参保地的各年度缴费工资要与最后待遇领取地对应的各年度在岗职工月平均工资为标准进行计算。如果实现全国统筹，当地上年度在岗职工月平均工资就统一为全国上年度在岗职工月平均工资，从而可以避免以各省上年度在岗职工月平均工资为标准进行核算带来的不便。

最后，由于《暂行办法》只是过渡性的办法，将来有更高层面、更成熟的基本养老保险关系政策出台时，又要面临政策衔接的问题，将会增加管理的难度和成本。

总之，在"统账结合"的养老保险制度下，劳动力流动受基本养老保险统筹层次的严重制约。基本养老保险省级统筹仍属于地方统筹，阻碍了劳动力跨区域合理流动，造成了全国统一劳动力市场的区域分割，是阻碍当前养老保险关系转移接续的根本所在。而基本养老保险关系跨省转移接续虽然增强了基本养老保险关系的"便携性"，但只能是缓解基本养老保险关系转移难的权宜之策。要彻底打破劳动力流动的制度障碍，从根本上解决劳动力市场的区域分割问题，实现基本养老保险关系转移接续在全国范围内畅通无阻，治本之策是尽快提高基本养老保险统筹层次，实现基本养老保险全国统筹。

四、基本养老保险全国统筹是增强抗风险能力的需要

养老保险作为社会保障的一个重要组成部分，和其他社会保障项目一样，遵循"大数法则"。按照大数法则，基本养老保险统筹范围的大小与抗风险能力的强弱成正比。基本养老保险统筹的层次越高，统筹范围越大，统筹资金量越多，风险就越分散，抗风险能力就越强；反之，抗风险能力就越弱。目前，我国各省市养老金畸轻畸重现象严重，但由于统筹层次较过低，养老金不能跨省调剂，使得养老金抗风险能力非常脆弱，不足以抵御较大的经济社会风险。因此，为了化解经济社会风险，保持养老保险制度的可持续发展，需要进一步提高基本养老保险统筹层次并最终实现全国统筹。

（一）化解经济风险需要基本养老保险全国统筹

1. 基本养老保险全国统筹是强化基金投资管理、化解投资风险的需要

基本养老保险基金的保值增值是养老保险制度健康运行的必要条件。由于养老保险基金具有规模性、稳定性、长期性的特性，而且养老保险基金是一种储蓄性资金，承担着对受益人的长期支付责任，决定了养老保险基金必须在保证基金安全的前提下实现保值增值。因此，如何创造条件，为养老保险基金的保值增值

提供一个良好的运行环境，使其稳定高效运行，已成为我国养老保险制度建设中的核心问题之一。

目前，我国虽然实现了基本养老保险省级统筹，实现了在省、区、直辖市范围内统一管理和调度使用基本养老保险基金，但是，真正实现大收大支的省级统筹的只有北京和上海等少数省份，2 万亿社保五险基金分布在2000 多个县市级统筹单位，每个统筹单位有 3 ~ 5 个基金行政管理机构（包括新农保基金）。[①] 这样，社保基金在全国事实上就被分割成上万个独立管理的基本单位。其中，养老保险基金作为社保五险基金的重要组成部分，仍然由各级地方社会保险经办机构进行管理，这种管理模式虽然对于养老金的筹集和发放有方便之处，但是仍然属于地方统筹的管理，使得基本养老保险基金呈现出严重“碎片化”状态。根据大数法则，统筹范围的大小与抗风险能力的强弱成正比，在尽量大的范围内筹集调剂基金越有利于控制和分散风险。如果基本养老保险基金由省及省以下的社会保障基金管理机构进行管理和运营，由于较低的统筹层次，资金管理主体和资金结余的分散必然会影响资金的存量规模，难以将分散的资金集中起来进行风险管理和投资运营。再加上管理中心的工作人员基本上是从当地劳动和社会保障局抽调，这部分人大多没有大资金运作的经验，专业化素质不高，缺乏操作投资组合、构建模型分析市场潜在风险的能力，在如此“碎片化”的属地化社保基金管理体制下，养老保险基金的投资渠道只能是通过财政专户存入银行和购买国债，而我国一段时期以来，银行和国债利率都较低，使我国养老保险基金的投资收益率低下。据统计，我国 2000—2008 年社保基金的投资收益率还不到 2%，低于 2.2% 的 CPI。[②] 不到 2% 的名义收益率低于通货膨胀率，在实际利率为负的情况下，养老保险资金事实上处于贬值状态，且规模越大，贬值风险越大，不利于基金的保值增值，不利于投资风险的化解，并对我国养老保险制度的稳定性和持续性产生了一定的影响。

客观而言，无论在目前养老金投资品种单调的情况下运营养老保险基金，还是在未来养老金投资品市场化的情况下运作，省级统筹下各级管理中心都难以承担养老保险基金保值增值的重任。因此，要实现养老保险基金的保值升值，化解经济风险，需要提高基本养老保险的统筹层次，使养老保险基金由中央政府进行统筹管理与运营。

2. 基本养老保险全国统筹是强化基金调剂功能、化解短缺风险的需要

在全社会范围内统一筹集和调剂使用养老保险基金，依靠全社会的力量均衡

① 郑秉文．两万亿养命钱面临贬值风险［N］．中国证券报，2010 - 9 - 8.

② 郑秉文．两万亿养命钱面临贬值风险［N］．中国证券报，2010 - 9 - 8.

负担和分散风险，是养老保险的一个突出的特征。养老保险基金的调剂范围越大，越有利于平衡各地养老保险基金的收支平衡，从而越有利于化解养老保险基金的短缺风险。因此，要化解养老保险基金的短缺风险，需要在较高的层次上和较大的范围内实现养老保险基金的社会统筹与互助互济。

经济发展水平较高或养老负担较轻的市县基本养老保险基金往往会出现结余，而经济发展水平较低或养老负担较重的市县基本养老保险基金将会面临收不抵支的难题。在较低的基本养老保险统筹层次如地市级和县级统筹下，由于一县、一市的地域局限性，使养老保险基金的筹集与调剂使用局限在市县的小范围内，调剂性很弱。与市县统筹相比，省级统筹更能充实基本养老保险基金的规模，使基本养老保险基金在全省范围内发挥统筹调剂功能，从而有利于缓解全省范围基本养老保险基金负担不均衡的矛盾，使基金抵御风险和突发事件的能力明显增强。如黑龙江省实行省级统筹后，全省平均缴费比例为20.18%，较省级统筹前平均下降2.42个百分点，仅2005年就为企业减轻负担4.13亿元。① 但是，我国经济社会发展不平衡，各省市之间经济发展水平差距极大，各省市之间养老保险负担畸轻畸重的问题严重。由于省级统筹使养老保险基金只局限于本省范围内而不能跨省调剂使用，不利于化解基金短缺省市的基金短缺风险。因此，要增强养老保险抵御短缺风险的能力，就必须从基本养老保险的省级统筹向全国统筹过渡。只有实现了基本养老保险全国统筹，才能实现基本养老保险基金收支在全国范围内的动态均衡，才能充分发挥养老保险的统筹调剂作用，依靠全社会的力量均衡负担和化解养老保险基金的短缺风险。

3. 基本养老保险全国统筹是降低管理成本、化解财务风险的需要

在基本养老保险省级统筹下，各地都设立专门的机构对养老保险基金进行分散管理，造成管理系统、基金信息平台等的重复建设，从而导致高昂的管理成本。养老保险运营期间，各级管理中心的经费主要是从当年征收的保费中按一定比例提取的。据统计，我国社会保险资金的管理成本为3%，而国际上一般在1%左右，美国加州的社会保险资金管理成本则只有0.16%。其中，1993年全国社会保险机构管理费用支出9.95亿元，比1992年增长了24.38%，人均提取2.99万元，人均使用3万元，管理费支出水平大大高于其他行政事业单位。② 尽管我国的这部分管理成本由政府买单，但总归会由全体纳税人承担。这部分管理成本是影响现行制度有效性和有可持续性的一个重要标准。如果这些管理成本都

① 王东华．积极建立基本养老保险长效机制［EB/OL］，人民网，http://finance.people.com.cn/GB/8215/73193/73196/4969650.html

② 孙久鹏．中国社会保障管理体制改革方向研究［J］．经济学家，2004（2）：24-29.

在养老保险制度内解决的话，那么现行制度的财务状况将更加恶化，将会增加经济社会风险；同时，高昂的管理成本也不利于资金的保值增值。

基本养老保险全国统筹下，通过制定较规范的养老保险业务管理流程和操作规范，实现各省市养老保险机构管理和执行的统一，可以有效地避免管理系统和基金信息平台的重复建设，从而有利于控制管理成本，提高管理效率和管理水平，并为经济社会发展节约财力。因此，为了降低基本养老保险机构高昂的管理成本，化解养老保险基金的财务风险，需要基本养老保险全国统筹。

（二）化解社会风险需要基本养老保险全国统筹

挤占、挪用养老金一直是社保基金管理中存在的重大问题。出现这一现象的主要原因之一，是养老保险统筹到哪一级，哪一级政府就拥有养老保险资金的管理支配权，在低统筹层次下，养老保险基金的管理权和使用权掌握在地方政府手中。早在1997年国务院颁布的《关于建立统一的企业职工基本养老保险制度的规定》（国发〔1997〕26号）中，就明确要求"加强对养老保险基金的管理。养老保险基金实行收支两条线管理，要保证专款专用，全部用于职工养老保险，严禁挤占挪用和挥霍浪费。"但是，出于地方利益或一己私利的考虑，地方政府管理部门对基本养老保险基金的管理仍然是八仙过海、自定章程，养老保险资金要么不按规定托管给基金管理公司，要么是领导干部和工作人员的对养老基金的监守自盗，要么为寻求增值而投资于股市、房地产、基础设施，使养老保险基金被挤占、挪用成为一种常见的现象。据不完全统计，1998—2005年，全国清理回收挤占挪用基金160多亿元，至2005年底，还有10亿元没有回收入账。[①] 2006年以来，资金被挤占、挪用的事例似乎没有平息的迹象。以上海、浙江和广州的社保基金案为例，2006年8月，在上海查出我国最大规模的社保基金挪用案。经调查，该案中违规挪用的社保基金，连本带息共计37亿元。2006年11月，国家审计署对29个省（自治区、直辖市）和5个计划单列市三项社保基金（养老、医疗、失业）的审计结果中，发现违规问题的金额达71亿元。同年11月27日，浙江金华爆发数亿社保资金被挪用的大案。2007年再暴广州社保基金10亿挪用案。上海、浙江、广州社保基金挤占挪用案仅是我国社保基金管理存在问题的冰山一角，但这些社保基金挪用案足以暴露我国基金被挪用问题已经达到相当严重的程度。一边是数以亿计的资金被挤占挪用或是流失，一边是上万亿的累计个人账户"空账"规模。长此以往，这种混乱的基金使用行为必然导致养老保险基金呆账坏账现象的出现，造成基金的重大损失，出现支付危机，进而

---

① 徐舜．全国清理回收挤占挪用基金160多亿元［N］．山西日报，2006－4－25.

可能引发社会稳定问题。

实现基本养老保险省级统筹后，各省对养老保险基金管理都作了明确的规定，设立省级财政专户，特别是对暂时留存在地、市、县的基金所有权、使用权都有明晰、严格的界定，这对抑制基金被挤占、挪用现象起到了一定的作用。2010年10月通过的《中华人民共和国社会保险法》就社保基金监管也作出了原则性规定，"国家对社会保险基金实行严格监管；国务院和省、自治区、直辖市人民政府建立健全社会保险基金监督管理制度，保障社会保险基金安全、有效运行；鼓励和支持社会各方面参与社会保险基金的监督。"但是，由于省级统筹仍然属于地方层次的统筹，养老保险基金仍然是属地管理，地方政府挤占挪用资金的可能性仍然存在。因此，只有将基本养老保险统筹层次提高到全国统筹，将养老保险基金的管理权和使用权收归中央，才能有效地抑制地方政府的挤占、挪用社保资金问题。

第三节　基本养老保险全国统筹的供给分析

基本养老保险全国统筹是完善养老保险制的必然要求。然而，实现基本养老保险全国统筹并不是无条件的。本节将对基本养老保险全国统筹的供给进行分析。供给分析即客观条件分析，也就是实现全国统筹的外在动力的分析。具体而言，实现基本养老保险全国统筹的外在动力包括制度环境、相关知识的积累、技术支持、财政支撑等方面的推动因素。

一、我国具有基本养老保险全国统筹的制度环境

制度变迁理论认为，任何一项制度安排都是在一定的制度环境下达成的。所谓制度环境，是一系列用来建立生产、交换与分配基础的基本的政治、社会和法律基础规则。支配选举、产权和合约权利的规则就是构成经济环境的基本规则类型的例子。[①] 制度环境对可供人们选择的制度安排的范围设置了一个基本的界限，并决定着制度安排的性质、范围、进程等，从而使人们通过选择制度安排来追求自身利益的增进受到特定的限制。如果制度环境不发生变动，一套有效的制度一旦建立就不必再发生变动；但世界是运动、变化、发展的，制度环境也是可以改变的，例如，法律上或政治上的某些变化可能影响制度环境，使得某些集团

① R·科斯，A·阿尔钦，D·诺斯等．财产权利与制度变迁［M］．上海：上海三联书店，1991：270.

实现一种再分配或趁机利用现存的外部利润机会成为可能。[①] 因此，从逻辑上讲，一旦制度环境出现了变化，那些与制度环境相关的制度安排就不得不做出调整。如果原有的制度安排不能根据变化了的制度环境做出调整，制度供给的有效性就会受到作为外生变量的制度环境的影响，就会引起制度供给与制度需求的失衡，进而导致新的制度安排出现，即制度的变迁。但与其他制度安排相比，制度环境的变迁要相对缓慢得多（革命引起的制度环境的改变除外）。这就要求人们适时改变和调整已有的行为规则，才可能实现自身的利益极大化。

我国养老保险制度建立以来，养老保险统筹的制度环境发生了巨大的变化，经历了从现收现付、待遇确定下的“全国统筹”到现收现付、待遇确定下的“企业统筹”，到现收现付、待遇确定下的市、县级统筹和部分省级统筹，再到部分积累制下的普遍市、县级统筹和省级统筹的不断调整、逐步深入的制度变迁过程。这与我国基本养老保险统筹制度变迁的制度环境息息相关。从根本上说，正是由于制度环境的巨大变化，影响着我国基本养老保险统筹制度变迁的进程、方式、方向，改变了政治秩序提供新的制度安排的能力和意愿，对基本养老保险制度的需求也随之发生了变化，进而导致基本养老保险统筹制度的供给与需求产生了不一致，为了适应新的制定环境，这种不一致最终成为基本养老保险从低层次的统筹迈向高层次统筹乃至全国统筹的重要动力。因此，考察我国基本养老保险统筹制度变迁发生的外在动力，首先需要对基本养老保险统筹的制度环境的变化进行分析。

（一）国家高度重视为基本养老保险全国统筹提供了政策支持

我国现行基本养老保险统筹制度是在经济建设的不同历史时期为保障离退休人员的晚年生活而建立起来的，对保障退休职工的基本生活需要和维护社会稳定起到了积极的作用。但是，随着经济社会事业的发展，我国的养老保险制度难以适应经济社会环境的巨大变化，凸显出越来越多的问题和弊端，突出表现在财务问题不断出现。第一，我国政府每年都需要对基本养老保险进行巨额补贴，其中，2009 年我国财政补贴基本养老保险 1646 亿元；第二，我国养老保险的缴费率较高，企业负担沉重，继续提高缴费率的空间极其有限；第三，基本养老保险替代率连年走低，为了保障退休职工基本生活水平，近年来政府多次提高养老金发放标准，这种制度外的人为干预使我国养老保险制度的财务可持续性受到了更严峻的财务压力。第四，随着我国经济社会的发展和人民生活水平的提高，我国人口年龄结构正在迅速向“老年型”过渡，这进一步加剧了养老保险制度的财

① R·科斯，A·阿尔钦，D·诺斯等．财产权利与制度变迁［M］．上海：上海三联书店，1991：298.

务问题。根据联合国的统计标准，如果一个国家60岁以上老年人口达到总人口数的10%或者65岁以上老年人口占人口总数的7%以上，那么这个国家就已经属于人口老龄化国家。按照这个标准，我国于2000年正式进入老龄化社会，人口老龄化表现出来得早、来得快和持续长的三大特征。如表4－14所示，从2000年开始，我国65岁及以上人口占总人口的比例达到7%，此后一路攀升，2009年达到8.5%。相应地，我国老年抚养比也不断走高，从1998年的9.9%上升到2009年的11.6%。制度经济学中的路径依赖理论表明，制度变迁受到一系列条件的约束，特别是现存的旧制度对改革方案的影响。我国养老保险制度改革也面临着同样的问题，不仅要逐步消化历史遗留问题，特别是规模巨大的隐性债务问题，而且还需要考虑未来老龄人口对改革方案的影响，使我国养老保险制度改革的选择空间受到一定的限制。

表4－14　1998—2009年我国老年人口及其老年抚养比

年份	总人口（万人）	65岁及以上人口（万人）	65岁及以上人口占总人口比例（%）	老年抚养比（%）
1998	124761	8359	6.7	9.9
1999	125786	8679	6.9	10.2
2000	126743	8821	7.0	9.9
2001	127627	9062	7.1	10.1
2002	128453	9377	7.3	10.4
2003	129227	9692	7.5	10.7
2004	129988	9857	7.6	10.7
2005	130756	10055	7.7	10.7
2006	131448	10419	7.9	11.0
2007	132129	10636	8.1	11.1
2008	132802	10956	8.3	11.3
2009	133474	11309	8.5	11.6

资料来源：国家统计局．中国统计年鉴2010［M］．北京：中国统计出版社，2010.

可以看出，现行的养老保险制度与经济社会发展存在诸多不协调，如果我们不及时建立符合我国国情的养老保险制度解决老有所养的现实问题，那么，随着人口老龄化的不断加剧，离退休人员数量的逐年增加，需要支付的离退休人员养老费将会几倍十几倍地增长，届时将会对我国经济社会造成极大的冲击。因此，改革我国现行的养老保险制度是必然选择。

基本养老保险全国统筹作为我国社会保障领域的一次重大的制度变迁和创新，是我国基本养老保险统筹制度改革的基本取向，也是解决当前我国养老保险制度改革过程中存在的诸多问题的迫切需要。这项制度变迁的发生首先源于国家对基本养老保险全国统筹这项制度的需求。在我国现行的养老保险管理体制下，要提高基本养老保险的统筹层次，需要对原有分散管理的养老保险制度进行集中管理，使其具有规模经济效应，这个集中的过程实际上也是利益的调整与再分配过程，没有国家政策的支持和强有力的组织难以达到预期目的。

纵观我国基本养老保险统筹层次的变迁过程，这项制度变迁得到了国家的高度重视和强力支持。为早日实现基本养老保险全国统筹，中央政府作为制度变迁的主体，以制度供给者的身份，相继出台了一系列政策法规。

早在1991年6月，国务院就颁布了《关于企业职工养老保险制度改革的决定》（国发〔1991〕33号），明确提出，"尚未实行基本养老保险基金省级统筹的地区，要积极创造条件，由目前的市、县统筹逐步过渡到省级统筹"。该《决定》使养老保险社会统筹有了正式发文，成为我国养老保险改革的重要指导性文件，极大地推动了我国基本养老保险统筹层次提高工作的开展。1998年8月，国务院颁布了《关于实行企业职工基本养老保险省级统筹和行业统筹移交地方管理有关问题的通知》（国发〔1998〕28号），要求加快实行企业职工基本养老保险省级统筹，明确提出了实行省级统筹的时间表、标准和范围。2003年10月党的十六届三中全会通过《中共中央关于完善社会主义市场经济体制若干问题的决定》，进一步明确指出，"建立健全省级养老保险调剂基金，在完善市级统筹基础上，逐步实行省级统筹，条件具备时实行基本养老金的基础部分全国统筹。"至此，我国明确了基本养老保险省级统筹的目标，指出了基本养老保险全国统筹的发展方向，并基本将养老保险全国统筹提上了议事日程。2010年10月国务院通过的《中华人民共和国社会保险法》中明确指出，"基本养老保险基金逐步实行全国统筹，具体时间、步骤由国务院规定"。这更加坚定了基本养老保险全国统筹的发展方向。

可以看出，随着我国基本养老保险统筹层次的外部环境发生重大变化，逐步提高基本养老保险统筹层次成为一种大趋势；而中央为推进基本养老保险统筹层次提高而出台的各项政策法规，不仅为我国基本养老保险全国统筹指明了方向，而且为基本养老保险全国统筹提供了政策上强有力的支持和保障，为基本养老保险全国统筹创造了良好的政策环境。

（二）统一的基本养老保险制度的建立为基本养老保险全国统筹奠定了基础

我国首次提出基本养老保险由市、县统筹逐步过渡到省级统筹时，我国的企业养老保险政策规定比较分散，各统筹地区自定政策和标准，基本养老保险制度不统一。经过不断地探索、试点和推广，我国“统账结合”的养老保险制度逐步建立，并在此基础上实现了全国范围内基本养老保险制度的统一，统一了个人账户记账规模和计发办法，规范了统筹基金的支付项目，划清了政府与企业的责任。

为了适应市场经济发展的需要和应付人口老龄化高峰的到来，也为了配合国有企业改革，在国家、企业和个人之间形成合理的责任分担，国务院根据中共十四届三中全会《决定》精神，于1995年3月颁布了《关于深化企业职工养老保险制度改革的通知》（国发〔1995〕6号），明确指出养老保险体制要实现从“现收现付”模式向部分积累的“统账结合”模式转变。为适应各地区的不同情况，文件还提出了“统账结合”的两个具体实施方案，供地方政府根据本地实际情况选择。之后，各地区和有关部门按照1995年的通知要求，制定了社会统筹与个人账户相结合的养老保险制度改革方案。由于各地选择的改革方案不同，导致基本养老保险在个人账户规模、企业和职工个人缴费比例、养老金待遇标准等方面存在较大的差异。在这种各统筹地区自定政策和标准、全国基本养老保险制度高度分散的情况下实施基本养老保险省级统筹，缺乏现实可行性。在总结改革试点经验的基础上，国务院于1997年7月颁发了《国务院关于建立统一的企业职工基本养老保险制度的决定》（国发〔1997〕26号），要求建立全国统一的企业职工基本养老保险制度，基本上实现了企业和职工个人缴费比例、个人账户规模和基本养老金计发办法的统一和规范，从而为进一步提高了基本养老保险省级统筹的可操作性。2005年12月，在充分调查研究和总结东北三省完善城镇社会保障体系试点经验的基础上，国务院发布了《关于完善企业职工基本养老保险制度的决定》（国发〔2005〕38号），对原有的养老保险制度进行了进一步的改革与完善，做出了扩大基本养老保险覆盖范围、逐步做实个人账户、加强基本养老保险基金征缴与监管、改革基本养老金计发办法、不断提高社会保险管理服务水平等一系列决定，初步建立了我国基本养老保险制度模式的基本框架。这表明了政府向“全国一盘棋”的养老保险制度迈进的坚定决心，也为实行省级统筹乃至全国统筹搭建了制度平台。

总之，国家对基本养老保险统筹制度的政策安排和统一的基本养老保险制度的建立为基本养老保险统筹制度的变迁创造了良好的制度环境。截至2009年底，全国31个省份和新疆生产建设兵团都已建立起基本养老保险省级统筹制度。其中，北京、天津等省市实现了真正意义上的基本养老保险省级统筹，其余大部分省市建立了省级调剂金制度，从而使省级政府具有养老保险基金的“相对控股权”，提升了省级政府的行政权威，并为基本养老保险统筹层次向全国统筹迈进创造了一定的制度环境。

二、相关知识积累为基本养老保险全国统筹提供了理论支持

如本章第一节所述，正像现有科学知识积累影响技术创新的成本一样，有关制度安排的知识积累也会影响制度创新的可能性。需要强调的是，相关的知识积累对制度变迁的影响力大小取决于制度变迁推动者对这一知识的认可程度和采纳程度，以及在认可基础上，是否愿意做出相应的制度安排。基本养老保险全国统筹的知识积累，主要表现在对主要发达国家养老保险全国统筹的经验借鉴和基本养老保险全国统筹的理论研究和理论准备，例如：大数法则、社会公平理论、收入再分配理论等。

（一）主要发达国家实践为养老保险全国统筹提供了经验借鉴

从世界各国养老保险制度的改革发展看，无论是联邦制的美国、加拿大、德国、澳大利亚，还是单一制中央集权的英国、法国、日本，大多数工业化国家养老保险制度虽然各有特点，但其共同点是明确的，即其养老保险基本上都是由中央统一管理，即我们所说的“全国统筹”。

美国、加拿大、德国、澳大利亚都是联邦制国家，实行联邦、州和地方三级相对独立的财政体制，各级政府财政保持相对独立。其中，美国各级政府的管理权责划分在联邦宪法中有明确的规定。其养老保险（也称老年退休保险）由联邦政府负责，对享受条件和标准都有详细、严格的规定，资金来源主要是由雇主和雇员共同缴纳的社会保障税，并由联邦政府统一负责。对加拿大而言，虽然加拿大在政治上实行高度分权和自治，但其养老保险制度的一个重要特点是全国实行统一政策。除了财政上自成体系的魁北克省外，加拿大的养老保险由联邦政府负责管理，各项政策全国统一。养老保险计划分为两个部分，其中养老年金计划由联邦财政资助，养老金计划则由缴费来筹资。[①] 德国的养老保险的管理表现为国家立法和社会自治管理相结合，各项养老保险政策由联邦政府制定，全国高度统一。养老保险由联邦政府立法并制定政策，由社会自治管理，统一的基本养老保险计划要保证地区间的平衡，全国养老保险协会统一调剂结余基金，不足部分由联邦财政兜底。[②] 澳大利亚的养老保险的管理责权集中在中央，各主要保障项目所需经费基本上都由联邦政府预算列支，由社会保障部通过20个区域性和216

---

① 仇雨临．加拿大社会保障制度的选择及其对中国的启示［M］．北京：经济管理出版社，2003：135.

② 吕学静．各国失业保险与再就业［M］．北京：经济管理出版社，2000：34.

个地区性机构执行具体项目。

英国、法国、日本都是中央集权的单一制国家，实行高度集权的社会保障管理体制。在英国，重大的全国性社会保障政策由中央负责统一制定，具体事务绝大部分由中央政府在各地的派出机构承担，地方政府只是根据自身财力大小提供一些补充性的、地方性的社会服务，中央政府对其中许多项目提供资金资助。法国是中央集权程度较高的单一制国家，其政府分为中央、省和地方三级，养老保险由中央政府负责制定统一政策，具体事务由四个国家级的独立管理机构及其地区分支机构经办。日本政府分为中央政府、都道府县和市町村三级政府，养老保险由中央政府负责管理，地方政府进行养老金的具体征收工作。另外，从国家财政支出情况来看，中央政府社会保障支出占中央支出约11%，其中大部分是转移给地方直接支出。①

通过对主要发达国家养老保险制度的考察可以发现，美国、加拿大、德国、澳大利亚等联邦制国家摈弃分散的传统，建立了全国统一的养老保险制度；英国、法国、日本等单一制中央集权国家的养老保险由中央政府负责制定统一的养老保险政策。“他山之石，可以攻玉”。我国基本养老保险统筹制度改革的过程中，除了根据本国国情在实践中不断探索、不断进取外，还需要充分借鉴美国、日本等国有关养老保险全国统筹的经验和教训，逐步把基本养老保险统筹层次提高到全国层面，实现基本养老保险全国统筹。

（二）大数法则、社会公平理论等为基本养老保险全国统筹提供了理论准备

没有正确的理论，就没有正确的行动。养老保险由地方统筹向全国统筹过渡，不仅涉及广大民众的切身利益，而且涉及财政制度、户籍制度、土地制度等相关制度的变革，是十分复杂的经济利益关系调整，也是一场深刻的经济体制革命。如此复杂的变革没有正确理论指导，其面临的困难是可想而知的。因此，为了扫清基本养老保险全国统筹的障碍，推动基本养老保险全国统筹的顺利推进，不仅要在充分借鉴国外的实践经验基础上结合国情进行积极探索，而且需要为基本养老保险全国统筹提供相关的理论准备。目前，关于提高基本养老保险统筹层次的理论主要包括大数法则、社会公平理论、收入再分配理论等。

1. 大数法则

大数法则又称“大数定律”或“平均法则”，是概率论主要法则之一，用来说明大量的随机现象由于偶然性相互抵消所呈现的必然数量规律的一系列定理的统称。大数法则揭示了这样一个规律：随着样本数量的不断增加，估计也会越来

① 郭雪剑．发达国家政府间社会保障管理责权的划分［J］．经济社会体制比较，2006（5）：98－104.

越精确，与客观存在的结果之间的差异将越来越小并最终将趋向于零。保险体现了“人人为我，我为人人”的互助思想，它是以数理计算为依据的。将大数法则运用在保险理论上，是指承保的风险单位数量愈多，损失概率的偏差愈小；反之，承保的危险单位数量愈少，损失概率的偏差愈大。据此，保险人可以比较精确地预测风险，合理地厘定保险费率，使在保险期限内收取的保险费与损失赔偿及其他费用开支相平衡。另外，大数法则还可以部分解决在保险领域易于出现的“逆向选择”问题，即由于保险双方信息不对称，导致信息优势方为求在交易中获取最大收益而故意隐藏信息。可以说，大数法则（或大数定律）是保险业存在、发展的基础。

具体而言，保险分为商业保险和社会保险。无论是商业保险还是社会保险，都是给个人提供风险防范的一种制度安排，这种制度安排的基础是大数法则。以寿险为例，假设65岁男性的预期死亡率为10%，某私人保险公司向1000人发售价格为1万元的寿险产品，总保险费收入1000万元，如果实际死亡率是10%，则每人获得死亡赔偿10万元，不考虑资金升值、费用支出等因素，该公司可以做到盈亏平衡。而在现实世界中，这1000人有可能死亡率是15%，则承保这1000人寿险的私人保险公司可能会因此而破产。如果通过法律强制所有人都参加整个社会的寿险，假如上例中1000人参加的寿险覆盖范围扩大到1千万人，就能真正实现最大的“大数法则”。此时，发生既定风险（例如疾病、预期寿命）的概率与统计意义上的实际概率一致，社会风险得以充分分散。① 社会保险是由政府设立并由公共机构组织实施的，按照大数法则，参加社会保险的人越多，风险就越分散，保险系数就越大。因此，它所遵循的也是“大数法则”。对于社会保险中的“逆向选择”问题，最佳的法律选择是强制利用“大数法则”，即利用政府的公权，通过法律来强制实施。美国法律经济学大师波斯纳指出：要有效解决困扰私人贫困保险的“逆向选择”问题，可以引入政府强制的、不允许任何人退出的社会保险。此时，政府的主要作用就是尽量扩大社会保险的覆盖面，利用“大数法则”来强制性地实现私人保险所无法实现的社会目标。②

基本养老保险作为社会保障的一个重要组成项目，其统筹的理论渊源在数学上认为：只要实验的次数足够大，则特定事件发生的次数就会越来越接近其理论上的概率值，即符合“大数法则”，也即是说，基本养老保险统筹的层次越高，统筹的范围越大，参加养老保险的人员就越多，规避风险的能力就越强，被保险

① 胡继晔．《社会保险法》与养老保险的全国统筹［J］．财经政法咨询，2009（3）：66－68.
② 理查德·A．波斯纳．法律的经济分析（蒋兆康译）［M］．北京：中信出版社，2004.

人的保障程度就越高。同时，只有参保人员数量实现极大化，才能更好地把握养老保险基金收支数量关系上的动态平衡，充分发挥养老保险基金统筹调剂的功能，增强抗风险能力。而较低统筹层次限制了大范围筹集、调剂养老保险基金的可能性，使基金只能在一个小范围内自我周转，调剂性大大降低。因此，为了在尽可能大的范围内统一筹集和调剂使用基金，增强养老保险的抗风险能力，必须基于大数法则，提高我国基本养老保险的统筹层次。

2. 社会公平理论

在人类社会发展的历史中，公平问题始终是人们探究的核心问题之一。公平具有历史性和相对性，同主体的价值判断有直接的联系，体现着不同利益主体的不同价值判断，是一个内涵宽泛的社会范畴。例如，从社会学角度来看，它是指社会成员之间在社会地位、经济收入、消费水平等方面要比较接近，不能过于悬殊；从经济学角度来看，它是社会经济各种资源要素在多种不同使用方向之间的最优配置，使资源要素达到优化组合，从而实现社会利益分配的合理性。在市场经济中，经济领域竞争激烈。对于每个社会成员来说，由于其能力、背景、拥有的资源和信息等方面的差距，在初次分配领域中不可避免地出现社会财富分配不平衡、贫富悬殊、甚至出现两极分化现象。

贫富悬殊等社会分配的不公现象如不予以适当控制，必将影响社会的稳定。而要控制这种不公平，需要借助政府的力量，对国民收入进行再分配。基本养老保险作为一项社会政策，具有国民收入再分配的功能，这种内在属性要求养老保险责任的合理分摊和养老保险权益的公平享有。基本养老保险制度是否具有公平性，不仅影响着政府、企业与参保职工的利益分配，更影响着参保企业和职工的现实成本与收益核算，进而影响着市场经济的竞争环境。因此，公平理论要求通过养老保险进行国民收入的二次分配，使国民收入分配向低收入者、低收入地区倾斜，调节社会成员之间、地区之间的收入分配差距，实现社会公平目标。

具体而言，养老保险促进社会公平目标的实现主要通过以下三种方式实现。一是取得收入机会的公平，即符合养老保险制度规定条件的任何社会成员，不论其地位、职业、贫富等如何，均被强制性纳入养老保险范围，排除任何特权、垄断等不公平因素对收入的影响。养老保险的社会化程度愈高，这种机会的公平性就愈充分。二是起点与过程的公平。通过保障参保职工的基本生活，解除后顾之忧，使参保职工不至于因年老丧失劳动能力无法保证其基本生活，以维护职工参与社会公平竞争，维护职工起点与过程公平。三是结果的公平。通过养老保险社会统筹，实现参保职工之间的互助互济，调节收入差距，在一定程度上缩小社会成员发展结果的不公平。激烈的市场竞争使一些企业职工年老后可能陷入生活困境，进而可能威胁社会稳定。而健全的养老保险制度可以保障参保退休职工年老时的基本生活不受影响，起到市场经济不可或缺的润滑剂作用，从而为经济效率的提高创造一个良好的社会环境。因此，完善的养老保险制度是维护社会公平与促进经济效率的和谐统一。

改革开放30多年来，虽然改变了计划经济时代企业包办职工养老保险事务的情况，但由于地区之间经济发展差距等多种因素的影响，造成了现阶段养老保险领域普遍的不平等现象。对与上述实现公平的三种方式，目前最为紧迫的是通过提高基本养老保险统筹层次，在更大的范围内调剂养老金，调节收入差距，实现社会公平。这是因为基本养老保险制度停留在较低的统筹层次，不仅直接导致了各地养老保险费率负担轻重不一，损害市场经济的公平环境，而且影响着劳动力的自由流动并直接阻碍着全国劳动力市场的统一。此外，它还是造成流动人口养老保险权益丧失、农民工大规模退保等现象的根本原因。不解决统筹层次问题，就不可能真正解决现阶段各地负担轻重不一、劳动者养老保险权益在流动中受损、不同收入群体之间责任的公平分担等问题。因此，实现基本养老保险全国统筹，是实现基本养老保险制度公平性与有效性的本质要求。①

另外，如第二章第一节所述，基本养老保险全国统筹有利于中央更好地调节收入和财富的分配。因此，收入再分配理论也为基本养老保险全国统筹提供理论支撑。

三、"金保工程"为基本养老保险全国统筹提供了技术支持

技术进步所产生的新的收入流是制度变迁的一个重要原因。"社会科学及有关专业知识的进步使制度变迁的供给曲线右移，即降低了制度变迁的成本。技术革新不仅增加了安排改变的潜在利润，而且降低了某些安排的操作成本。特别是，使信息成本（电报、电话、广播和计算机都可作例证）迅速降低的技术发展，使得一系列旨在改进市场和促进货物在市场间流通的安排革新变得有利可图。"② 对基本养老保险全国统筹而言，技术进步的积极作用表现在推动交易成本逐渐降低并最终使基本养老保险全国统筹的交易费用低于基本养老保险省级统筹的交易费用。

基本养老保险统筹层次的提高意味着养老保险的参保规模不断扩大，管理的对象更加复杂，业务经办能力、基金监督功能要求更高，信息数据的整合和管理

---

① 郑功成．实现全国统筹是基本养老保险制度刻不容缓的既定目标［J］．理论前沿，2008（18）：12－15.

② R. 科斯，A. 阿尔钦，D. 诺斯等．财产权利与制度变迁［M］．上海：上海三联书店，1991：300.

系统的整合要求更严。面对这种局面，传统的耗时耗力、效率底下的管理方式难以胜任。因此，为了适应统筹层次提高的要求，必须改革传统的管理方式，其根本出路就是实现信息化。

劳动和社会保障信息化建设是我国政府信息化建设的重要组成部分，也是我国的电子政务信息化建设的主要内容之一。金保工程是劳动和社会保障信息化建设的总称，是顺应时代要求、促进劳动保障工作的现代化、规范化、信息化的产物。具体来说，是指利用先进的信息技术，以中央、省、市三级网络为依托，支持劳动和社会保障业务经办、公共服务、基金监管和宏观决策等核心应用，建立覆盖全国的统一的劳动和社会保障电子政务工程。其内涵可以简要概括为“一二三四”四个字：“一”是一个工程，指在全国范围建设一个统一规划、统筹建设、网络共用、信息共享、覆盖各项劳动和社会保障业务的电子政务工程；“二”是两大系统，指建设社会保险子系统和劳动力市场子系统；“三”是三级结构，指由中央（劳动保障部）、省、市三层数据分布和管理结构组成；“四”是四项功能，指具备业务经办、公共服务、基金监管和宏观决策四项功能。①

按照党中央、国务院的要求，劳动保障部始终把信息化建设作为一项重要工作来抓。1998 年劳动保障部成立伊始，劳动保障部党组就提出将劳动保障信息化建设作为劳动保障系统的“一号工程”。1998 年 9 月，劳动和社会保障部审议通过了《劳动和社会保险管理信息系统建设规划要点》（劳社部函（1998）138 号），要求按照劳动和社会保障事业发展的总体目标，在确保信息系统的发展能够满足劳动和社会保障事业发展的前提下，确定劳动和社会保险管理信息系统建设的进度和各项工作目标，并明确将“统一领导、统一规划、统一标准，分步实施、分级负担、分级管理、网络互联、信息共享”作为贯穿于劳动保障信息化系统建设各环节的基本原则。2002 年 11 月，《中共中央办公厅国务院办公厅关于转发〈国家信息化领导小组关于我国电子政务建设指导意见〉的通知》（中办发〔2002〕17 号）提出，把电子政务建设作为今后一个时期我国信息工作的重点，实现信息化带动工业化的战略，要加快包括社会保障在内的 12 个重点业务系统建设。为进一步加快劳动保障信息系统建设，2002 年 12 月，劳动和社会保障部颁布了《关于进一步加快劳动保障信息系统建设的通知》（劳社部发〔2002〕22 号），指出金保工程建设要按照劳动保障事业发展的总体目标，要求各级劳动保障部门要将金保工程建设作为劳动保障部门的一项重要工作切实抓紧抓好，力争用 3 年左右的时间初步完成金保工程建设任务，将劳动保障信息化建设提高到一

① 赵锡铭．金保工程建设情况和下一步构想［J］．电子政务，2010（Z1）：131－137.

个新水平。

自金保工程实施以来，我国各地围绕劳动保障中心工作，按照“完整、正确、统一、及时、安全”的总体要求和“统一建设，应用为先，体制创新”的建设原则，大力推进金保工程建设，取得了可喜的成果。截至2009年底，金保工程一期建设基本完成。全国地级以上人力资源社会保障部门均已不同程度地建立了数据中心，32个省级单位全部实现了与部中央数据中心的网络联接，有89.1%的地级以上城市实现了与省数据中心的联网，城域网已经联接到89.3%的社会保险经办机构和就业服务机构，并延伸到街道、社区、乡镇和定点医疗服务机构。130多个地区发放了符合全国统一标准的社会保障卡，实际持卡人数7000多万人，272个地级以上城市开通了12333专用公益服务电话。各地向人力资源社会保障部上传的基本养老保险联网监测月度数据涉及参保人员已达到1.8亿人。①

金保工程在全国范围内的推行，是提高办事效率和管理水平的重大举措，对提高基本养老保险统筹层次具有积极的作用。首先，有利于加强养老保险基金监管，减少业务经办过程中的人为干扰，提高养老保险基金监管部门对基金运转的知情度，有效防止养老金冒领现象。其次，有利于改进养老保险业务的处理方式和手段，将养老保险的登记、申报、审核、收缴、发放、稽核等内容纳入系统管理，实现养老保险业务管理手段的现代化和管理程序的规范化。再次，通过全国统一、标准一致、网络互联、信息共享的劳动保障信息系统，可以跨地区、跨部门地向社会和全体公民提供各种公共服务，为劳动力跨地区流动、跨地区养老时的业务处理和账户转移提供了方便。最后，全国统一规划、统一建设金保工程，可以统一设计、统一开发应用软件和各项业务系统，从而可以充分发挥应用软件开发及维护的规模效应，节省大量的建设费用，也避免了因标准不统一、网络无法互联造成的资金浪费。②

总之，随着信息科学技术的飞速发展，金保工程得以不断推进与完善。通过信息系统将各类信息有机组合，可以大大改善各经办机构硬件设施以及办公自动化水平，既能保障基金的安全性，又能满足人员跨地区流动的需要，同时有利于打破基本养老保险省级分割的局面，并为基本养老保险全国统筹提供坚实的技术保障。

四、快速增长的财政收入为基本养老保险全国统筹提供了经济基础

现代意义上的养老保险从其诞生之日起就是一种政府行为，纵观建立养老保

---

① 人力资源和社会保障部. 2009年度人力资源和社会保障事业发展统计公报［R］, 2009.

② 林毓铭. 社会保障金保工程的公共服务与实现机制［J］. 社会保障研究, 2009（1）: 72－75.

险制度的世界各国，无论是实行强调权利与义务相统一的养老保险模式的国家，还是提供全民性养老金给付模式的国家，都毫无例外地把提供养老保险作为政府的一项重要职责，除了对养老保险进行强有力的宏观管理、统筹协调和监督外，还以财政补贴、税收优惠等转移支付的形式为养老保险制度的建立与运行提供不同程度的财政支持。税收优惠虽然不直接表现为财政支出的扩大，但会导致一定时期财政收入的减少，因此可以把它看成是间接的财政补贴。

在我国，政府是基本养老保险给付责任的最后承担者，这意味着在采取提高企业和职工个人缴费水平等措施筹集养老金之后，对于产生的养老保险基金收支缺口，要以财政资金予以弥补。虽然地方政府对承担养老保险基金缺口有着不可推卸的责任，但在地方政府无力承担的情况下，中央财政不得不承担“兜底”责任，通过中央财政予以补贴。中央财政对养老金的补贴，能够提高省级经办机构对基金的调控力度和政策的权威性，有利于消除多头管理，这在提高基本养老保险统筹层次的进程中是一个不能忽视的重要问题。

对基本养老保险的高额补贴需要强大的财力做支撑。近年来，随着经济的快速发展，我国财政收入不断增加，并超过了同期经济发展的速度。如表 4－15 所示，从绝对值看，1998 年以来，我的财政收入的规模庞大。1999 年我国财政收入突破 1 万亿元，2003 年突破 2 万亿元，2005 年突破 3 万亿元，2006 年逼近 4 万亿元，2007 突破 5 万亿元，达到 5. 17 万亿元，2008 年一举突破 6 万亿元。从增长速度看，1998 年以来，我的财政收入强劲增长。12 年来我国财政收入的年均增长率高达 18%，最高的 2007 年增幅达 32. 4%，最低的 2009 年也保持了两位数的增长速度，增长了 11. 7 个百分点。

表 4－15　1998～2009 年我国财政收入情况

年份	财政收入（亿元）	财政收入增长速度（%）	年份	财政收入（亿元）	财政收入增长速度（%）
1998	9875. 95	14. 2	2004	26396. 47	21. 6
1999	11444. 08	15. 9	2005	31649. 29	19. 9
2000	13395. 23	17. 0	2006	38760. 20	22. 5
2001	16386. 04	22. 3	2007	51321. 78	32. 4
2002	18903. 64	15. 4	2008	61330. 35	19. 5
2003	21715. 25	14. 9	2009	68477	11. 7

资料来源：国家统计局．中国统计年鉴 2010［M］．北京：中国统计出版社，2010.

而且，我国快速增长的财政收入重点是保障民生，真正实现“取之于民、用之于民”的公共财政的原则。近年来，“社会保障”成为党中央国务院最为关注的民生领域之一。在党中央、国务院一系列重要文献中，明确提出了“加大财政对社会保障的投入”。[①] 养老保险作为社会保障的重要组成部分，大量的财政补贴是其发展的强有力保障。从近些年的实践来看，随着中央财政收入的不断增长，中央不仅加大了养老保险的投入力度，而且承担了制度化、预算化的直接供款责任，对基本养老保险的财政补贴呈现快速增长的势头，如表 4－16 所示，1999 年中央补贴基本养老保险为 174.4 亿元，到 2007 年已经达到了 1000 亿元。

表 4－16　中央财政补贴基本养老保险的情况

年份	中央财政补贴基本养老保险（亿元）	财政支出（亿元）	中央财政补贴占财政支出的比重（%）	年份	中央财政补贴基本养老保险（亿元）	财政支出（亿元）	中央财政补贴占财政支出的比重（%）
1998	47.7	10798.18	0.44	2004	522	28486.89	1.83
1999	174.4	13187.67	1.32	2005	544	33930.28	1.60
2000	338	15886.50	2.13	2006	774	40422.73	1.91
2001	349	18902.58	1.85	2007	1000	49781.35	2.01
2002	408.2	22053.15	1.85	2008	—	62592.66	—
2003	474.3	24649.95	1.92	2009	—	76235	—

资料来源：国家统计局．中国统计年鉴 2010［M］．北京：中国统计出版社，2010.

快速增长的财政收入和财政补贴说明了我国财政已经具备维持养老保险制度持续的条件，从而为基本养老保险全国统筹提供了强有力的财政支撑。

---

① 例如，2005 年 10 月 11 日十六届五中全会通过的《中共中央关于制定国民经济和社会发展第十一个五年规划的建议》提出“增加财政的社会保障投入”；2005 年 12 月《国务院关于完善企业职工基本养老保险制度的决定》（国发〔2005〕38 号）要求“各地要按照建立公共财政的要求，积极调整财政支出结构，加大对社会保障的资金投入”；2006 年 10 月 11 日十六届六中全会通过的《中共中央关于构建社会主义和谐社会若干重大问题的决定》指出，“健全公共财政体制，调整财政收支结构，把更多财政资金投向公共服务领域，加大财政在教育、卫生、文化、就业再就业服务、社会保障、生态环境、公共基础设施、社会治安等方面的投入”；十七大报告指出，要“提高一般性转移支付规模和比例，加大公共服务领域投入。完善省以下财政体制，增强基层政府提供公共服务能力”，“强化政府责任和投入，完善国民健康政策”，十二五规划指出，“坚持把保障和改善民生作为加快转变经济发展方式的根本出发点和落脚点”，“增加一般性转移支付规模和比例，加强县级政府提供基本公共服务财力保障”等。

第五章　基本养老保险全国统筹的可行性：制度变迁的成本收益分析

没有潜在利润，就不可能有制度变迁，但有了潜在利润，制度变迁也未必发生，因为制度变迁还涉及成本与收益的问题。制度变迁理论认为，制度变迁的发生并实现其预期目的受经济、政治、观念等诸多条件约束，即制度变迁是有成本的，各种约束条件就是影响制度变迁的成本与收益。因此，经济、政治、观念等约束条件要进入制度变迁各层次主体的成本－收益函数中，表现为制度变迁的成本与收益约束。如果制度变迁的预期成本过大，超过了人们对制度变迁的预期收益，制度变迁就是没有意义的，也不可能有效推行，更不可能取得成功；“如果预期的净收益超过预期的成本，一项制度安排就会被创新。只有当这一条件得到满足时，我们才可望发现在一个社会内改变现有制度和产权结构的企图。”①

基本养老保险统筹制度的变迁亦是如此。从根本上说，基本养老保险从省级统筹向全国统筹过渡无非是要追求现有省级统筹下不能获得的潜在收益，或者说追求比现有省级统筹下更大的预期收益。潜在收益的获取需要付出一定的成本。只有当基本养老保险全国统筹的预期收益大于预期成本时，从省级统筹向全国统筹的变迁才有意义，才可能被有效地推进。鉴于此，本章将基于制度变迁的成本－收益分析框架，对基本养老保险全国统筹的可行性进行分析。

第一节　基本养老保险全国统筹的成本

制度变迁既是一个由诸多利益主体参与的利益冲突过程，也是一个对现有利益格局的重新调整过程，因此，在制度变迁过程中，往往存在两种力量：一是赞成现行制度安排向新制度安排变迁的推动力；二是反对现行制度安排向新制度安排变迁的阻力。利益主体是赞成还是反对制度变迁，关键是看新制度安排将会增加还是减少利益主体的利益，如果制度是朝着有利于利益主体的方向变迁，利益

① R. 科斯，A. 阿尔钦，D. 诺斯等．财产权利与制度变迁［M］．上海：上海三联书店，1991：274.

主体可能会积极支持向新制度变迁；反之则极力阻碍变迁。在某一利益格局中，通过对资源进行重新配置，在不降低其他人的效用水平的前提下，能提高某些人的效用水平，这一过程被称为“帕累托改进”。而如果一种重新配置导致一些人的状况变好，另一些人的状况变坏，由于个人之间的效用无法比较，我们无法确定总福利水平究竟是提高了还是降低了，这种情况被称为“非帕累托改变”。制度变迁的本质特征往往表现为“非帕累托改变”，因为，制度变迁过程实际上是一个利益调整的过程，在这个过程中必然有人获益有人受损，而不是只有人获益而无人受损。而受损者就会构成新制度变迁的阻力，为了消除这种阻力，需要耗费一定的成本。

从成本发生原因及特点的角度，可以将制度变迁的成本分为“实施成本”和“摩擦成本”。实施成本包括改革过程开始之后一切由体制决定的信息不完全、知识不完全、制度预期不稳定所造成的效率损失，是旧体制下各种正式和非正式规则向新制度过渡所必需的设计、创新、磨合过程所造成的经济和非经济损失。由于旧体制造成的经济信号扭曲的问题，使新旧体制各自发出的“信号”相互冲突、人们缺乏有关新体制的“知识”等原因，从某些时点上看，改革时期经济中发生的效率损失可能比改革之前经济处于旧体制之下时还要大。摩擦成本是指由于制度变迁的非帕累托性质造成的利益（经济利益和非经济利益）重新分配而引起的某些利益集团对改革的抵触和反对所造成的经济和非经济损失。不管人们如何从道义上指责他们“不顾他人的利益”或“社会上大多数人的利益”，如何“短视”，这种阻力仍然客观存在。而且，问题不仅在于改革会遇到阻力，而在于这些阻力会引起“成本”，造成各种利益（经济利益和非经济利益）损失。在制度变迁的过程中，关键的一个环节是要认识和区分两种不同的改革成本，否则我们就不能解释许多问题。

基本养老保险从省级统筹向全国统筹的过渡作为一项制度变迁，在变迁的过程中也存在诸多利益冲突，引发诸多成本，从成本发生原因及特点的角度，也可以将基本养老保险全国统筹的成本分为实施成本和摩擦成本，其中，摩擦成本是本书分析的重点。

一、基本养老保险全国统筹的实施成本

基本养老保险从省级统筹向全国统筹变迁的实施成本主要包括组织成本和运行成本。我国国情复杂，要协调各省市的养老保险结构、经济结构以形成一个统一规范的养老保险体系所要花费的实施成本是相当大的。

（一）基本养老保险全国统筹的组织成本

基本养老保险全国统筹的组织成本是指基本养老保险全国统筹硬件设施建立

过程中所投入的大量人力、物力和时间。全国统筹是基本养老保险统筹层次的高级阶段，对硬件设施的要求非常高。具体而言，基本养老保险全国统筹的组织成本主要包括新制度的设计成本、清除旧制度的费用、统筹层次提高之后的协调成本。

第一，新制度的设计成本。制度是人们交换活动的方式和规则，制度变迁是用新的活动方式和规则替代旧的活动方式和规则。为了实现制度变迁，需要对这一替代过程进行规划和设计，使之获得通过建立起来，并按照一定的程序组织实施，投入运行。这一规划设计成本取决于设计新的制度安排的人力资源、其他资源的要素价格和制度选择集合的大小。一般而言，在既定的法律制度下设计新的制度安排，如果需要高度熟练的、复杂的劳动投入，其他资源的要素价格相对较高，制度选择集合规模较小，那么新制度安排的设计成本就相对较高；反之，如果只需一般熟练劳动，其他资源的要素价格相对较低，制度选择集合规模较大，那么新制度安排的设计成本就可能较小。对基本养老保险全国统筹的制度设计而言，从人力资源的角度来说，我国缺少相关熟练精通的人才，一般的民众对于养老保险统筹的知识更是知之甚少，导致基本养老保险全国统筹的制度设计存在不少缺陷。但是，世界上不少国家在养老保险统筹的制度设计上都有比较成功的经验，我国在基本养老保险全国统筹制度的设计过程中可以充分借鉴，或者直接在制度移植的基础上进行制度创新，可以大大节约制度的设计成本。

第二，清除旧制度的费用。工程建设需要清理现场，拆除旧的建筑物，需要开通道路等等，为此所花费的费用，都要打入工程成本。同样，制度建设和制度变革需要对旧制度进行拆除和清理，这也需要一定的费用。基本养老保险全国统筹过程中，也需要清理“场地”，开通“道路”，也需要一定的费用。为了实现基本养老保险全国统筹的有效管理、运行和监督，实现养老金的保值增值，需要对省级统筹时期养老保险的相关管理部门进行机构重组，对人事、薪酬等相关制度进行改革，对相应的法律法规进行改革和修订等等，从而需要花费一定的成本。

第三，统筹层次提高之后的协调成本。基本养老保险全国统筹意味着养老金的保值增值等事务需要在全国设立专门的机构和组织专门的人员来从事。对于高层次的养老保险基金管理机构而言，全国统筹后它所管理的层次、事务相应增多，内部管理成本和协调的成本自然提高。

在基本养老保险全国统筹初建时期大量投入会导致高额的成本，而成本在总成本中占很大的比例，但随着时间的推移，组织成本会在一定水平上稳定下来。

（二）基本养老保险全国统筹的运行成本

硬件设施的建设终究是可以度量的，而运行成本却是一个不断积累的过程。

要维持基本养老保险全国统筹的正常运转，需要明确各级管理机构在养老保险基金的收缴、管理、运营、发放等方面的职能定位，明确划分政策制定、实施操作、监督机构等各方面的责任。其中，拟订基本养老保险全国统筹的组织规则、运行规则和发展规划，例如，养老保险基金管理制度、运营制度和监督制度、养老保险管理机构的人事制度和薪酬制度等等，构成了基本养老保险全国统筹制度的“草拟成本”。但是，预先设立的制度并不一定是有效的。随着经济社会环境的变迁，一些制度设计可能滞后或超前，从而产生制度规划的“沉淀成本”。为此，需要对原有的制度进行不断调整，重新拟订新的制度规划取代原有的方案，从而需要一定的人力、物力和时间，产生“维持成本”。草拟成本、沉淀成本和维持成本共同推动基本养老保险全国统筹运行成本不断上升。

二、基本养老保险全国统筹的摩擦成本

基本养老保险全国统筹的摩擦成本是指基本养老保险从省级统筹向全国统筹过渡，引起某些利益集团对基本养老保险全国统筹的抵触和反对，造成时间和物质的耗费。摩擦成本是造成基本养老保险全国统筹受阻的关键因素。

（一）基本养老保险全国统筹摩擦成本存在的现实依据

基本养老保险地方统筹基本结束了各行业部门的“条条分割”局面，但省级统筹下“地方统筹，地方管理”的管理体制又导致了我国基本养老保险的“块块分割”。尽管早在党的十六届三中全会中明确指出：“建立健全省级养老保险调剂基金，在完善市级统筹基础上，逐步实行省级统筹，条件具备时实行基本养老金的基础部分全国统筹。”但是，由于我国国情复杂，不同省市在经济发展水平、基本养老保险平均替代率、基本养老保险制度覆盖率、基本养老保险制度抚养比、基本养老保险基金结余、基本养老保险缴费率、养老保险历史债务等方面存在巨大的差距，再加上“块块分割”下各地的基本养老保险独立运行、各自为政以及中央政府与地方政府不同的利益格局，严重制约了基本养老保险从省级统筹过渡到全国统筹的进程。

1. 经济发展水平差异较大

地区经济的非均衡发展、区域差距的存在，是经济发展过程中普遍存在的一种现象。无论是发达国家还是发展中国家，在经济发展过程中，由于自然、历史、经济、社会等方面的差异，都不可避免地出现非均衡发展和不同程度的地区差距问题。建国以来，尤其是改革开放以来，经过各方面的努力，我国经济社会发展取得了举世瞩目的成就。1978—2009 年，按照不变价格计算的人均国内生产总值以年均 8.8% 的速度快速增长。在一个人口超过 10 亿的国家里持续这样长

时间的高速经济增长，看出人类经济史上奇迹般的成就。① 在注重全国经济社会整体发展的同时，我国实行了“先富带后富”“先沿海后内陆”的区域非均衡发展战略。在这种区域非均衡发展战略的指导下，东部沿海地区充分借助国家的政策扶持、开放的市场观念，抓住了全球产业结构调整的发展机遇，促进东部沿海地区较快的发展起来。而中部、西部地区市场经济意识薄弱、社会经济的国际化程度相对较低，再加上东、中、西部地区之间自然禀赋与经济发展基础等方面的差异，使我国地区之间经济发展水平差距逐渐拉大。尽管从 20 世纪 90 年代初中国政府就开始强调区域经济的协调发展，但至今中国区域经济发展差距依然呈扩大的趋势。

人均国内生产总值是衡量经济发展水平的一个重要指标。人均国内生产总值越高，经济发展水平也就越高。以下以人均国内生产总值为衡量指标对我国各省区市的经济发展差距进行分析。

表 5-1　2000—2009 年各省区市人均国内生产总值情况　　单位：元

	2000	2001	2002	2003	2004	2005	2006	2007	2008	2009
北京	24122	26998	30840	34892	41099	45444	50467	58204	66797	70452
天津	17353	19141	21387	25544	30575	35783	41163	46122	58656	62574
河北	7592	8251	8960	10251	12487	14782	16962	19877	22986	24581
山西	5722	6226	7082	8642	10742	12495	14123	16945	21506	21522
内蒙古	6502	7216	8162	10039	12767	16331	20053	25393	35263	40282
辽宁	11177	12015	13000	14270	15835	18632	21788	25729	31736	35239
吉林	7351	7893	8714	9854	11537	13348	15720	19383	23521	26595
黑龙江	8294	8900	9541	10638	12449	14434	16195	18478	21740	22447
上海	29671	32201	35329	39128	46338	51529	57695	66367	75109	78989
江苏	11765	12882	14396	16830	20223	24560	28814	33928	40499	44744
浙江	13416	14713	16978	20444	24352	27703	31874	37411	42166	44641
安徽	4779	5313	5736	6375	7682	8670	10055	12045	14448	16408
福建	11194	11892	12938	14333	16469	18646	21471	25908	30122	33840
江西	4851	5221	5829	6624	8097	9440	10798	12633	15900	17335

① 林毅夫，刘培林．中国的经济发展战略与地区收入差距［J］．经济研究，2003（3）：19-25.

续表

	2000	2001	2002	2003	2004	2005	2006	2007	2008	2009
山东	9326	10195	11340	13268	16413	20096	23794	27807	32936	35894
河南	5450	5959	6487	7376	9201	11346	13313	16012	19181	20597
湖北	6293	6867	7437	8378	9898	11431	13296	16206	19858	22677
湖南	5425	6120	6734	7589	9165	10426	11950	14492	18147	20428
广东	12736	13849	15361	17795	20870	24435	28332	33151	38748	41166
广西	4652	5058	5558	6169	7461	8788	10296	12555	14652	16045
海南	6798	7052	7781	8592	9812	10871	12654	14555	17691	19254
重庆	5616	6219	7052	8091	9624	10970	12457	14660	20490	22920
四川	4956	5376	5890	6623	7895	9060	10546	12893	15495	17339
贵州	2759	3000	3257	3701	4317	5052	5787	6915	9428	10309
云南	4769	5015	5366	5871	7012	7835	8970	10540	12570	13539
西藏	4572	5324	6117	6893	8103	9114	10430	12109	13824	15295
陕西	4968	5506	6145	7028	8587	10161	12138	14607	19480	21688
甘肃	4129	4386	4768	5429	6566	7477	8757	10346	12075	12872
青海	5138	5774	6478	7346	8693	10045	11762	14257	18421	19454
宁夏	5376	6039	6647	7734	9199	10242	11847	14649	19609	21777
新疆	7372	7945	8457	9828	11337	13108	15000	16999	19797	19942
全国	7858	8622	9398	10542	12336	14185	16500	20169	23708	25575
极差	26912	29201	32072	35427	42021	46477	51908	59452	65681	68680
极值差率	10. 75	10. 73	10. 85	10. 57	10. 73	10. 20	9. 97	9. 60	7. 97	7. 66

资料来源：国家统计局．中国统计年鉴2010［M］．北京：中国统计出版社，2010.

表5－1表明，2000—2009年，我国各省区市的人均国内生产总值差距悬殊。从绝对差距看，2000年我国各省区市人均国内生产总值极差为26912元，这意味着2000年，我国各省区市人均国内生产总值最高的上海市比最低的贵州省高出26912元。而且，近年来这一差距一直保持平稳增长的态势，2002年突破3万元，2004年突破4万元，2006突破5万元，2008年突破6万元大关，2009年增加到68680元，向7万元逼近。从相对差距看，2000—2009年，我国各省区市的人均国内生产总值极值差率虽然呈先扬后抑的变动趋势，但总体保持在高位

水平，其中，2000—2002 年各省区市人均国内生产总值极值差率在波动中上升，人均国内生产总值的极值差率从 2000 年的 10.75 上升到 2002 年的 10.85，这意味着我国各省区市人均国内生产总值最高的上海市是最低的贵州省的倍数从2000 年的 10.75 上升到 2002 年的 10.85 倍。其后我国各省区市人均国内生产总值极值差率在波动中缓慢下滑，从 2002 年的 10.85 下降为 2009 年的 7.66，这意味着我国各省市人均国内生产总值最高的上海市是最低的贵州省的倍数从 2002 年的 10.85 倍下降为 2009 年的 7.66 倍。

我国各省区市人均国内生产总值的走势表明，近年来我国人均国内生产总值的相对差距有所缓和，但绝对差距仍在拉大，地区差距的格局并没有根本上扭转。从全国的经济发展趋势看，地区间的差异在短期内难以消除，地区间经济发展水平差距将会长期存在。

地区收入差距的根源在于地区经济发展水平的差距。一般来说，一个地区的经济发展水平与在其岗职工年平均工资成正比，经济发展水平越高，在岗职工年平均工资水平越高，反之越低。如表 5－2 所示，我国地区间经济发展水平差距的存在，也必然伴随着我国地区间在岗职工年平均工资水平的巨大差异。

表 5－2　2000—2009 年全国各省区市在岗职工年平均工资　　单位：元

	2000	2001	2002	2003	2004	2005	2006	2007	2008	2009
北京	16350	19155	21852	25312	29674	34191	40117	46507	56328	57779
天津	12480	14308	16258	18648	21754	25271	28682	34938	41748	43937
河北	7781	8730	10032	11189	12925	14707	16590	19911	24756	27774
山西	6918	8122	9357	10729	12943	15645	18300	21525	25828	28066
内蒙古	6974	8250	9683	11279	13324	15985	18469	21884	26114	30486
辽宁	8811	10145	11659	13008	14921	17331	19624	23202	27729	30523
吉林	7924	8771	9990	11081	12431	14409	16583	20513	23486	25943
黑龙江	7835	8910	9926	11038	12557	14458	16505	19386	23046	24805
上海	18531	21781	23959	27304	30085	34345	41188	49310	56565	58336
江苏	10299	11842	13509	15712	18202	20957	23782	27374	31667	35217
浙江	13076	16385	18785	21367	23506	25896	27820	31086	34146	36553
安徽	6989	7908	9296	10581	12928	15334	17949	22180	26363	28723
福建	10584	12013	13306	14310	15603	17146	19318	22283	25702	28366
江西	7014	8026	9262	10521	11860	13688	15590	18400	21000	24165
山东	8772	10008	11374	12567	14332	16614	19228	22844	26404	29398

续表

	2000	2001	2002	2003	2004	2005	2006	2007	2008	2009
河南	6930	7916	9174	10749	12114	14282	16981	20935	24816	26906
湖北	7565	8619	9611	10692	11855	14419	16048	19818	22739	26547
湖南	8128	9623	10967	12221	13928	15659	17850	21534	24870	26534
广东	13823	15682	17814	19986	22116	23959	26186	29443	33110	36469
广西	7651	9075	10774	11953	13579	15461	18064	21898	25660	27322
海南	7408	8321	9480	10397	12652	14417	15890	19357	21864	24790
重庆	8020	9523	10960	12425	14357	16630	19215	23098	26985	30499
四川	8323	9934	11183	12441	14063	15826	17852	21312	25038	28149
贵州	7468	8991	9810	11037	12431	14344	16815	20668	24602	27437
云南	9231	10537	11987	12870	14581	16140	18711	20481	24030	26163
西藏	14976	19144	24766	26931	30873	28950	31518	46098	47280	45347
陕西	7804	9120	10351	11461	13024	14796	16918	21296	25942	29566
甘肃	8560	9949	11147	12307	13623	14939	17246	20987	24017	26743
青海	10050	12906	14472	15356	17229	19084	22679	26166	30983	32481
宁夏	8590	10442	11640	12981	14620	17211	21239	26210	30719	32916
新疆	8717	10278	11605	13255	14484	15558	17819	21434	24687	27617
极差	11613	13873	15592	16907	19018	20657	25598	30910	35565	34171
极值差率	2.68	2.75	2.70	2.63	2.60	2.51	2.64	2.68	2.69	2.41

资料来源：国家统计局．中国统计年鉴2010［M］．北京：中国统计出版社，2010.

表5－2和图5－1表明，2000—2009年我国各省区市在岗职工平均工资差距悬殊。从绝对差距看，2000年我国各省区市在岗职工年平均工资的极差高达11613元，这意味着2000年我国各省区市在岗职工平均工资最高的上海市比最低的山西省高出11613元。而且，近年来这一差距一直保持快速增长的态势，2000年突破1000元，2005年突破2000元，2007突破3000元大关，2009年增加到34171元，大约是2000年的3倍。从相对差距看，2000—2009年，我国各省区市在岗职工平均工资极值差率在波动中下降，并保持在2.4～2.75的水平之间。其中，2001年各省区市在岗职工平均工资极值差率最高，达2.75，这就意味着我国各省区市在岗职工平均工资最高的上海市是最低的贵州省的2.75倍，到2009年，极值差率最小，为2.41，即在岗职工平均工资最高的上海市是最低的云南省的2.41倍。

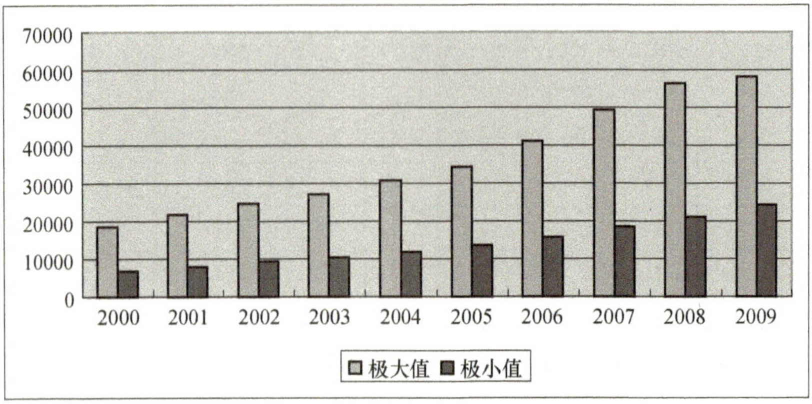

图 5－1　各省市在岗职工平均工资极差

我国现行的养老保险制度规定，缴费累计满 15 年的职工退休后领取的基本养老金由基础养老金和个人账户养老金组成。其中，基础养老金月标准以当地上年度在岗职工月平均工资和本人指数化月平均缴费工资的平均值为基数，缴费每满 1 年发给 1%。而本人指数化月平均缴费工资人仍然与当地上年度在岗职工月平均工资密切相关。基本养老保险全国统筹意味着基础养老金的计发基数由省级统筹的以各省市上年度在岗职工月平均工资为标准变为以全国上年度在岗职工月平均工资为标准，这就意味着养老保险的基础养老金部分在全国范围内调剂使用，会出现养老保险基金由结余地区向亏空地区、由工资收入较高的地区向工资收入水平较低的地区转移。对于低收入地区而言，退休后领取的养老金水平会有所提高；对于高收入地区的职工而言，领取的养老金水平将会有所下降。这必然会引起高收入地区对提高基本养老保险统筹层次的消极情绪，不利于统筹层次的提高。因此，在地区之间在岗职工平均工资存在巨大差异的情况下推行基本养老保险全国统筹，会引起地区之间社会统筹部分的养老保险基金的转移，从而影响地方政府的利益，进而会给基本养老保险全国统筹带来一定的困难。

2. 基本养老保险平均替代率差异

基本养老保险平均替代率，是指职工退休后所领取的退休金占在职职工基本工资的比例，是衡量职工退休后受保障强度的一个重要指标，即基本养老保险平均替代率越高，职工退休后受保障的强度也就越高；基本养老保险平均替代率越低，职工退休后受保障的强度就越低。需要强调的是，基本养老保险平均替代率过高，会加重国家或企业的负担，不利于提高在职职工的工作积极性；基本养老保险平均替代率过低，会导致职工退休前后的生活条件差距过大，不利于稳定退休职工的情绪。

由于我国各省区市养老金待遇标准、工资水平、制度抚养比、历史债务、基金结余等方面的巨大差异，我国基本养老保险平均替代率存在很大差距。

从表5-3可以看出，2009年，山东、西藏、甘肃、河北、青海等21个省区市的基本养老保险平均替代率超过全国平均水平。其中，山东、西藏的基本养老保险平均替代率相对较高，超过60%，分别为64.86%和60.08%，甘肃、河北、青海等省的基本养老保险平均替代率接近60%。上海、北京、天津、江苏、四川等10个省市的基本养老保险平均替代率低于全国平均水平，其中，上海、北京、天津等地区的基本养老保险平均替代率全国最低，均不足40%，分别为38.22%、35.00%和38.36%。整体而言，2009年，全国基本养老保险平均替代率最高的省份与最低的省份相差32.13个百分点。

表5-3 2009年各省区市基本养老保险平均替代率

省份	基本养老保险基金支出（亿元）	参保离退休人员数（万人）	离退休参保人员人均基本养老金（元）	职工平均工资（元）	平均替代率（%）
全国	8894.429	5806.856	15317.11	32244	47.50
北京	415.6907	188.24	22083.02	57779	38.22
天津	230.0894	136.5289	16852.8	43937	38.36
河北	390.017	237.9831	16388.43	27774	59.01
山西	219.1814	136.6273	16042.28	28066	57.16
内蒙古	171.8513	112.7784	15237.96	30486	49.98
辽宁	644.0829	449.3837	14332.58	30523	46.96
吉林	205.0581	171.1001	11984.69	25943	46.20
黑龙江	400.7308	333.6639	12010.01	24805	48.42
上海	739.6978	375.9633	19674.73	58336	33.73
江苏	645.9109	415.412	15548.68	35217	44.15
浙江	369.672	209.6017	17636.88	36553	48.25
安徽	232.2008	169.4577	13702.58	28723	47.71
福建	171.5168	108.0927	15867.57	28366	55.94
江西	160.0834	135.908	11778.81	24165	48.74
山东	621.6727	326.0326	19067.81	29398	64.86
河南	363.5524	254.5345	14283.03	26906	53.08

续表

省份	基本养老保险基金支出（亿元）	参保离退休人员数（万人）	离退休参保人员人均基本养老金（元）	职工平均工资（元）	平均替代率（%）
湖北	350.5858	273.6332	12812.25	26547	48.26
湖南	307.8605	246.1413	12507.47	26534	47.14
广东	553.0967	294.1632	18802.38	36469	51.56
广西	147.1739	117.952	12477.44	27322	45.67
海南	57.7765	43.2179	13368.65	24790	53.93
重庆	240.5119	176.5063	13626.25	30499	44.68
四川	490.5443	393.5116	12465.82	28149	44.29
贵州	89.9087	63.4737	14164.72	27437	51.63
云南	126.8062	90.2251	14054.43	26163	53.72
西藏	8.5118	3.1244	27242.99	45347	60.08
陕西	201.1951	130.955	15363.68	29566	51.96
甘肃	106.6411	67.5405	15789.21	26743	59.04
青海	36.9157	19.321	19106.52	32481	58.82
宁夏	38.1316	19.9787	19086.13	32916	57.98
新疆	155.9149	100.6189	15495.59	27617	56.11

资料来源：国家统计局．中国统计年鉴2010［M］．北京：中国统计出版社，2010.

当基本养老保险统筹提高到全国层次以后，基础养老金月标准以全国上年度在岗职工月平均工资和本人指数化月平均缴费工资的平均值为基数。对发达地区而言，本省上年度在岗职工月平均工资高于全国上年度在岗职工月平均工资，全国统筹就意味着领取养老金基数的下降，将导致退休后所领取的退休金减少，而当地在职职工的基本工资保持不变，进而导致发达地区基本养老保险平均替代率的相对降低；对欠发达地区而言，全国统筹意味着领取养老金基数的上升，将导致退休后所领取的退休金增加，而当地在职职工基本工资保持不变，进而导致欠发达地区基本养老保险平均替代率的相对上升。可以看出，全国统筹会使欠发达地区基本养老保险平均替代率提高，从而有利于提高欠发达地区退休职工的生活水平。但是，发达地区基本养老保险平均替代率的下降，将加大职工退休前后的生活条件差距，不利于稳定发达地区退休职工的情绪，不利于社会的稳定。因此，基本养老保险全国统筹将会引起发达地区的消极情绪，影响基本养老保险全国统筹的步伐。

3. 基本养老保险覆盖率差异

基本养老保险覆盖率是指城镇参保职工人数与城镇就业人数的比率，主要反映基本养老保险制度的涉及面大小，是衡量一个地区公共服务的重要标志。基本养老保险覆盖率的高低与经济发展水平紧密联系。一般来说，经济发达地区，基本养老保险覆盖率相对较高；经济欠发达地区，养老保险覆盖率相对较低。这主要是因为，一般而言，经济发达地区的正规就业部门相对非正规就业部门所占的比重大，而且发达的经济使其对养老保险基金的支付缺口有较强的承受能力，更容易扩大养老保险覆盖面。

我国政府早在 1997 年颁布的《国务院关于建立统一的企业职工基本养老保险制度的决定》（国发〔1997〕26 号）就明确指出，“进一步扩大养老保险的覆盖范围，基本养老保险制度要逐步扩大到城镇所有企业及其职工。城镇个人劳动者也要逐步实行基本养老保险制度”。十多年来，经过各方的共同努力，我国扩大养老保险的覆盖范围的工作取得了积极的进展。全国范围内基本养老保险覆盖率从 2000 年的 39.2% 上升为 2009 年的 57% 。

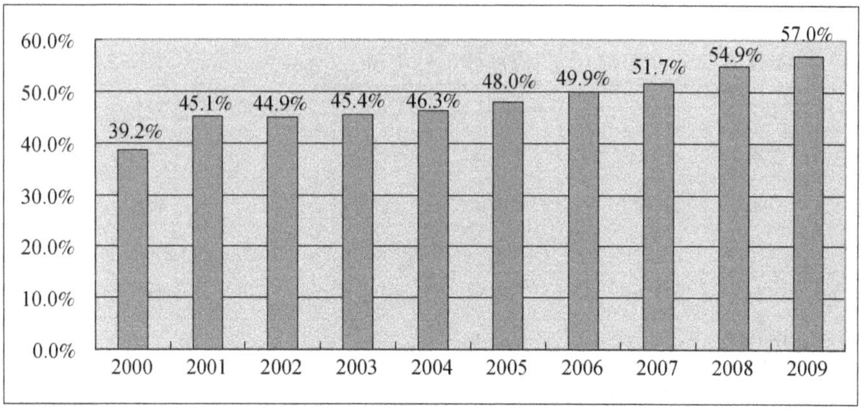

图 5 -2　2000—2009 年我国基本养老保险覆盖率

从表 5 -4 可以看出，2009 年，我国各省区市基本养老保险覆盖率存在较大差异。西藏、云南、甘肃、贵州、广西等 5 省区市基本养老保险覆盖率低于全国平均水平，其中，西藏自治区的制度覆盖率全国最低，仅为 12. 27% 。其余 26 省区市的基本养老保险覆盖率均高于全国的平均水平。基本养老保险的覆盖率超过 80% 的有广东、辽宁、山东、浙江、上海、江西、天津、海南、吉林、黑龙江、山西等11省市，其中，广东省的基本养老保险制度覆盖率高达106.37%，其原因在于这里的参保职工人数包括在广东省参保的所有广东户籍和非广东户籍职工人数。而城镇就业人数只包含广东户籍的就业人数。由于广东省是劳动力输入大省，大量的外来农民工在广东就业并办理了养老保险，充实了广东省的城镇参保职工队伍，但这些农民工并非广东户籍，从而使广东省的制度覆盖率超过100%。另外，基本养老保险覆盖率的地区差异，也与地区开始扩面的时间和具体政策差异密切相关。例如，西藏自治区从2004年1月1日才开始对行政区域内的股份制企业、城镇集体企业、城镇私营企业单位及其所有从业人员开展基本养老保险统筹工作。而广东省早在1999年底就提出了要在2000年年底实现养老保险覆盖全社会的目标。

表5-4　2009年我国各省区市基本养老保险的制度覆盖率

地区	参保职工人数（万人）	城镇就业人数（万人）	制度覆盖率（%）	地区	参保职工人数（万人）	城镇就业人数（万人）	制度覆盖率（%）
全国	17743.0	31120	57.0	河南	764.6	1067.1	71.65
北京	638.4	916.4	69.66	湖北	708.4	901.2	78.61
天津	265.0	315.6	83.98	湖南	632.9	815.7	77.59
河北	681.6	955.4	71.34	广东	2422.3	2277.2	106.37
山西	427.2	517.8	82.50	广西	293.4	521.6	56.25
内蒙古	298.0	439.5	67.80	海南	124.9	149.9	83.35
辽宁	1008.0	1009.4	99.86	重庆	316.3	498.5	63.45
吉林	383.2	461.6	83.02	四川	782.7	1008.5	77.61
黑龙江	586.7	709.3	82.72	贵州	172.1	310.0	55.52
上海	625.1	723.5	86.40	云南	216.3	592.9	36.48
江苏	1467.7	1868.4	78.55	西藏	6.1	49.7	12.27
浙江	1317.8	1503.8	87.63	陕西	327.9	459.2	71.40
安徽	458.7	637.2	71.99	甘肃	163.4	300.5	54.38
福建	477.8	793.5	60.21	青海	52.0	90.0	57.76
江西	446.0	519.9	85.78	宁夏	69.4	110.1	63.04
山东	1335.0	1459.1	91.49	新疆	256.3	379.4	67.55

资料来源：国家统计局．中国统计年鉴2010［M］．北京：中国统计出版社，2010.

基本养老保险制度覆盖面不一，造成劳动人口结构相对年轻、覆盖面较小且经济发展水平较低的地区补贴劳动人口结构相对老化、覆盖面较大的地区。因此，均衡各地负担，若是基金充裕的经济欠发达地区向基金匮乏的经济较发达的地区进行资金调度平衡，这在一定程度上与现阶段发挥发达地区带动作用的要求相违背，人们在心理上不易理解和接受，进而使基本养老保险覆盖率的差异成为基本养老保险从省级统筹向全国统筹过渡的主要障碍之一。

4. 基本养老保险制度抚养比差异

基本养老保险制度扶养比是指退休人数与在职职工人数的比值，是反映社会养老负担程度的重要指标之一。在现收现付的养老保险制度下，基本养老保险制度扶养比反映了平均每个在职职工供养的退休职工的人数，基本养老保险制度抚养比越高，平均每个在职职工供养的退休职工的人数越多，养老保险制度的支付负担就越重；反之则越轻。

从表5－5中可以看出，2009年，我国各省区市的基本养老保险制度抚养比存在着较大的差异。广东、浙江、福建、山东、江苏等9省市的基本养老保险制度扶养比低于全国32.73%的平均水平。其中，广东省的基本养老保险制度抚养比全国最小，为12.14%，大约8个在职缴费人员抚养1个退休老人；浙江省的基本养老保险制度扶养比为15.91%，大约6个在职缴费人员抚养1个退休老人。其原因在于，广东、浙江等省自改革开放以来经济迅速发展，年轻劳动力大量流入，相对年轻的人口结构使得广东、浙江的制度抚养比相对较低。与之相比，上海、黑龙江、重庆、天津、西藏、四川等22省区市的基本养老保险制度抚养比高于全国的平均水平。其中，上海、黑龙江、重庆、天津、西藏、四川均超过了50%，即不足2个年轻人负担一个老人，上海作为全国老工业基地，其基本养老保险制度抚养比全国最高，达60.14%，即大约1.7在职缴费人员抚养1个退休老人。

表5－5　2009年各省区市基本养老保险制度抚养比

地区	参保职工数（万人）	参保离退休人数（万人）	制度抚养比（%）	地区	参保职工数（万人）	参保离退休人数（万人）	制度抚养比（%）
全国	17743.0	5806.9	32.73	河南	764.6	254.5	33.29
北京	638.4	188.2	29.49	湖北	708.4	273.6	38.63
天津	265.0	136.5	51.52	湖南	632.9	246.1	38.89
河北	681.6	238.0	34.92	广东	2422.3	294.2	12.14

续表

地区	参保职工数（万人）	参保离退休人数（万人）	制度抚养比（%）	地区	参保职工数（万人）	参保离退休人数（万人）	制度抚养比（%）
山西	427.2	136.6	31.98	广西	293.4	118.0	40.21
内蒙古	298.0	112.8	37.84	海南	124.9	43.2	34.61
辽宁	1008.0	449.4	44.58	重庆	316.3	176.5	55.80
吉林	383.2	171.1	44.66	四川	782.7	393.5	50.28
黑龙江	586.7	333.7	56.87	贵州	172.1	63.5	36.87
上海	625.1	376.0	60.14	云南	216.3	90.2	41.71
江苏	1467.7	415.4	28.30	西藏	6.1	3.1	51.15
浙江	1317.8	209.6	15.91	陕西	327.9	131.0	39.94
安徽	458.7	169.5	36.94	甘肃	163.4	67.5	41.34
福建	477.8	108.1	22.62	青海	52.0	19.3	37.14
江西	446.0	135.9	30.47	宁夏	69.4	20.0	28.79
山东	1335.0	326.0	24.42	新疆	256.3	100.6	39.26

资料来源：国家统计局．中国统计年鉴2010 [M]．北京：中国统计出版社，2010.

提高基本养老保险统筹层次意味着养老保险基金将在更大的范围内调剂使用。在其他条件不变的情况下，不同的制度抚养比会造成养老负担有别，统筹层次提高后会出现制度抚养比较低的地区补贴制度抚养比较高的地区，由此会增加制度抚养比较低地区的负担，影响其经济利益，形成提高基本养老保险统筹层次的阻力。

5. 基本养老保险基金结余差异

近年来，我国各省区市基本养老保险基金收支结余情况良好，除个别年份个别省市外，几乎所有省区市每年都有大量的基金结余。如表 5－6 所示，2009 年底，全国 31 个省区市的基本养老保险基金均有结余。但是，由于各地经济发展水平、工作基础和工作开展情况的不同，各省区市之间基本养老保险基金结余状况差别甚大。2009 年，基本养老保险基金累计结余相对较多的省市主要集中在发达地区，包括山东、浙江、江苏、广东等省，其中广东省的基本养老保险基金累计结余接近两千亿元，江苏的超过一千亿元，浙江和山东也接近一千亿元。发达地区由于劳动力年龄结构相对较轻，养老保险缴费者多而领取者少，因此，累计结余相对较多。基本养老保险基金累计结余相对较少的省份包括西藏、青海、海南、宁夏等省区，其中，西藏累计结余最少，仅为3.2亿元，与基本养老保险基金累计结余最多的广东省相差1948.2亿元。从理论上讲，通过在全国范围内对基本养老保险基金结余的统一管理和调剂使用，以一部分地区的基金结余来弥补另一部分地区的资金缺口，能够有效地提高基金的使用效率和分散风险。但是，按照现行的财政体制，地方的财政管理体制相对独立，基本养老保险基金结余意味着是当地政府财政资金的一部分，资金的管理权和使用权在当地。基本养老保险从省级统筹到全国统筹的转变意味着基金结余相对较多地区的结余资金将被转移到基金结余相对较少的地区，也就是所谓"杀富济贫"。在这种转移过程中，资金结余较少的地方政府将失去这部分资金的控制权。因此，为了维护自身的利益，资金结余较多的地方政府会缺乏提高统筹层次的积极性，甚至有比较大的抵触情绪，使基本养老保险全国统筹进程受阻。

表5-6　2009年全国各省区市基本养老保险基金收支情况　单位：亿元

地区	基金收入	基金支出	累计结余	地区	基金收入	基金支出	累计结余
全国	11490.8	8894.4	12526.1	河南	417.1	363.6	399.6
北京	527.6	415.7	441.4	湖北	435.1	350.6	345.4
天津	250.1	230.1	196.0	湖南	384.3	307.9	358.6
河北	482.9	390.0	430.1	广东	886.5	553.1	1951.4
山西	330.7	219.2	502.3	广西	243.6	147.2	284.5
内蒙古	218.9	171.9	203.2	海南	72.9	57.8	58.7
辽宁	735.9	644.1	660.8	重庆	317.8	240.5	209.2
吉林	254.2	205.1	314.8	四川	720.6	490.5	733.1
黑龙江	492.3	400.7	455.0	贵州	124.8	89.9	140.7
上海	790.4	739.7	419.6	云南	168.0	126.8	179.5
江苏	895.7	645.9	1006.5	西藏	10.6	8.5	3.2
浙江	526.5	369.7	986.1	陕西	235.2	201.2	165.6
安徽	299.3	232.2	280.6	甘肃	138.1	106.6	139.4
福建	198.0	171.5	180.8	青海	46.0	36.9	42.1
江西	193.1	160.1	165.3	宁夏	51.0	38.1	72.7
山东	824.7	621.7	883.4	新疆	216.4	155.9	310.0

资料来源：国家统计局．中国统计年鉴2010［M］．北京：中国统计出版社，2010.

6. 基本养老保险缴费率差异

基本养老保险缴费率是指参保职工和企业缴纳的养老保险费占职工工资的比例。养老保险缴费率不能过高或过低，应该保持适度水平。过高的缴费率一方面会加重企业负担，削弱企业竞争力，抑制经济活力，另一方面会提高社保制度的进入门槛，不利于扩大覆盖面；过低的缴费率一方面会加重政府的财政负担，使得养老保险计划难以正常运转，另一方面将导致退休职工待遇水平过低，无法实现保障的目的。

世界银行的经验表明，中等收入或高收入国家的强制性养老保险计划的缴费率不应超过20%；对于低收入国家而言，缴费率不应超过10%。根据我国的相关规定，我国企业负担的基本养老保险缴费率一般为20%，个人负担的缴费率为8%，合计为28%，在有些地区，实际缴费率甚至更高。如表5－7所示，2009年，我国基本养老保险平均缴费率远远高于与世界许多其他国家。我国的缴费率在181个建立社会保障制度的国家中排名第一，是北欧五国的3倍，是西方七大工业国国家的2.8倍，是东亚邻国和邻近地区的4.6倍，已经达到了缴费极限，我国养老保险缴费负担较重。

表5－7　2004年部分国家养老保险缴费率　　单位:%

国家	缴费水平	国家	缴费水平	国家	缴费水平
美国	12.4	德国	19.5	瑞士	9.8
日本	13.9	法国	24.0	加拿大	9.9
韩国	9.0	瑞典	18.9	中国	28.0

资料来源：OECD, *Pension at a Glance: Public Policies Across OECD Countries*, 2007, p. 77.

我国不同地区经济发展水平、参保人口年龄结构、历史债务、制度抚养比、替代率等方面存在较大差异，导致各地区的基本养老保险平均缴费率差异较大。从表5－8可以看出，广东、浙江、北京、福建、江苏、江西等6省市的基本养老保险平均缴费率低于全国平均水平，其中，广东省的缴费率全国最低，仅为10.04%。相对较低的基本养老保险平均缴费率，意味着相对较轻的企业养老负担。除上述6省市外的其余25省市的基本养老保险平均缴费率均高于全国平均水平，西藏、黑龙江、重庆、四川、甘肃、新疆、广西等7省区市的基本养老保险平均缴费率超过30%，其中，西藏最高，达到38.32%。相对较高的基本养老保险平均缴费率，意味着相对较重的企业养老负担。

表 5－8　2009 年全国各地区基本养老保险平均缴费率

	当年养老保险基金收入（亿元）	参保职工人数（万人）	职工平均工资（元）	平均缴费率（%）		当年养老保险基金收入（亿元）	参保职工人数（万人）	职工平均工资（元）	平均缴费率（%）
全国	11490.8	17743.0	32244	20.09	河南	417.1	764.6	26906	20.27
北京	527.6	638.4	57779	14.30	湖北	435.1	708.4	26547	23.14
天津	250.1	265.0	43937	21.48	湖南	384.3	632.9	26534	22.88
河北	482.9	681.6	27774	25.51	广东	886.5	2422.3	36469	10.04
山西	330.7	427.2	28066	27.58	广西	243.6	293.4	27322	30.39
内蒙古	218.9	298.0	30486	24.10	海南	72.9	124.9	24790	23.54
辽宁	735.9	1008.0	30523	23.92	重庆	317.8	316.3	30499	32.94
吉林	254.2	383.2	25943	25.57	四川	720.6	782.7	28149	32.71
黑龙江	492.3	586.7	24805	33.83	贵州	124.8	172.1	27437	26.43
上海	790.4	625.1	58336	21.68	云南	168.0	216.3	26163	29.69
江苏	895.7	1467.7	35217	17.33	西藏	10.6	6.1	45347	38.32
浙江	526.5	1317.8	36553	10.93	陕西	235.2	327.9	29566	24.26
安徽	299.3	458.7	28723	22.72	甘肃	138.1	163.4	26743	31.60
福建	198.0	477.8	28366	14.61	青海	46.0	52.0	32481	27.23
江西	193.1	446.0	24165	17.92	宁夏	51.0	69.4	32916	22.33
山东	824.7	1335.0	29398	21.01	新疆	216.4	256.3	27617	30.57

资料来源：国家统计局．中国统计年鉴 2010［M］．北京：中国统计出版社，2010.

基本养老保险全国统筹，要求企业缴费比例、基本养老金计发办法等在全国范围内实现统一。在地区之间基本养老保险平均缴费率存在较大差异的情况下实行基本养老保险全国统筹将会导致两方面的后果，一方面，所有的企业都按照统一的缴费比例缴纳养老金，在其他条件不变的情况下，必然会出现统筹层次提高前企业缴费负担较轻的地区向缴费负担较重地区的基金转移，会加重平均缴费率较低的地区的负担。另一方面，分灶吃饭的财政管理体制和以 GDP 作为衡量地方政府政绩的重要指标，决定了地方政府会通过诸多“优惠”政策来招商引资，其中包括降低企业缴费率等措施。但是，基本养老保险全国统筹后，对企业养老保险的征缴和监管将会进一步增强和规范，所有企业都将遵循相同的缴费率，从而势必影响对企业的招商引资。因此，为了保持本地企业的竞争力，地方政府往往希望把握企业平均缴费率的自主权，阻碍基本养老保险全国统筹的推进。

7. 养老保险历史债务差异

养老保险的历史债务是制度过去承诺的需要在将来偿还的债务，或者说是在旧制度下个人已经积累的需要在将来领取的养老金权利。要提高养老保险统筹层次，一个关键问题就是处理好“老人”和“中人”的历史债务问题，因为历史债务直接影响政府实施统筹管理的制度成本，任何一级政府都不想使本级养老保险制度背上巨额的负担。

我国的养老保险制度始建于20世纪50年代初期，计划经济体制下，长期实行低工资政策，基本养老保险基金由国家和企业按照现收现付模式筹集，个人并没有缴费积累，国家对养老保险作预先扣除，除少量调剂金外，基本没有形成基金积累，养老保险基金凝结在国有资产之中，职工退休后的基本养老保险基金由国家来承担。20世纪90年代中后期，为了应对未来人口老龄化所带来的支付危机，我国养老保险制度实现了从现收现付制向“统账结合”的部分积累制的转轨。正像世界其他国家的经历一样，我国的这一转轨受到了历史负担及政治现实的阻碍。[①] 我国养老保险的历史债务主要表现为两个方面：一是对“老人”（新制度实施前已退休的人员）的历史债务。由于老人在转制之前已经通过现收现付制承担了赡养上一代的责任，为经济和社会发展做出了自己的贡献，拥有将来领取养老金的权利，因此，转制后，新制度需要继续兑现旧制度下已经退休人员养老待遇的承诺；二是对“中人”（新制度实施前已参加工作的在职职工）的历史债务。在转制前已参加工作且在新制度建立之后继续工作的人是中人，中人在新制度建立之前的工作年限视同缴费，这部分权益也是养老金历史债务的一部分。

事实证明，我国养老保险历史债务的额度是巨大的，据世界银行1996年的估算，1995年它的现值为19176亿元。然而，我国从现收现付制养老保险制度向“统账结合”的新制度过渡时，并没有明确历史债务的责任和偿还方式，而是期望通过不断的代际转移和各级财政补贴的方式逐步消化和偿还。由于历史债务问题没能妥善解决，当社会统筹基金不足支付时，为了确保基本养老保险基金的按时足额发放，便会利用统筹账户与个人账户混账管理的便利，直接挪用在职职工的个人账户养老金。统筹账户部分占用了个人账户资金，个人账户资金并未相应到位，必然使个人账户成为空账。据统计，2000年，我国基本养老保险个人账

---

① James · Estelle. New models for old-age security：experiments，evidence and unanswered question［C］. 华盛顿：养老金制度：从危机走向改革，1996 - 11 - 21.

户“空账”规模仅为1900亿元，到2004年已高达7400亿元，且仍以每年1000多亿元的规模继续扩大。如果资金短缺问题无法解决，那么30年后，这个缺口将会扩大到6.2万亿元。① 在历史债务压力下，通过挪用个人账户基金的方式偿还历史债务，长此以往，个人账户将仅仅作为记录职工已经积累养老金领取权利的工具，将会因为空账运行而名存实亡。当拥有这种权利的职工退休时，其养老金只能是来源于当时的在职职工个人账户，导致这种养老保险制度实质上仍然是现收现付制而非部分基金制。

我国各省区市参保人口规模、人口结构、工资水平等因素的不同，导致了地区之间历史债务水平的巨大差异。王晓军以2000年为测算时点，通过建立历史债务测算模型，测算出了2000年我国31个省区的历史债务额、债务占当地当年国内生产总值比例以及平均每一在职参保人员负担的债务水平，测算结果见表5－9和图5－3。

表5－9　2000年各地区养老保险制度历史债务

地区	历史债务（亿元）	债务占GDP的比例（%）	人均债务（万元）
福建	913.1	23.3	3.2
河北	1808.9	35.5	3.6
安徽	1130.1	37.2	3.3
河南	2006.9	39.1	3.5
湖南	1448.3	39.2	3.1
广西	834.4	40.7	4.2
山东	3520.2	41.2	3.8
湖北	1773.6	41.5	3.2
云南	821	42.0	4.6
江西	875	43.7	3.3
广东	4454	46.1	3.5
江苏	3990	46.5	4.6
浙江	2912	48.2	4.4
西藏	56.9	48.4	12.9
贵州	482.1	48.5	4.0
四川	2115.3	52.7	5.1
内蒙古	781.2	55.8	3.4

① Peter Walker，Tab Bowers，Stephan Binder，胡忠兵，安琳．麦肯锡关于中国寿险业的最新研究报告［J］．保险研究，2006（1）：22－27.

续表

地区	历史债务（亿元）	债务占 GDP 的比例（%）	人均债务（万元）
陕西	947.6	57.0	3.6
新疆	783	57.4	6.5
重庆	991.3	62.4	5.3
山西	1044.3	63.5	3.8
黑龙江	2120.2	65.2	4.1
甘肃	659.4	67.1	4.7
海南	370.5	71.5	4.5
吉林	1303.1	71.5	4.2
宁夏	192.4	72.5	4.1
青海	217.1	82.4	5.4
辽宁	3943.5	84.5	5.2
天津	1549.4	94.5	8.3
北京	2844.2	114.7	9.3
上海	6179.9	135.8	13.4

资料来源：王晓军．中国基本养老保险的地区差异分析［J］．社会保障研究，2005（2）：124－137.

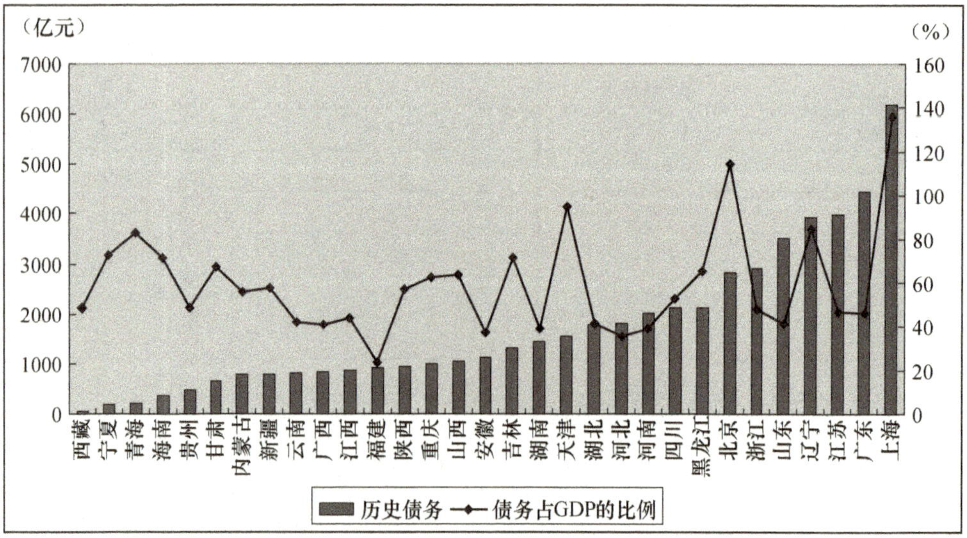

图 5－3　2000 年各地区养老保险制度历史债务

资料来源：王晓军．中国基本养老保险的地区差异分析［J］．社会保障研究，2005（2）124－137.

从表5－9和图5－3的测算结果看，2000年，我国31个省区市的养老保险历史债务差距悬殊。从债务绝对水平看，负债最高的前两个省市分别是上海市和广东省，其中，上海市超过6000亿元，达6179.9亿元，广东省超过4000亿元，高达4454亿元；其后是江苏省、辽宁省和山东省，负债位于3000亿～4000亿元之间，其中，江苏省和辽宁省的负债逼近4000亿元，分别为3990亿元和3943.5亿元，山东省为3520.2亿元。而西藏、宁夏、青海、海南、贵州等省区的债务额相对较小，均不足500亿元，其中西藏最小，为57亿元。从历史负债占GDP的比例来看，各地差异也十分显著。上海、北京、天津三市的这一比例最高，分别为135%、114%和94%，三市之和占全国总债务的1/5，这与这三市过去的老工业基础和人口老化程度直接相关。另外，东北三省的历史债务也相对较高，分别为84.5%、71.5%和65.2%，三省之和占全国总债务的14%。相比之下，福建、河北、安徽、河南、湖南等省的这一比例相对较低，均不超过40%，其中，福建仅为23.3%；另外，西部12省区历史债务占全国总债务的比例不足17%。从人均债务看，上海、西藏和北京相对较高，其中，上海人均债务超过13万元，达13.4万元，西藏由于养老保险覆盖面较低，而且参保人数相对退休人数较少，使其人均债务接近13万元，位居全国次高水平；另外，北京也达到接近10万元的水平；湖南、福建、湖北、安徽、江西等省的人均债务相对较低，位于3.1万～3.3万元之间。

近年来，我国大力推进做实个人账户试点工作，并取得了积极的进展。据统计，截至2009年末，辽宁、吉林、黑龙江等13个做实企业职工基本养老保险个人账户试点省份共积累基本养老保险个人账户基金1569亿元。但是，由于各地的经济发展水平、人口结构等方面存在较大的差距，我们依然有理由得出：当前各地的养老历史债务仍存在显著的差距。不同地区的历史债务造成了新制度在初始负债上的差距，也是造成地区财务偿付能力差距的重要因素。在各地历史债务差距悬殊的情况下提高基本养老保险的统筹层次，会出现基本养老保险基金由历史债务较低地区向历史债务较高地区的转移，会引起基金转出地区的不满，从而成为基本养老保险全国统筹步伐受阻的一个重要原因。

综上所述，在现行“块块分割”的养老保险制度下，各省市的基本养老保险独立运行、互不衔接，而且各省市的经济发展水平、基本养老保险平均替代率、基本养老保险制度覆盖率、基本养老保险制度抚养比、基本养老保险基金结余、基本养老保险缴费率、养老保险历史债务等方面存在较大的差异，在如此巨大的差异下实行基本养老保险全国统筹，必然造成地区之间较大幅度的收入再分配。经济发展水平较高、制度抚养负担轻、基金结余多的省市将成为基本养老保险基金转出地区，经济发展水平较低、制度抚养负担重、基金结余少的省市将成为基本养老保险基金转入地区。这种收入再分配可能导致地区之间的利益矛盾和冲突，既不利于调动区域政府提高辖区内居民福利的积极性，也容易导致各区域政府无序竞争。出于地方利益的考虑，这将成为阻碍基本养老保险全国统筹的摩擦成本。

（二）基本养老保险全国统筹摩擦成本存在的根本原因

改革道路的选择不仅仅是改革者或经济学家对改革的收益与成本计算的结果，也是社会上每一个人、每个利益集团对各自的收益和成本计算的结果。[①] 可以说，制度变迁与利益集团的博弈有着互为因果的关系。制度既是不同利益集团之间进行博弈的基本规则，又在不同利益集团的相互博弈中产生，制度变迁和制度创新过程本质上讲是各相关利益集团之间利益调整与博弈过程，如果各方之间的博弈达成了一个均衡结果，则意味着制度创新完成，实现了新的制度均衡状态。

1. 中央与地方的博弈

政府作为一个利益集团，其存在的目的是构建“社会福利函数”，即对社会全体成员的偏好进行加总和排序，然后组织资源进行生产，以满足社会成员的需要。在一个国家的政府体系中，整个官僚队伍除了具有共同的利益之外，还具有自身利益，这种自身利益又将整个官僚队伍分解为若干具有自身利益的亚利益集团。政府内部也存在着利益冲突，只是冲突的性质和方式有别于一般利益主体。中央政府制定的制度与政策反映的是全国的整体利益，而地方政府制定的制度与政策反映的则是地方的局部利益。虽然在我国整体利益与局部利益不存在根本性的冲突，但由于中央政府与地方政府追求的具体目标存在差别，中央政府在维护全国整体利益的同时，可能会损害部分省市的局部利益，或者说，地方政府在维护局部利益的同时，可能会损害全国的整体利益，这就在客观上造成了在某些利益方面往往会产生向上负责和对本地负责的分歧甚至冲突。

改革开放之后，我国形成了“划分收支、分级包干”的财政管理体制，到1994年建立中央与地方分税基础上的分税制，基本上确立了适应市场要求的新的财税体制框架，保证了国家财政收入的稳定增长，并明确了财政资源或者财政权力在各级政府之间的分配，中央政府将财政资源或者财政权力赋予相对较低层级的政府，其重点是给予地方政府一定程度的财政自主权，地方政府的运作经费如行政经费及工作人员的工资福利等不再由中央政府直接负担，而是由地方财政

① 樊刚．两种改革成本与两种改革方式［J］．经济研究，1993（1）：3－15.

进行支付；除了国家重点建设项目外（有时也需中央、地方共同投资），其他基建项目由地方政府自筹资金。

这种“分灶吃饭”的财政体制在强调地方政府承担责任的同时，也强化了地方政府保护自我利益的意识。同时，这也决定了地方政府的“双重角色”，一方面，地方政府是中央政府的代理人，是中央管理地方的枢纽，他们要维护中央的权威地位，要贯彻执行中央政府的方针政策。地方政府能否扮演好中央政府代理人的角色，主要体现在能否经营好本地并在多大程度上推动本地经济、社会和文化的发展，同时，这又在相当大的程度上决定地方政府主要领导人的升迁沉浮，即“政绩决定升迁”。在改善本地区“选民”的生活福利方面，地方政府与中央政府的目标基本一致，地方政府可以有效地扮演好其代理人的角色。另一方面，像部门政府是某一行业的代理人一样，地方政府也是本地区“选民”的代理人。虽然在政治过程中，不是每一个“选民”都有权利或机会直接投票决定其代理人，但任何一个“选民”都可以通过赞成或反对的舆论对代理人产生这样或那样的影响，而且，随着各地民主意识的加强和地方主义的抬头，如果地方政府领导人不能有效地保护本地区“选民”，特别是有机会表达自己利益问题的“选民”（他们是地方的社会优势群体）的利益，他们的仕途可能会受到“选民”投票行为的影响。因此，现实中的地方政府既要迎合中央政府的需要，也必须考虑“选民”的要求，对本地区经济、社会和文化的发展负责，尽可能提高“选民”的福利待遇水平。

中央政府追求的不仅仅是某一个地区选民生活福利的改善，而是全国范围内人民整体福利的改善。为实现这一目标，中央政府有时需要把一个地区的一部分资源调配到另一地区，这必然在一定程度上影响调出地区“选民”生活的福利水平。此时，虽然出于维护地区选民利益的需要，地方政府与中央政府的目标出现分歧，但地方政府作为中央政府的代理人，必须执行中央政府的方针政策。因此可以说，权力中心（中央政府）供给新的制度安排的能力和意愿是决定制度变迁的主导因素，而这种能力和意愿主要取决于一个社会各利益集团（地方政府）的权力结构或力量对比。

2. 基本养老保险全国统筹问题上中央与地方的博弈

同其他制度变迁一样，我国基本养老保险全国统筹过程中也充满着利益矛盾和冲突。与一般制度变迁不同的是，我国基本养老保险统筹层次变迁是政府主导型的强制性制度变迁，政府尤其是中央政府主导着这一制度变迁的方向和速度。基本养老保险全国统筹的主要利益主体，包括中央政府、地方政府、企业、从业人员。

中央政府作为拥有最高权力的国家机构，是一个具有自身独立利益的利益集团，他们的重要职责是协调好全国人民的整体利益与局部利益、长远利益与眼前利益的关系。地方政府代表的是本地区的局部利益，在追逐自身利益的过程中，不可避免地与中央政府发生利益冲突。

相对于政府，企业是以盈利为目的的经济组织，追逐的目标是利润最大化。改革开放以前，我国的企业基本上都是国有企业，是下属于政府的生产车间，既不自主经营，也不自负盈亏。可以说，计划经济体制下的国有企业不是真正的企业，不是具有独立经济利益的利益主体。改革开放以后，为激发企业生产经营的积极性，政府逐步转换企业的生产经营机制，对国有企业推行放权让利、利改税等改革措施，并在1992年召开的中共第十四届代表大会上，提出把建立“产权清晰、权责明确、政企分开、管理科学”的现代企业制度作为市场经济的五大支柱之一。经过一系列的改革，我国企业逐渐成为自主经营、自负盈亏、自担风险的独立的利益主体。基本养老保险制度建立以来，作为一项强制性的社会责任，社会保险机构直接向企业征缴养老保险费，使企业意识到了自身的利益，并深感自身负担的沉重。为了保护企业的利益，西方发达市场经济国家都成立了独立于政府的雇主协会来代表雇主与其他利益主体如工会、政府等进行谈判。近年来我国也成立了维护企业利益的企业协会，但是我国的企业协会只是一个半官方的民间机构。在实际运作过程中，我国的宪法制度没有赋予企业协会与政府部门平等谈判的权力和形式。能够代表企业利益的实际还是政府的经贸部门，如国家经贸委。由于经贸委是政府部门，当企业与政府的利益相冲突时，国家经贸委首先代表的是政府的利益而不是企业的利益。政府部门在制定有关政策时，虽然企业可以向政府部门表达自己的意见，政府部门也注意听取企业的意见，但企业并不直接参与政策制定，政府是政策的最终制定者，一旦政府的“红头”文件出台，就强制企业执行。基本养老保险统筹层次的制度变迁是政府主导的强制性制度变迁。总之，企业没有真正法定的代表和法定的形式来表达自己关于基本养老保险统筹层次的制度变迁的利益诉求，更没有权利参与基本养老保险统筹层次制度变迁的政策制定，因此，企业难以深入介入基本养老保险统筹层次的制度变迁。

对从业人员而言，在高度集权的计划经济体制下，不仅企业基本上都属于国有，职工也是国家的，因此计划经济体制下人们常常用“国家职工”来称呼国有企业的职工。应该说，在计划经济体制下，从业人员是“国家职工”，远非完全意义上的独立的利益主体，国家是保障从业人员基本生活、改善从业人员生活水平的代理人。改革开放以后，随着企业逐步成为独立的利益主体，国家不再包揽企业从业人员的退休保障，从业人员的养老保险基金实行社会统筹，由国家、企业和从业人员共同负担，且从业人员退休后的养老金的高低与本人缴费工资的多少和缴费时间的长短密切相关。因此，我们完全可以说，改革开放以来，从业人员逐步成为完全意义上的利益主体。基本养老保险统筹制度的改革也事关从业人员个人的切身利益，但从业人员受自身知识水平等多方面因素的影响，并没有深入意识到基本养老保险统筹制度变迁对自身利益的影响，因此也未能充分参与甚至可以说基本没有参与基本养老保险统筹制度的变迁。

综上所述，从基本养老保险统筹层次提高本身看，推动基本养老保险统筹制度变迁的主体主要是中央政府和地方政府，利益冲突（或摩擦成本）主要来源于中央政府与地方政府之间的利益博弈。

（1）基本养老保险全国统筹问题上中央与地方博弈的原因

2009 年底，基本养老保险省级统筹制度的建立，结束了基本养老保险的“条块分割”局面，但“地方统筹、地方管理”下的基本养老保险“块块分割”局面得以出现。在“分灶吃饭”的财政体制下，基本养老保险基金收入实际成为地方政府经济收入的一部分，管理权和使用权在当地。“块块分割”的基本养老保险制度极易产生地方保护主义和对中央的过分依赖思想。掌握了资金，就掌握了资源，就能带来各种利益；调出资金就减少了社会保险机构掌握的资源，损失他们的利益。因此，每一个地方政府都想把这份资源留住、用活，都希望在基本养老保险统筹层次提高的过程中增加自身的利益而不愿损失自身的利益。自从 1991 年国务院决定建立统一的养老保险以来，各省区市都着意把自己的养老金制度设计得与其他省市不同，以此保障他们对自己的养老金的控制权。

提高基本养老保险统筹层次实行全国统筹，意味着要在全国范围内实现“四统一”，即“统一制度、统一标准、统一管理、统一调剂使用基金”，其核心的问题和矛盾的焦点是“统一管理”和“统一调剂使用基金”，通过在全国范围内对基本养老保险基金进行统一管理和调剂使用，以一部分地区的资金结余来弥补另一部分地区的资金缺口，使基本养老保险在更大范围内的统筹互济，从而有效地化解经济社会风险。其中，“统一管理”涉及到谁提取和支配管理费的问题，全国统筹意味着管理费由全国社会保险机构提取，并由其来分配和使用，这意味着以前的各省市社会保险机构直接提取管理费的权利被剥夺了。而“统一调剂使用基金”意味着将养老保险基金变成一个公共物品，这就使基本养老保险基金不仅涉及基金本身的多少，而且涉及到不同地区之间由于基本养老保险基金调剂而引起的利益调整。如果基金有盈余的地区加入统筹，意味着用自己的盈余去冲消其他地区的赤字，这些盈余终将会被其他地方分掉，必然减少盈余地区掌管和支配基本养老基金结余的数额；如果基金有缺口的地区加入统筹，意味着赤字也会由各地区一起承担。因此，如果基金统一无法逃避的话，对于较低一级养老金的管理者来说，理性的选择是在交出基金管理权之前花光所有的盈余，甚至制造出赤字。阿根廷的经验就说明了这一点。阿根廷政府试图统一各省的养老基金以进行统一管理，但各地是否加入是自愿的，结果只有赤字的省才加入进来。① 在我国也存在类似的情况。1998 年，国务院颁发了《关于实行企业职工基本养老保险省级统筹和行业统筹移交地方管理有关问题的通知》（国发〔1998〕28 号），要求“在 1998 年 8 月 31 日以前，实行基本养老保险行业统筹（以下简称行业统筹）企业的基本养老保险工作，按照先移交后调整的原则，全部移交省、区、市管理”。在行业统筹移交地方管理以前，一些行业突击花钱，扩大统筹项目，提高养老金支付标准，降低养老金缴费率（例如有色金属行业原平均费率 33%，1998 年下调为 20%），或是同意（甚至强迫）职工提前退休来把冗员的负担转嫁给地方养老金。据 30 个省市报送的数据，1998 年 1—8 月行业移交地方前，新增退休人员 79.6 万人，其中违规提前退休的达 43.8 万人，占 55%。某行业某单位 2827 名离退休人员中，39—48 岁年龄组 1436 人，占 50.8%；29—38 岁年龄组 587 人，占 20.8%；28 岁以下年龄组还有 38 人，占 1.3%。据调查，最年轻的“退休”者只有 24 岁，简直到了荒唐的地步。移交前一系列不规范的操作，导致行业统筹存在中央主管部门的结余基金为 68.8 亿元，上缴中央财政专户的只有 34 亿元；存在地方的结余基金为 77.8 亿元，仅移交 6 亿元。由于这些行业的理性选择，导致在 1997 年全国基本养老金还有 86.6 亿元的盈余，到 1998 年，却出现了 14.4 亿元的赤字。②

上述问题不仅仅在基本养老保险从行业统筹转变为地方统筹时才存在，有证据表明，这种行为在统筹层次从低级向高级转变的过程中也存在。为缓解社会矛盾，减轻本地企业的压力，地方政府采取多种方式减少基金盈余，包括纵容企业职工提前退休，随意出台减免养老保险费的“优惠政策”；不积极督促企业缴费，降低养老保险费征收力度，甚至自行降低企业养老保险缴费率；提高养老金的支付水平，甚至用养老保险基金支付各种非社保范围的老年人福利等等，这些行为使中央政府的有限责任转变为无限责任，出现了“地方请客，中央买单”的局面。例如，陕西省作为在全国贫困地区中最早实现基本养老保险省级统筹的

---

① Agarwala, Ramgopal 1998, “Unification of Pension System in China: Lessons of Experience from Other countries”，在“养老制度改革与基金管理国际研讨会”上提交的论文，1998 年 1 月 13—15 日，中国扬州。

② 劳动和社会保障部．关于社会保险费征缴暂行条例和有关政策的问答［M］．北京：华文出版社，1999：72.

省份，从2000年起实行基本养老保险省级统筹，省政府作为确保养老金发放的第一责任人，承担着统筹养老金的“兜底”责任，这直接导致了市县级政府参保的积极性不高，退休的积极性却很高。据调查，2001年，陕西省离退休人数为8.5万人，但提前退休人数高达3万余人；2001年全省收缴养老金39.65亿元，而支付提前退休人员养老金就达1.9亿元，占全年养老金总支出的3.8%[①]。

（2）基本养老保险全国统筹问题上中央与地方博弈行为分析——以提前退休为例

对减少基本养老保险基金盈余的方式的监督与审计，不光费财费力，而且只能起到部分的作用，因为在省级政府与中央政府的博弈游戏中，地方始终占据信息优势。提前退休是花光养老保险基金盈余的使用频率较高的一种方法。提前退休，一方面意味着在职劳动力人数的减少，劳动者为养老保险制度缴费的时间缩短，从而为养老保险制度缴纳养老费的人数减少，造成养老金的收入规模缩减；另一方面则意味着退休队伍的规模扩大，领取养老金的人数增多，退休人员领取养老金的时间延长，养老金的支出规模扩大。这一增一减，其影响是巨大的。以下以减少基金盈余的提前退休手段为例，对中央政府与地方政府的博弈行为进行分析。

自20世纪80年代以来，随着中央与地方财政管理体制的不断改革，国家逐步下放部分决策权力给地方政府，地方政府逐渐成为相对独立的利益主体。作为地方经济利益的代表，省级政府倾向于通过各种手段甚至不惜损害其他地区乃至中央政府利益，以追求本区域利益最大化。基本养老保险全国统筹的一个重要目的是增强互济性，但对养老金盈余的地区存在一定负调节，因此，养老金盈余地区为了保护本地区的利益，在统筹层次提高前有允许提前退休的动机。当然，为了抑制省级政府的这种地方保护主义行为，中央政府可以通过监督检查防止省级政府这种行为出现。

省级政府与中央政府对提前退休的行为表现，可以利用博弈论的“囚徒困境”博弈加以分析。假设参与博弈的双方分别为省级政府和中央政府，并一直处于动态的博弈状态。

省级政府有两种战略：允许提前退休和不允许提前退休；基于省级政府的行为，中央政府也有两种战略：对省级政府允许提前退休的行为进行检查和对省级政府允许提前退休的行为不检查。假设检查就能查出问题并进行一定处罚，但检查需要付出一定成本。省级政府和中央政府的博弈如表5-10所示。

① 赵云．话说养老保险的“陕西模式”［J］．中国社会保障，2003（7）：28-29.

表 5－10　处罚力度较小时中央政府和地方政府博弈

		省级政府	
		允许提前退休	不允许提前退休
中央政府	检查	0.5，－0.5	－1，0
	不检查	－1，1	0，0

在省级政府允许提前退休，中央政府检查的情况下，中央政府检查要付出一定成本，同时省级政府将受到一定的惩罚，中央政府和省级政府的收益为（0.5，－0.5）；在省级政府允许提前退休，中央政府不检查的情况下，中央政府不需要支付检查成本，但却要遭受为提前退休职工支付养老金的损失，而省级政府可以通过提前退休减少养老金的支出，此时，中央政府和省级政府的收益为（－1，1）；在省级政府不允许提前退休，中央政府检查的情况下，省级政府的利益不受影响，而中央政府却要付出一定的检查成本，中央政府和省级政府的收益为（－1，0）；在省级政府也不允许提前退休，中央政府也不检查的情况下，中央政府和省级政府的收益均不受影响，中央政府和省级政府的收益为（0，0）。该博弈只存在混合纳什均衡。假设中央政府采取检查和不检查的概率分别为 P_t 和 P_b，省级政府允许和不允许提前退休的概率分别为 P_1 和 P_r，求解混合战略均衡，当 $P_1=2/5$ 时，$P_r=3/5$，采取混合战略最优，且抽查的概率为 2/3。

但是，当中央政府更加关注提前退休的严重危害时，将会加大对提前退休的处罚力度，则可以降低抽查概率，省级政府和中央政府的博弈如表 5－11 所示。

表 5－11　处罚力度较大时中央政府和地方政府博弈

		省级政府	
		允许提前退休	不允许提前退休
中央政府	检查	1，－2	－1，0
	不检查	－1，1	0，0

在省级政府允许提前退休和不允许提前退休，中央政府不检查的情况下，中央政府和省级政府的收益均和中央政府不加大处罚力度的情况相同，不同的是，在中央政府加大处罚力度，而省级政府允许提前退休的情况下，中央政府虽然也要支付一定的检查成本，但是省级政府受到的惩罚也会增大，此时，中央政府和地方政府的收益为（1，－2）。

同样该博弈也只存在混合纳什均衡。当 $P_1=1/3$ 时，$P_r=2/3$ 时，采取混合战略为最优，且抽查的概率为1/3。

在基本养老保险统筹层次比较低时，中央政府对各省市的职工情况与省级政府相比相对不熟悉，难以监管。而且省级统筹下省级政府承担着本地区基本养老金的“兜底”责任，尽管中央政府没有严格监管的动力，但为了维护本地区的利益，省级政府允许提前退休的行为将受到严格监管制约。这时监管成本边际收益递减，所以监管存在最优规模，即养老保险有最优覆盖面。当基本养老保险统筹层次提高到全国统筹时，中央政府承担着全国基本养老金的“兜底”责任，此时，允许提前退休是省级政府的最优战略。如果要控制省级政府这一行为，又要降低监管成本，则中央政府的可行战略将是加大对违规省市的处罚力度。

综上所述，地方政府从保护本地区利益的立场出发，往往会采取各种策略阻碍基本养老保险统筹层次提高，尽管中央政府可以组织一次又一次的监督与检查，但只要统筹部分养老金将变成公共物品，地方的养老基金管理者就会采取纵容提前退休、降低养老保险费征收力度、提高养老金的支付水平等措施，因而往往会出现花光盈余或制造赤字的现象。而且，中国是一个幅员辽阔、国情复杂的国家，信息不对称的问题十分严重，这进一步导致各地在基本养老保险统筹层次提高中的利益分配关系紧张，不利于利益的重新调整和分配，最终导致基本养老保险统筹层次越高，摩擦成本就越大，极大阻碍了基本养老保险统筹层次提高的进程。因此，从本质上来说，我国基本养老保险全国统筹不仅是一个体制性问题，更是一个涉及中央与地方财政责任的利益调整与博弈过程。

第二节　基本养老保险全国统筹的收益

诚如著名经济学家斯蒂格利茨所言，“好的社会保障体制会维护社会稳定，实现社会安全，而一个设计不好的体制则会对工作和储蓄的经济激励机制产生负面影响，阻碍劳动力流动，减少总储蓄，还会成为财政预算资金流失的一个渠道，使资金不能被用于更紧迫的社会需要和经济增长”。[①] 在中国几十年的经济发展过程中，养老保险制度在保障广大劳动者的基本生活、维护社会稳定、保障经济建设顺利开展等方面都发挥了重要的作用。鉴于此，本节主要是对基本养老保险全国统筹的收益进行分析。对于基本养老保险全国统筹的收益，主要表现为

① 约瑟夫·斯蒂格利茨．设计适当的社会保障体系对中国继续取得成功至关重要（刘卫译）［J］．经济社会体制比较，2000（5）：20－21.

对社会公平、政府财政压力、劳动力的自由流动、抗风险能力的积极影响。

一、基本养老保险全国统筹对公平的影响

“目前我国的社会保障存在有和无、多和少以及碎片化现象，其中最核心的问题就是公平问题。而要实现公平，全国统筹才是可行之路”。① 为了比较基本养老保险全国统筹下各省区市之间退休职工基础养老金的差距，现假设全国各省市都有这样一位条件如下的职工：该职工从1995年年初开始参加工作，2010年年初达到退休年龄并退出劳动领域，在整个工作期间按月缴纳养老保险费用，从未间断，并假设该职工历年缴费工资总额为所在省区市的平均缴费工资水平。该职工达到退休年龄且缴费年限满15年，符合基本养老保险金的给付条件，因此，可按月发给基本养老金。为了比较基本养老保险全国统筹与省级统筹下退休职工基础养老金的差距，现假设2009年实行的是基本养老保险全国统筹，并分别计算该职工以全国在岗职工月平均工资为计发标准所得到的基础养老金，计算结果如表5－12所示。

表5－12　2009年基本养老保险全国统筹下各省区市职工基础养老金

单位：元

	上年度在岗职工月均工资	月均缴费工资指数	指数化月均缴费工资	基础养老金发放额
北京	2687	1.76	4733.62	556.55
天津	2687	1.32	3545.91	467.47
河北	2687	0.83	2229.07	368.71
山西	2687	0.81	2178.26	364.89
内蒙古	2687	0.82	2194.78	366.13
辽宁	2687	0.93	2485.69	387.95
吉林	2687	0.82	2204.73	366.88
黑龙江	2687	0.78	2103.78	359.31
上海	2687	1.85	4981.43	575.13
江苏	2687	1.11	2975.05	424.65
浙江	2687	1.35	3632.81	473.99

① 专家称只有全国统筹方能实现社会保障公平［N］. 光明日报，2009－10－21.

续表

	上年度在岗职工月均工资	月均缴费工资指数	指数化月均缴费工资	基础养老金发放额
安徽	2687	0.82	2196.88	366.29
福建	2687	1.03	2778.83	409.94
江西	2687	0.75	2017.65	352.85
山东	2687	0.92	2484.54	387.87
河南	2687	0.78	2106.44	359.51
湖北	2687	0.80	2157.88	363.37
湖南	2687	0.86	2299.75	374.01
广东	2687	1.38	3710.89	479.84
广西	2687	0.85	2285.17	372.91
海南	2687	0.80	2154.79	363.13
重庆	2687	0.89	2401.38	381.61
四川	2687	0.87	2348.14	377.64
贵州	2687	0.80	2152.90	362.99
云南	2687	0.93	2502.25	389.19
西藏	2687	1.64	4396.88	531.29
陕西	2687	0.83	2222.43	368.21
甘肃	2687	0.89	2379.67	380.00
青海	2687	1.08	2897.29	418.82
宁夏	2687	0.95	2558.57	393.42
新疆	2687	0.91	2455.22	385.67

在基本养老保险统筹层次提高的过程中，尤其是实现全国统筹后，省际之间的物价差异要远远高于省内的差异，因此，基础养老金的发放还应考虑到各地物价水平的差异。以下根据表4－5中保障不同层次基本生活所包括的消费支出和表4－7中各省市不同层次基本生活的物价指数，扣除价格因素的影响，计算出不同地区满足上述条件的职工在基本养老保险全国统筹下，为保障不同层次基本生活所需的养老金的实际值，如表5－13所示。

表 5-13　基本养老保险全国统筹下保障不同层次基本生活的实际养老金比较

	低层次的基本生活	中层次的基本生活	高层次的基本生活
全国	403.05	403.05	403.05
北京	549.73	593.98	541.23
天津	666.39	579.28	528.08
河北	448.79	458.22	439.25
山西	456.04	494.23	440.47
内蒙古	298.67	339.43	358.74
辽宁	444.53	404.04	395.43
吉林	353.69	374.16	392.62
黑龙江	366.76	379.89	380.71
上海	620.29	479.14	492.33
江苏	377.44	392.19	386.65
浙江	468.62	501.27	482.85
安徽	353.11	390.25	406.20
福建	465.19	458.92	445.73
江西	385.29	353.70	364.75
山东	445.34	368.64	370.43
河南	403.44	410.66	393.68
湖北	299.09	329.33	341.13
湖南	304.22	346.01	357.66
广东	462.89	387.67	370.87
广西	305.46	368.14	380.11
海南	300.56	291.20	305.71
重庆	409.51	381.36	357.10
四川	376.67	382.87	359.11
贵州	450.85	454.84	403.12
云南	358.36	362.76	381.90
西藏	491.08	504.86	559.67
陕西	428.94	408.66	407.18

续表

	低层次的基本生活	中层次的基本生活	高层次的基本生活
甘肃	361.24	342.70	389.65
青海	410.38	405.79	444.61
宁夏	359.96	366.82	394.76
新疆	368.22	370.58	335.09
极值差率	2.24	2.05	1.83

从表5－13和图5－4可以看出，基本养老保险全国统筹下按价格指数对保障不同层次基本生活的养老金进行调整后，退休职工为保障低层次、中层次和高层次基本生活水平的实际养老金的极值差率分别为2.24、2.05和1.83。与基本养老保险省级统筹下保障退休职工低层次、中层次和高层次基本生活水平的实际养老金的极值差率相比，分别下降了0.15个百分点、0.12分百分点和0.05个百分点。这说明与基本养老保险省级统筹相比，全国统筹有利于缩小社会成员之间的收入差距，促进社会公平。

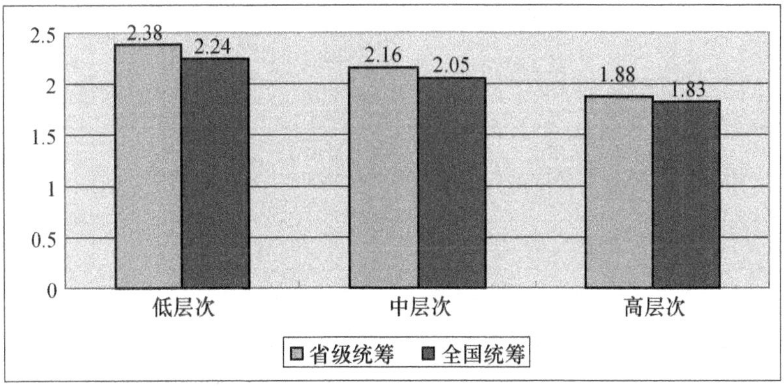

图5－4　全国统筹与省级统筹不同层次基本生活的极值差率比较

表5－14　基本养老保险全国统筹与省级统筹相比较的实际养老金差额

	低层次的基本生活	中层次的基本生活	高层次的基本生活
北京	－10.52	－11.37	－10.35
天津	－22.20	－19.29	－17.58
河北	－17.50	－17.88	－17.13
山西	－34.82	－37.73	－33.63

续表

	低层次的基本生活	中层次的基本生活	高层次的基本生活
内蒙古	-48.09	-54.66	-57.77
辽宁	-10.63	-9.66	-9.46
吉林	6.57	6.95	7.29
黑龙江	6.01	6.23	6.24
上海	14.39	11.12	11.43
江苏	5.01	5.21	5.13
浙江	73.43	78.56	75.67
安徽	-32.42	-35.84	-37.30
福建	67.43	66.52	64.60
江西	0.51	0.47	0.49
山东	6.06	5.02	5.04
河南	-26.47	-26.95	-25.83
湖北	-7.85	-8.65	-8.95
湖南	11.61	13.21	13.65
广东	82.24	68.88	65.89
广西	0.97	1.17	1.20
海南	11.54	11.18	11.74
重庆	-5.69	-5.29	-4.96
四川	0.15	0.15	0.14
贵州	-28.16	-28.40	-25.17
云南	44.84	45.40	47.79
西藏	66.68	68.55	75.99
陕西	-46.99	-44.78	-44.61
甘肃	22.23	21.09	23.99
青海	26.51	26.20	28.72
宁夏	-26.45	-26.95	-29.01
新疆	22.47	22.62	20.45

按照现行基础养老金的计发公式，[①] 基础养老金是本人退休时全省上年度在岗职工月平均工资和本人指数化月平均缴费工资的增函数，其中，本人指数化月平均缴费工资为当地上年度在岗职工月平均工资与本人平均缴费工资指数的乘积，即职工退休后基础养老金领取额的多少主要取决于参保人员退休时上年度在岗职工月平均工资（C）和职工平均缴费工资指数（Z）。[②] 一方面，上年度在岗职工月平均工资反映社会经济发展水平，在其他条件相同的情况下，在岗职工平均工资越高，职工领取的基础养老金也就越多；另一方面，职工平均缴费工资指数反映职工个人的因素对基本养老金的影响，即职工本人的缴费工资的多少和缴费时间的长短会对基础养老金的领取额产生影响，缴费工资越高，缴费时间越长，领取的基础养老金也就越多；反之，缴费工资越低，缴费时间越短，领取的基础养老金也就越少。

与基本养老保险省级统筹相比，统筹层次提高至全国统筹后，影响职工养老金领取额的上年度在岗职工月平均工资都由原来的以所在省区市的在岗职工平均工资为标准变为以全国上年度在岗职工月平均工资为标准，例如，2009 年全国统筹下当地上年度在岗职工月平均工资均以全国 2009 年度在岗职工月平均工资为标准。因此，在其他条件都相同的情况下，无论是哪个省区市的职工退休，只要缴费工资和缴费年限相同，退休后领取的基础养老金均相同。

同时，从基础养老金的计发公式可以看出，职工退休后养老金领取额的多少不仅取决于参保人员退休时全国上年度在岗职工月平均工资，还受职工平均缴费工资指数的影响。

由于基本养老保险统筹层次提高到全国统筹，低收入地区和高收入地区参保退休人员的养老待遇受上年度在岗职工月平均工资和职工平均缴费工资指数的共同影响。对低收入地区而言，一方面，基本养老保险全国统筹下，由于低收入地区在岗职工月平均工资低于全国平均水平，全国统筹下以全国上年度在岗职工月平均工资取代本地区上年度在岗职工月平均工资，使退休职工基础养老金的领取额随之增加。另一方面，退休职工养老金领取额还会受职工平均缴费工资指数的影响。基本养老保险全国统筹下，由于低收入地区在岗职工月平均工资低于全国平均水平，因此，随着作为分母的全国在岗职工平均工资 A_1，$A_2 \cdots\cdots A_n$ 的增加，

---

① 基础养老金 =（本人退休时全省上年度在岗职工月平均工资 + 本人指数化月平均缴费工资）÷2×个人累计缴费年限 ×1%。

② 本人平均缴费工资指数 = 职工平均缴费工资指数（Z）= $(a_l/A_l + a_2/A_2 + \cdots\cdots + a_n/A_n)/N$

其中，a_l、$a_2 \cdots\cdots a_n$ 为参保人员退休前 1 年、2 年……n 年本人的年缴费工资额；A_l、$A_2 \cdots\cdots A_n$ 为参保人员退休前 1 年、2 年……n 年全省（市）在岗职工平均工资；N 为企业和职工实际缴纳基本养老保险费的年限。

将使低收入地区职工的月平均缴费工资指数有所下降，从而使退休职工基础养老金的领取额随之下降。在上年度在岗职工月平均工资和职工平均缴费工资指数两种因素的相反作用下，最终退休职工养老金领取额是上升还是下降，则主要取决于全国上年度在岗职工月平均工资的上升所引起基础养老金的上升幅度和职工月平均缴费工资指数下降所引起基础养老金的下降幅度的比较。如果上年度在岗职工月平均工资的上升的幅度大于职工月平均缴费工资指数下降的幅度，统筹层次提高后低收入省区市的退休职工基础养老金的领取额将会上升，反之，则会下降。以广西为例，2009 年广西在岗职工月平均工资为 2276. 83 元，低于全国的平均水平，实现基本养老保险全国统筹后，则按全国上年度在岗职工月平均工资计发基础养老金，使广西退休职工基础养老金的领取额随之增加；同时，实现基本养老保险全国统筹后，广西省级统筹下退休职工的月均缴费工资指数由省级统筹的 1. 18 下降为全国统筹的 0. 85。在两个因素的共同作用下，广西在岗职工月平均工资上升的幅度大于退休职工的月均缴费工资指数下降的幅度，最终使广西退休职工全国统筹下基础养老金的领取额与省级统筹的水平相比有所提高。再以陕西省为例，2009 年陕西省在岗职工月平均工资为 2463. 83 元，低于全国的平均水平，实现基本养老保险全国统筹后，则按全国上年度在岗职工月平均工资计发养老金，使陕西省退休职工基础养老金的领取额随之增加；同时，实现基本养老保险全国统筹后，陕西省省级统筹下退休职工的月均缴费工资指数由省级统筹的 1. 18 下降为全国统筹的 0. 85。在两个因素的共同作用下，陕西省在岗职工月平均工资上升的幅度小于退休职工的月均缴费工资指数下降的幅度，最终使陕西省退休职工全国统筹下基础养老金的领取额与省级统筹的水平相比有所降低。

对于高收入地区而言，统筹层次提高后的影响与低收入地区相反。一方面，基本养老保险全国统筹下，由于高收入地区在岗职工月平均工资高于全国的平均水平，全国统筹下以全国上年度在岗职工月平均工资取代本地区上年度在岗职工月平均工资，使基础养老金的领取额随之减少。另一方面，职工退休后养老金领取额还会受到职工平均缴费工资指数的影响，基本养老保险全国统筹下，由于高收入地区在岗职工月平均工资高于全国的平均水平，因此，随着作为分母的全国在岗职工平均工资 A_1，$A_2 \cdots\cdots A_n$ 的降低，将使高收入地区职工的月平均缴费工资指数有所上升，从而使退休职工基础养老金领取额随之上升。在这两种因素的相反作用下，最终退休职工养老金领取数是上升还是下降则主要取决于全国上年度在岗职工月平均工资相对于下降所引起基础养老金的给付的下降幅度和职工月平均缴费工资指数上升所引起基础养老金的给付的上升幅度。如果上年度在岗职工月平均工资的下降的幅度大于职工月平均缴费工资指数上升的幅度，统筹层次提高后高收入地区退休职工基础养老金的领取额将会下降；反之，则会上升。以北京为例，2009 年北京在岗职工月平均工资为 4814.92 元，高于全国的平均水平。实现基本养老保险全国统筹后，则按全国上年度在岗职工月平均工资发放养老金，会使北京基础养老金的给付随之降低；同时，实现基本养老保险全国统筹后，北京市退休职工的月均缴费工资指数由省级统筹的 0.57 上升为全国统筹 1.76。在两个因素的共同作用下，北京市在岗职工月平均工资下降的幅度大于退休职工的月均缴费工资指数上升的幅度，最终使北京市退休职工全国统筹下基础养老金的领取额与省级统筹的水平相比有所下降。再以上海市为例，2009 年上海市在岗职工月平均工资为 4861.33 元，高于全国的平均水平，实现基本养老保险全国统筹后，则按全国上年度在岗职工月平均工资计发养老金，使上海市退休职工基础养老金的领取额随之减少；同时，实现基本养老保险全国统筹后，上海市退休职工的月均缴费工资指数由省级统筹的 0.54 上升为全国统筹的 1.85。在两个因素的共同作用下，上海市在岗职工月平均工资下降的幅度小于退休职工的月均缴费工资指数上升的幅度，最终使上海市退休职工全国统筹下基础养老金的领取额与省级统筹的水平相比有所上升。

根据上述分析，统筹层次提高后，高收入地区和低收入地区的上年度在岗职工月平均工资和退休职工的月均缴费工资指数的变化情况可总结于表 5－15 中。

表 5－15　统筹层次提高后不同地区 C 与 Z 的变化

	基础养老金给付额降低	基础养老金给付额上升
高收入地区	C 下降的幅度大于 Z 上升的幅度	C 下降的幅度小于 Z 上升的幅度
低收入地区	C 上升的幅度小于 Z 下降的幅度	C 上升的幅度大于 Z 下降的幅度

从表 5－15 可以看出，在参保人员退休时上年度在岗职工月平均工资和职工平均缴费工资指数的共同影响下，北京、天津、河北、山西、内蒙古、辽宁、安徽、河南、湖北、重庆、贵州、陕西、宁夏等 13 省区市在基本养老保险全国统筹下，基础养老金给付额低于省级统筹下基础养老金给付额。其中，北京、天津、宁夏等 3 个省区市在岗职工平均工资水平高于全国的平均水平，统筹层次提高后，由于在岗职工月平均工资下降的幅度大于退休职工的月均缴费工资指数上升的幅度，最终退休职工基础养老金的领取度有所下降；河北、山西、内蒙古、辽宁、安徽、河南、湖北、重庆、贵州、陕西、宁夏等 11 省区市在岗职工平均工资水平低于全国的平均水平，统筹层次提高后，由于在岗职工月平均工资上升的幅度低于退休职工的月均缴费工资指数下降的幅度，最终退休职工基础养老金的领取额有所下降。

吉林、黑龙江、上海等18省市的全国统筹基础养老金发放额高于省级统筹基础养老金发放额。其中，上海、江苏、浙江、广东、西藏、青海等6个省区市在岗职工平均工资水平高于全国的平均水平，统筹层次提高后，由于在岗职工月平均工资下降的幅度小于退休职工的月均缴费工资指数上升的幅度，最终退休职工基础养老金的领取额有所上升；吉林、黑龙江、福建、江西、山东、广西、湖南、海南、四川、云南、甘肃、新疆等12省区市在岗职工平均工资水平低于全国的平均水平，统筹层次提高后，由于在岗职工月平均工资上升的幅度大于退休职工的月均缴费工资指数上下降的幅度，最终退休职工基础养老金的领取额有所上升。

综上所述，基本养老保险全国统筹有利于养老金在更大的范围内调剂使用，有利于实现地区之间的收入再分配和不同社会成员之间的互助互济，在一定程度上缩小社会成员发展结果的不公平，有利于公平原则的实现。

二、基本养老保险全国统筹对政府财政的影响

基本养老保险省级统筹下，各省级统筹区域之间养老保险基金存在畸轻畸重的现象，但是省级政府之间各自为政，基金难以跨省调剂使用。为了确保退休职工基本养老金的按时足额发放，各级政府对基本养老保险基金进行了大量的财政补贴。为了衡量基本养老保险全国统筹对政府财政的影响，本书建立省级统筹模型和全国统筹模型，并在东部地区、中部地区和西部地区各选择一个典型省份①，对基本养老保险省级统筹和全国统筹下养老金的收支平衡进行模拟，进而分析省级统筹和全国统筹对政府财政的不同影响。

（一）我国基本养老保险统筹测算模型的构建

养老金收入和支出是养老保险工作的一项重要内容，统筹层次的变更涉及养老金调剂范围的变化，本章构建了省级（一地）精算模型及全国（多地）统筹模型，分别对省级统筹和全国统筹的养老金平衡情况进行计算。

1. 省级（一地）精算模型

基本养老保险省级统筹时，各省之间的养老金不能统筹调剂，因此，基本养老保险省级统筹可以看作是各统筹区域之间各自为政的一地精算模型。

（1）一地短期养老金模型，计算每一年的收支平衡

一地一年养老金的收入公式为：

① 本书分别在东、中、西部地区选择在全国统筹的过程中比较具有代表性的省份进行测算，分别为东部地区的广东省、中部地区的河南省和西部地区的陕西省，其中，广东省是劳动力输入大省，河南省是劳动力输出大省，陕西省的基本养老保险省级统筹走在全国的前列。

$$income_i^j = x_i^j \times w_{i-1}^j \times \delta_i^j \times \eta_i^j$$

$$x_i^j = x_{i-1}^j \alpha_i ; w_i^j = w_{i-1}^j \gamma_i$$

其中，$income_i^j$ 为 j 地区第 i 年的养老金收入，x_i^j 为 j 地区第 i 年的参保人数，w_{i-1}^j 为 j 地区第 $i-1$ 年的职工平均工资，δ_i^j 为 j 地区第 i 年的养老金缴费率，η_i^j 为 j 地区第 i 年的养老金收缴率。

一地一年养老金的支出公式为：

$$pay_i^j = y_i^j \times w_{i-1}^j \times \varphi_i^j$$

$$y_i^j = y_{i-1}^j \beta_i$$

其中，pay_i^j 为 j 地区第 i 年的养老金支出，y_i^j 为 j 地区第 i 年的退休人数，w_{i-1}^j 为 j 地区第 $i-1$ 年的职工平均工资，φ_i^j 为 j 地区第 i 年的养老金替代率。

一地一年养老金的收支平衡情况为：

$$balance_i^j = income_i^j - pay_i^j$$

当 $balance_i^j \geqslant 0$ 时，才能使地区 j 在 t 年达到年度平衡。

（2）一地长期养老金模型，计算一地第 $t_1 - t_n$ 年的养老金收支平衡

在年度平衡的基础上，还要衡量地区 j 在 $t_1 - t_n$ 年时间段内的养老金收支平衡情况。由于地区 j 在 $t_1 - t_n$ 年内的统筹过程中，将各年结余度累积到了第 t_n 年，因此，测算地区 j 在 $t_1 - t_n$ 年内的养老金结余情况，即是要测算地区 j 第 t_n 年的养老金结余终值。以 $BALANCE_t^j$ 表示地区 j 第 t_n 年的养老金累计结余，以 r 表示养老金收益率，则有

$$BALANCE_t^j = \sum_{i=1}^{t} balance_i^j (1 + r)^{t-i}$$

当 $BALANCE_t^j \geqslant 0$ 时，才能使地区 j 达到长期平衡。

2. 全国（多地合并）统筹模型

基本养老保险全国统筹下，不仅意味着统筹地区的增多、统筹范围与统筹规模的扩大，而且各统筹区域的养老金可以调剂使用。因此，基本养老保险全国统筹可以看作是各统筹区域之间合并统筹模型。

（1）多地合并短期模型

以 $\sum_{j=1}^{n} income_i^j$ 表示多个地区统筹后的第 i 年的养老金收入情况，以 $\sum_{j=1}^{n} pay_i^j$ 表示多个地区统筹后第 i 年的养老金支出情况，以 $balance_i$ 表示多个地区统筹后的第 i 年的养老金平衡情况，则有：

$$balance_i = \sum_{j=1}^{n} balance_i^j = \sum_{j=1}^{n} income_i^j - \sum_{j=1}^{n} pay_i^j$$

（2）多地合并长期模型

测算多地区在 t_1-t_n 年内的养老金结余情况，即是要测算多地区第 t_n 年的养老金结余终值。用 $BALANCE_t$ 表示多地区统筹后第 t 年的养老金累积结余，以 r 表示养老金收益率，则有：

$$
\begin{aligned}
BALANCE_t &= \sum_{i=1}^{t} balance_i \ (1+r)^{t-i} \\
&= \sum_{i=1}^{t} \sum_{j=1}^{n} balance_i^j \ (1+r)^{t-i} \\
&= \sum_{i=1}^{t} \left(\sum_{j=1}^{n} income_i^j - \sum_{j=1}^{n} pay_i^j \right) (1+r)^{t-i}
\end{aligned}
$$

为了实现养老金收支的长期平衡需要 $BALANCE_t \geqslant 0$，即 t_1-t_n 时间段内参加统筹的所有地区的养老保险的累积结余大于或者等于零。

（二）数据来源与参数的设定

养老保险基金收支基本模型由各因素组合而成，各因素中有关参数的设定对模型的准确度有着至关重要的作用。本书参数的设置是基于有关政策规定、过去年份的实际值及对未来经济发展和人口发展的已有研究估计判断而定的。

1. 统计口径、测算期间和测算基年

本书提及的职工人数和退休人数，仅指基本养老保险制度覆盖范围内城镇各类企业职工和个体劳动者，不考虑机关、事业单位工作人员。为了考察统筹系统独立运行的自我平衡状况，本书提及的养老保险基金收入不考虑财政补贴因素，基金支出不考虑用于管理方面的费用及职工死亡丧葬费用，基金收入完全用于参保退休职工的养老金发放。

本书选取2010—2050年作为养老保险制度中长期平衡测算。一方面，我国在2030年左右进入老龄化高峰期，该时间段基本涵盖了老龄化高峰期前后较长的时间段；另一方面，该时间段基本涵盖了典型职工就业和退休的全部时间：从人口数量与结构上来看，该时间段既包含了人口总量的正增长时期，又包含了人口总量的负增长时期；从经济发展的角度来说，该时间段既包括了工资较快增长时期，又包括了工资增长趋于基本稳定时期；从养老保险制度发展和完善的角度来看，该时间段既包括了制度的幼稚期，又包含了制度的成熟期。考虑到计算的方便，选取2009年为测算基年，并根据《中国统计年鉴》《中国人口和就业统计年鉴》及相关统计数据，确定相关数据。

2. 参保职工人数和退休职工人数

本书假定各省参保职工增长率和退休职工增长率分别近似等于劳动年龄人口增

长率和60岁以上人口增长率，并以2009年为原始数据计算2010—2050年参保职工人数和退休职工人数。劳动年龄人口增长率和60岁以上人口增长率如表5－16所示。

表5－16 2010—2050年劳动年龄人口增长率和60岁以上人口增长率

年份	劳动人口增长率（%）	60岁以上人口增长率（%）	年份	劳动人口增长率（%）	60岁以上人口增长率（%）
2010	1.0344	4.2381	2031	－1.2991	3.8585
2011	0.6962	3.6513	2032	－1.0840	3.1340
2012	0.1246	4.8636	2033	－1.0651	2.9413
2013	－0.0305	4.6212	2034	－1.0657	2.5529
2014	0.0356	4.8673	2035	－0.9581	1.9231
2015	－0.0520	5.0401	2036	－0.9547	1.5662
2016	0.0914	3.9807	2037	－1.1653	1.2530
2017	－0.3299	4.1419	2038	－1.1547	1.0780
2018	－1.0362	4.1390	2039	－1.2091	1.1136
2019	－0.8953	2.0369	2040	－1.3001	1.0385
2020	－0.7282	1.9624	2041	－1.4918	0.9448
2021	－0.6354	0.7881	2042	－2.0458	1.4953
2022	－0.7487	2.3540	2043	－2.0868	1.2888
2023	－1.5180	6.2161	2044	－2.1046	1.0592
2024	－1.5979	5.1785	2045	－2.2769	1.0459
2025	－1.6157	4.5924	2046	－2.2111	1.3787
2026	－1.6756	4.5938	2047	－2.3010	1.9177
2027	－1.3492	3.4610	2048	－2.2872	1.8311
2028	－1.4508	3.7872	2049	－2.2353	1.7341
2029	－1.6103	4.5896	2050	－2.3841	1.8508
2030	－1.3306	3.8580			

资料来源：http://spreadsheets.google.com/pub? key＝rFgcLKFflTkEXwgYM8Se－4g

3. 企业缴费率

按照2005年12月颁布的《国务院关于建立统一的企业职工基本养老保险制度的决定》，企业缴费不超过工资总额的20%，个人缴费为工资的8%，共计养老保险缴费率上限为28%。但是在实际中，河南省和陕西省的企业缴费率已经超过了20%，企业负担较重。对于广东省而言，广东省各市养老保险企业缴费率相差很大，低的约10%，高的则达22%。考虑到基本养老保险全国统筹意味着缴费比例的统一。因此，本书假定广东省、河南省和陕西省的企业缴费率将会回归到正常范围内，为20%。

4. 退休职工养老金平均替代率

1952年国际劳工组织颁布的《社会保障公约》规定，替代率至少要达到40%。1994年，该组织又把标准提高到55%。从图5－5可以看出，近年来，我国基本养老保险平均替代率逐渐下降，从1998年的74.1%下降到2009年的47.5%。总体而言，我国基本养老保险平均替代率符合了国际劳工组织最初所推荐的40%的最低标准，但近几年并未达到55%的标准。为了保障退休职工的基本生活，且逐渐向国际标准靠拢，本书假定我国基本养老金的平均替代率为45%。

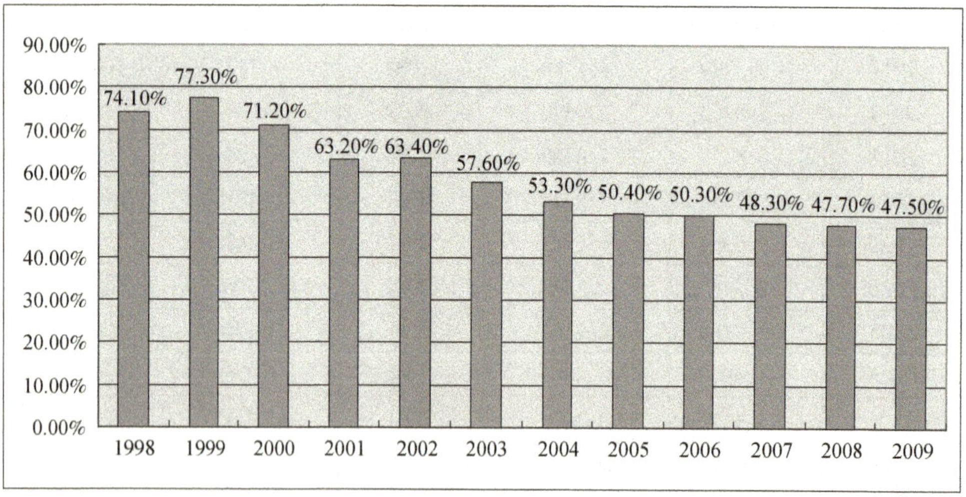

图5－5　1998—2009年我国基本养老保险平均替代率

资料来源：根据国家统计局．中国统计年鉴2010［M］．北京：中国统计出版社，2010；劳动和社会保障部．中国劳动和社会保障事业发展统计公报［R］，1998－2007；人力资源社会保障部．人力资源和社会保障事业发展统计公报［R］，2008－2009.

5. 在岗职工平均工资增长率

近年来，我国城镇在岗职工平均工资水平保持较快的增长势头，如图5－6所示，2000—2009年，我国职工平均工资增长率超过10%，且均高于同期GDP增长率。出现这种现象的原因除了近年来，我国宏观经济运行环境不断改善，经济持续快速增长之外，还包括我国在改革之前实行的是“低工资、高就业、高补贴、高福利”的政策。因此，这样高的平均工资增长率是建立在经济以超乎寻常的速度高速发展，以及在工资制度的改革过程中国家曾多次对职工工资水平进行普调的基础之上的，是不具代表性的。考虑到我国未来经济将会逐步进入持续、稳定发展时期，本书假定工资增长率由 2009 年的 13% 逐步下降到 2020 年的 7.5%（每年下降 0.5%）。2020 年以后，“人口红利”在国民经济发展中的贡献将趋于消失，此阶段工资增长率下降为 7%；2030 年左右进入老龄化高峰期，工资增长率将下降到 6%，而 2030 年以后的工资增长率保持 6% 不变。

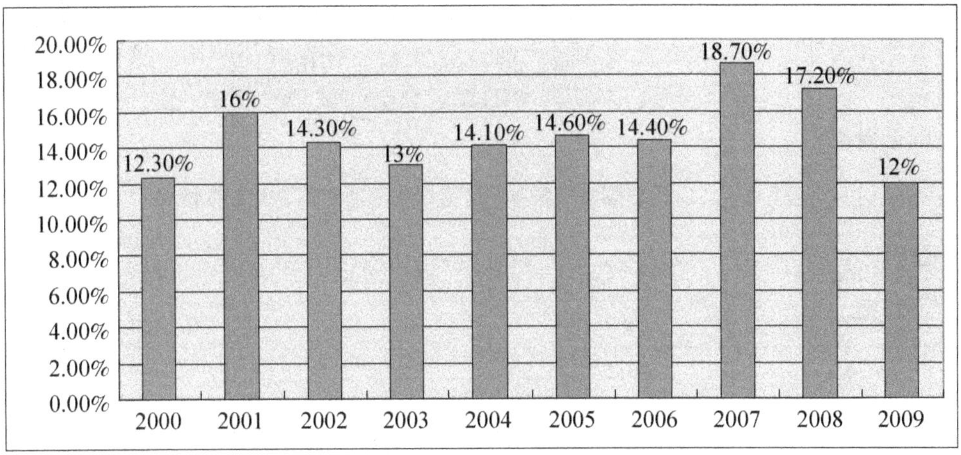

图 5－6　2000—2009 年我国在岗职工平均工资增长率

资料来源：国家统计局．中国统计年鉴 2010［M］．北京：中国统计出版社，2010.

6. 养老金收缴率

养老金收缴率指实际养老金缴费收入与应有养老金缴费收入的比值。在现实中，大量的企业和个人的逃费行为导致实际收缴率难以达到 100%。因此，本书假定我国养老金收缴率 2010—2025 年为 85%，2026—2050 年为 90%。

7. 养老金收益率

养老保险基金具有规模性、稳定性、长期性的特点，而且养老保险基金是一种储蓄性资金，承担着对受益人的长期支付责任，决定了养老保险基金必须在保证安全的前提下实现保值增值。但是，据统计，我国社保基金处于贬值状态，2000—2008 年社保基金的投资收益率不足 2%，低于 2.2% 的 CPI。不到 2% 的名义收益率既低于国外任何一个实行国债投资的收益率，也低于国外任何一个实行市场化的投资收益率，几乎是世界上收益率最低的。[①] 目前，我国社保基金的投资渠道仅限于存入银行和购买国债，随着我国金融市场的逐步成熟，我国社保基金的投资渠道将逐步拓宽，养老保险基金的收益率也将逐渐提高。按照成熟经济的实践，金融机构法定存款利率一般不超过5%，因此，本书选择4%的养老保险基金投资收益率。

（三）模型预测结果及分析

按照省级统筹模型和相关参数的设定，我们分别对广东省、河南省和陕西省2010—2050年基本养老保险省级统筹下的养老金收支平衡状况进行预测。

从表5－17和图5－7可以看出，基本养老保险省级统筹下，广东省、河南省和陕西省分别将在2036年、2021年和2017年出现支付缺口。由于基本养老保险省级统筹下，地方政府之间各自为政，资金无法跨省调剂使用。这就意味着，从2017年开始，国家财政将对陕西省的养老金支付缺口承担“兜底”责任，进行财政补贴。

表5－17　省级统筹下广东省、河南省和陕西省养老金结余情况

单位：亿元

年份	广东省	河南省	陕西省
2010	2499. 49	475. 57	168. 72
2011	3012. 73	521. 72	165. 35
2012	3506. 46	548. 79	153. 18
2013	3983. 50	558. 23	131. 27
2014	4438. 80	546. 91	97. 99
2015	4864. 94	510. 85	51. 35
2016	5360. 17	483. 29	5. 88
2017	5824. 63	429. 52	－53. 74
2018	6241. 37	342. 58	－130. 76
2019	6633. 31	233. 59	－219. 75
2020	7001. 33	102. 17	－320. 99
2021	7361. 10	－44. 22	－430. 85
2022	7685. 53	－219. 53	－556. 25

① 郑秉文. 两万亿养命钱面临贬值风险［N］. 中国证券报，2010－9－8.

续表

年份	广东省	河南省	陕西省
2023	7893.27	-463.30	-716.50
2024	7985.33	-774.92	-911.30
2025	7958.74	-1156.05	-1141.48
2026	7919.67	-1574.00	-1393.33
2027	7768.85	-2059.92	-1680.02
2028	7484.51	-2624.84	-2007.00
2029	7027.79	-3288.37	-2383.94
2030	6408.21	-4047.08	-2809.30
2031	5610.19	-4909.42	-3290.75
2032	4621.74	-5878.45	-3817.49
2033	3470.07	-6940.38	-4390.79
2034	2158.20	-8093.82	-5010.00
2035	703.60	-9330.45	-5671.11
2036	-736.41	-10596.96	-6351.04
2037	-2309.55	-11941.54	-7070.34
2038	-4014.42	-13363.69	-7828.79
2039	-5861.01	-14868.46	-8628.84
2040	-7855.51	-16458.67	-9471.85
2041	-10006.34	-18137.70	-10359.37
2042	-12368.46	-19930.77	-11303.42
2043	-14942.12	-21837.81	-12303.95
2044	-17724.39	-23857.23	-13360.18
2045	-20729.51	-25995.40	-14475.10
2046	-23815.86	-28210.90	-15631.94
2047	-27204.01	-30585.96	-16867.51
2048	-30903.33	-33125.50	-18184.26
2049	-34920.98	-35833.59	-19584.22
2050	-39287.51	-38725.04	-21074.56

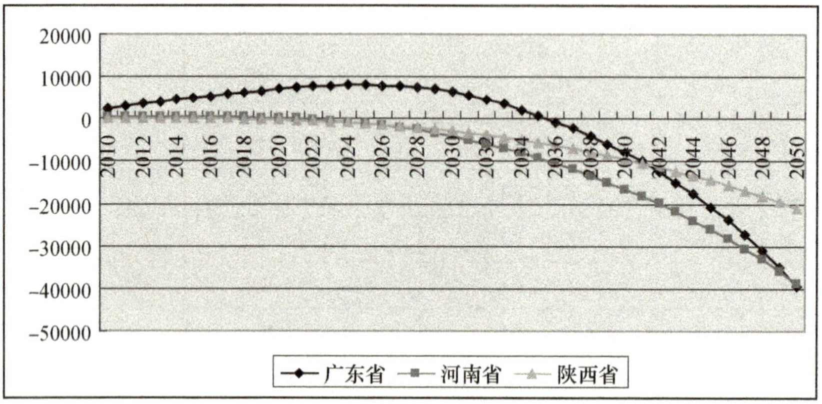

图 5－7　省级统筹下广东省、河南省和陕西省养老金结余情况

按照全国统筹模型和相关参数的设定，我们分别对广东省、河南省和陕西省2010—2050 年基本养老保险全国统筹下的养老金收支平衡状况进行预测。

表 5－18　全国统筹下广东省、河南省和陕西省养老金结余情况

单位：亿元

年份	广东省	河南省	陕西省	三省调剂使用
2010	2465. 66	443. 93	160. 20	3069. 79
2011	2954. 18	478. 20	146. 95	3579. 33
2012	3428. 96	492. 11	123. 23	4044. 3
2013	3892. 35	483. 25	87. 96	4463. 56
2014	4340. 30	447. 69	39. 26	4827. 25
2015	4766. 65	380. 44	－11. 39	5135. 7
2016	5258. 14	321. 44	－75. 62	5503. 96
2017	5726. 86	228. 86	－156. 51	5799. 21
2018	6158. 23	94. 19	－257. 69	5994. 73
2019	6571. 51	－68. 78	－372. 97	6129. 76
2020	6967. 68	－260. 56	－502. 71	6204. 41
2021	7359. 96	－471. 95	－642. 79	6245. 22
2022	7725. 78	－720. 31	－801. 12	6204. 35
2023	7996. 70	－1054. 71	－999. 72	5942. 27

续表

年份	广东省	河南省	陕西省	三省调剂使用
2024	8173. 53	-1474. 39	-1238. 23	5460. 91
2025	8253. 82	-1981. 44	-1499. 02	4773. 36
2026	8332. 20	-2537. 03	-1804. 53	3990. 64
2027	8320. 34	-3178. 22	-2150. 37	2991. 75
2028	8200. 09	-3918. 76	-2542. 79	1738. 54
2029	7938. 93	-4783. 06	-2992. 84	163. 03
2030	7545. 20	-5766. 95	-3498. 82	-1720. 57
2031	7006. 06	-6881. 02	-4069. 33	-3944. 29
2032	6310. 63	-8107. 17	-4692. 07	-6488. 61
2033	5481. 66	-9448. 57	-5368. 51	-9335. 42
2034	4521. 69	-10903. 50	-6097. 88	-12479. 69
2035	3445. 49	-12461. 75	-6852. 62	-15868. 88
2036	2391. 87	-14059. 31	-7653. 54	-19320. 98
2037	1229. 96	-15753. 87	-8499. 93	-23023. 84
2038	-39. 00	-17544. 81	-9391. 57	-26975. 38
2039	-1423. 38	-19438. 34	-10331. 26	-31192. 98
2040	-2928. 43	-21437. 94	-11320. 53	-35686. 9
2041	-4561. 43	-23547. 72	-12361. 11	-40470. 26
2042	-6369. 05	-25798. 60	-13466. 65	-45634. 3
2043	-8351. 54	-28190. 46	-14637. 07	-51179. 07
2044	-10506. 49	-30721. 37	-15871. 47	-57099. 33
2045	-12846. 04	-33399. 09	-17146. 86	-63391. 99
2046	-15243. 37	-36174. 60	-18498. 15	-69916. 12
2047	-17891. 05	-39147. 30	-19939. 76	-76978. 11
2048	-20796. 86	-42323. 31	-21474. 51	-84594. 68
2049	-23966. 64	-45707. 64	-23104. 73	-92779. 01
2050	-27426. 13	-49318. 53	-24838. 59	-101583. 25

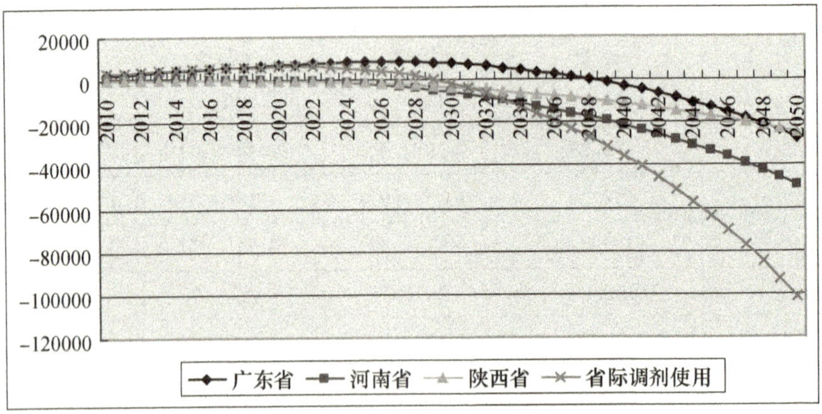

图 5－8　全国统筹下广东省、河南省和陕西省养老金结余情况

从表 5－18 和图 5－8 可以看出，基本养老保险全国统筹下，各省之间的资金可以跨省调剂，就可以将广东省的结余资金调剂给河南省和陕西省使用。在统筹调剂的作用下，广东省、河南省和陕西省的资金余缺可以相互调剂，最终使得国家财政对广东省、河南省和陕西省承担支付缺口兜底责任的时间由省级统筹的 2017 年推迟至全国统筹的 2030 年。也即是说，基本养老保险全国统筹下，资金的跨省调剂改变了国民收入的分配格局，不仅可以使各省养老金缺口在养老保险系统内消除，减小省区内的养老保险赤字风险，增加统筹养老保险计划的稳定性，而且可以有效地减轻政府的财政负担。

三、基本养老保险全国统筹对劳动力流动的影响

党的十七大报告明确提出要“制定全国统一的社会保险关系转续办法”。为了适应我国现阶段社会结构变化和经济运行状况，2009 年 12 月，国务院颁布的《城镇企业职工基本养老保险关系转移接续暂行办法》明确了跨省流动就业的养老保险关系转移接续政策，进一步打破了养老保险的地区分割、城乡分割的壁垒，使劳动者跨省流动就业时养老保险的转移接续有了制度和体制的基础，维护了参保人员特别是广大农民工的养老保险权益，是一件利民生的好事，顺民意的实事。

不过，也要看到，目前的养老保险关系接续办法，还无法有效应对劳动力异地流动日益频繁的现实，只能是权宜之计，随着经济社会的发展，还需要进一步改革和完善。如第四章第二节关于劳动力自由流动的约束要求基本养老保险全国统筹的分析，基本养老保险全国统筹是解决养老保险关系转移难的治本之策。第

一，基本养老保险全国统筹有利于避免转出地和转入地相互推诿责任。异地转移实际上涉及的是“转出地”与“转入地”政府间财政利益的重新分配。由于各地往往把征缴的社会保险基金看作自己的资源，担心损害本地的局部利益就成为导致异地转移难的根本原因。而基本养老保险全国统筹将有利于解决“愿转不愿接”和“愿接不愿转”的难题。第二，基本养老保险全国统筹有利于解决多地参保问题。由于我国地区发展差距极大，那些在多个地方工作且每个地方持续工作都不到10年的职工，当每个工作所在地的缴纳养老金标准均高于户籍所占地的标准时，最终导致回到户籍所在地领取的养老金不及缴纳的多。全国统筹意味着当地上年度在岗职工平均工资将统一为全国上年度在岗职工平均工资，从而可以有效地解决多地参保问题。第三，基本养老保险全国统筹有利于克服社保移民问题。《暂行办法》对跨省流动就业参保人员的基本养老保险关系转移的年龄和缴费年限加以限制，其中一个很重要的目的就是防止在低缴费地区的参保人员退休之后到高缴费地区享受较高的社保待遇。如果实现基本养老保险全国统筹，基础养老金核算标准之一——当地上年度在岗职工月平均工资，不管是低缴费地区还是高缴费地区，不论在各参保地缴费多少年，都以全国上年度在岗职工月平均工资为标准，参保人员退休之后在全国各地享受的社保待遇都是一样的，也没有必要将其基本养老保险关系从低缴费地区转入高缴费地区，从而可以有效抑制社保移民问题的出现。第四，基本养老保险全国统筹有利于减少劳动力流动管理成本。为了平衡转出地和转入地的基金关系，《暂行办法》规定基本养老保险统筹部分需要转移缴费基数的12%，养老保险领取地点的推算方法十分繁琐，缴费工资指数核算方法复杂，导致了管理成本的提高，如果实现全国统筹，意味着不用各省12%的缴费基数转移，不用繁琐地推算养老金的领取地点，不用承受以各省上年度在岗职工月平均工资为标准核算的麻烦，从而有效地节约管理成本。

因此，对实现劳动力在全国范围内的自由流动而言，现行的《暂行办法》并非治本之策，只是过渡性的暂行办法。而基本养老保险全国统筹使养老保险关系更具转移的便捷性，能从根本上解决养老保险关系转移难问题，并将进一步推动全国统一的劳动力市场的形成和完善，促进劳动力的合理流动。

四、基本养老保险全国统筹对抗风险能力的影响

按照大数法则，基本养老保险统筹范围的大小与抗风险能力的强弱成正比。基本养老保险统筹的层次越高，统筹范围越大，统筹资金量越多，风险就越分散，抗风险能力就越强；反之，抗风险能力就越弱。目前，我国建立了31个省

份基本养老保险的省级统筹制度，但是仍然无法有效地分散养老保险运行过程中存在的经济社会风险。为了有效分散经济社会风险，需要充分发挥基本养老保险的统筹调剂作用，依靠全社会的力量均衡负担。

如第四章第二节关于化解经济社会风险要求实现全国统筹的分析，基本养老保险全国统筹是增强养老金的抗风险能力，化解经济风险和社会风险的必然要求。

一方面，基本养老保险全国统筹有利于化解经济风险。一是基本养老保险全国统筹有利于强化基金投资管理，化解投资风险。基本养老保险基金的保值增值是养老保险制度健康运行的必要条件。但是，我国目前真正实现统收统支省级统筹的只有北京、上海等少数省市，养老保险基金实际分散在2000多个县市级统筹单位，由各级地方社会保险经办机构进行管理，养老保险基金呈现出严重“碎片化”状态，难以通过集中投资实现保值增值。基本养老保险全国统筹则可以将分散的资金进行集中投资，实现资金的保值增值；二是基本养老保险全国统筹有利于强化基金调剂功能，化解资金短缺风险。我国经济社会发展不平衡，各省市之间经济发展水平差距极大，各省份之间养老负担的高低不同，养老保险负担畸轻畸重的矛盾严重，但基本养老保险省级统筹下各省市各自为政，养老金不能跨省调剂。基本养老保险全国统筹可以使养老金在全国范围内发挥统筹调剂作用，实现基本养老保险基金收支在全国范围内的动态均衡，从而依靠全社会的力量均衡负担和化解养老保险基金的短缺风险；三是基本养老保险全国统筹有利于降低管理成本，化解财务风险。基本养老保险省级统筹下，各地都设立专门的机构对养老保险基金进行分散的管理，造成管理系统、基金信息平台的重复建设，从而导致高昂的管理成本。基本养老保险全国统筹下，较规范的养老保险业务管理流程和操作规范，各省市养老保险机构管理和执行的统一，可以有效地避免管理系统和基金信息平台的重复建设，有利于控制管理成本，从而为养老保险的运营和发展节约财力。

另一方面，基本养老保险全国统筹有利于化解社会风险。养老保险基金的地方管理是出现挤占、挪用养老金现象的重要原因。基本养老保险统筹到哪一级，哪一级政府就拥有基本养老保险资源的管理权和支配权。基本养老保险省级统筹意味着省级政府拥有基本养老保险资源的管理权和支配权。基本养老保险省级统筹下，养老保险基金仍然是地方管理，省级政府挪用资金的可能性仍然存在。基本养老保险全国统筹意味着将基本养老保险基金的管理权和使用权收归中央，由中央统一调度使用，从而有效地制止地方政府的挤占、挪用社保资金问题。

第六章　基本养老保险全国统筹的路径选择

基本养老保险全国统筹是一项长期的、复杂的系统工程，涉及局部利益与全局利益、当前利益和长远利益之间的冲突，不仅需要人力资源和社会保障部门、财政部门、税务部门、户籍管理部门等国家机关通力协作，而且需要地方政府等相关利益集团给予理解和支持。为充分调动各方面积极性，推动基本养老保险全国统筹顺利进行，我们应该遵守基本养老保险全国统筹的基本原则，积极采取有针对性的政策措施，有效解决基本养老保险全国统筹过程中存在的问题和障碍。

第一节　基本养老保险全国统筹的基本原则

在推进基本养老保险全国统筹的过程中，我们需要统筹兼顾局部利益与全局利益、当前利益和长远利益等利益关系，遵循公平与效率的均衡原则、制度内推进和制度外推进相结合的原则、中央政府与地方政府的协调原则以及分步实施、逐步到位原则。

一、公平与效率的均衡

公平与效率问题是经济学的基本问题之一，也是贯穿人类社会始终的一个永恒话题，既要不断追求效率的提高，又要实现更高程度的社会公平，不能顾此失彼。从某种意义上来说，公平与效率分别属于两个不同的领域。其中，公平属于分配领域，是指通过宏观调控等手段实现社会公平，缩小社会差距；效率属于经济发展领域，是指通过资源的优化配置，实现经济利益的最大化。同时，公平与效率是以价值判断为基础的两个相对的概念，两者是辩证统一的关系。一方面，对某个地区的公平不一定等于对其他地区的公平，对这部分社会成员的公平不一定等于对其他社会成员的公平，代内的公平不一定等于代际的公平，效率问题也存在同样的情况；另一方面，损害效率的公平本身就是不公平；而不公平的效率本身就缺乏效率，难以长期持续。

基本养老保险制度是国民收入再分配的重要手段之一，其制度设计本身就体现着公平。基本养老保险全国统筹意味着养老负担比较轻的地区将自己的养老保险基金盈余调剂给养老保险基金亏空、养老负担比较重的地区，这是一个利益调整与再分配的过程。养老保险制度作为一项社会公共计划，其宗旨在于通过国民收入的二次分配，使社会财力在富裕地区和贫困地区之间进行合理地转移和分配，以最大程度的实现社会公平。全国统筹最大的好处是，能够解决我国幅员辽阔、区域发展不平衡的问题，解决用东部支持西部、城市支持农村的问题。但是，我们不能因此而忽视养老保险制度的效率，统筹不是统一，现阶段我们更主要是希望通过基本养老保险全国统筹实现各省区市之间的养老保险基金在全国范围内统筹调剂，同时，在实现公平这个基本目标的前提下，尽量体现市场效率原则。如果过分强调公平，将使养老金制度陷入平均主义，不但会影响养老保险基金转出地区的积极性，造成对养老保险基金转出地区的不公平，而且会导致养老保险基金转入地区出现反激励问题，即过分依靠国家的财政转移支付，缺乏劳动的积极性，如果这种反激励给经济社会发展带来额外的负面效应，最终受损的还是养老保险制度自身。同时，过分强调效率将影响基本养老保险全国统筹主要和直接目的，即社会公平目标的实现。

因此，如果说基本养老保险全国统筹属于劫富济贫的话，那么在基本养老保险全国统筹过程中，需要把握好劫富济贫的程度问题，即需要协调好公平与效率的关系，协调好各级政府纵向、横向间的利益关系，充分调动各级政府的积极性，使基本养老保险全国统筹既能满足欠发达地区对公平的需要，又能消除欠发达地区的反激励问题，还能保证发达地区效率的实现，从而实现在追求效率最大化的同时保证社会公平的最大值，在追求公平的同时实现效率的最大化。

二、制度内推进与制度外推进相结合

如前所述，随着老龄化高峰的到来，资金问题将成为阻碍我国基本养老保险制度顺利运行的瓶颈。基本养老保险全国统筹作为解决我国养老保险基金问题的重要手段，也将面临严峻挑战。为了解决基本养老保险全国统筹的资金问题，需要从制度内和制度外两方面推进。制度内推进是指能通过调整养老保险制度本身筹措全国统筹所需资金，推动基本养老保险全国统筹的顺利实现或运行。制度外推进是指借助的其他方式或手段筹措全国统筹所需资金，推动全国统筹的顺利实现或运行。

（一）制度外：加大中央财政支持力度

从制度外推进基本养老保险全国统筹，主要是指对基本养老保险给予制度外的资金支持，即加大各级政府尤其是中央政府的财政支持。政府的财政支持从实施手段来说，有横向转移和纵向转移两种。横向转移是指养老保险基金有盈余、养老负担比较轻的地区向养老保险基金亏空、养老负担比较重的地区进行一定的转移支付。我国是在地区经济发展水平差异巨大的情况下推行基本养老保险全国统筹的，较大的地区经济差距意味着较高地区间再分配程度，为了保护本地区的利益，基本养老保险基金的横向转移将导致地区之间利益关系的紧张，从而增加基本养老保险全国统筹的难度。纵向转移是指中央财政对养老保险基金存在缺口的地区进行转移支付，尤其是加大对中、西部低收入地区、养老负担较重的地区的转移支付。为全社会提供跨区域的公共物品是中央政府必须履行的一项重要职能，养老保险作为跨区域的公共物品，理应由中央政府负责。就养老保险全国统筹而言，加大中央政府对养老保险的财政支持力度，能有效降低各地区间利益再分配的程度，降低利益关系紧张程度，从而有利于基本养老保险全国统筹的实现。但是，虽然我国近年来对养老保险的财政支出不断增加，但不论是相对数量还是绝对数量看，与许多发达国家相比都存在较大差距，而且短期内难以达到许多发达国家的转移支付水平。因此，为了推动基本养老保险全国统筹的顺利运行，需要根据中央政府与地方政府财力的不平衡程度和地区的人口结构、经济发展水平差异、财力状况和支出标准等综合因素，不断完善财政转移支付制度，优化转移支付结构。

（二）制度内：缩小地区经济发展水平差异

从制度外解决基本养老保险全国统筹过程中的资金短缺问题，可以在一定程度上缓解养老金短缺的问题，但是，仅仅依靠外部资金难以从根本上解决问题。为此，从长期来看，需要从以下两个方面入手解决资金问题。一方面，需要充分发挥低收入地区的比较优势，提高经济发展水平。养老金待遇水平受制于经济发展水平，通过经济发展，不仅可以为养老保险制度的健康发展提供经济支持，而且可以缩小与高收入地区的差距，消除利益关系紧张的根源，进而推动基本养老保险全国统筹的顺利进行。另一方面，需要调整和完善养老保险制度自身的财务运行机制。通过降低基本养老金替代率等方式减少养老保险基金的支出，通过提高退休年龄、扩大覆盖面、提高缴费率等方式增加养老保险资金的来源，从而实现养老保险制度本身的开源节流，为基本养老保险全国统筹提供经济支撑，推动基本养老保险全国统筹的顺利实现。

三、中央政府与地方政府的协调

权责模糊一直是我国养老保险制度建设面临的一个至关重要的问题。因此，为了保证基本养老保险全国统筹的顺利推进，需要在整体把握政府的内部关系的基础上，合理划分中央与地方的权责关系。为此，既要强化中央政府作为地方政府共同利益调节者的作用，也要求地方政府的局部利益服从全局利益，自觉服从统一制度的权威，自觉执行中央政府的政策。具体来说，需要做到以下两个方面：

（一）中央组织，力促统筹

如第二章所述，基本养老保险全国统筹是一项具有收入调节与财富分配功能的全国性的公共事业，只有中央政府才有能力进行这种跨区域的收入调节与财富分配。如果由地方政府来行使这种权力，养老保险的收入再分配功能就只能局限在统筹范围内的劳动者之间，这样，即使能实现地区内部财富分配的公平，但不能实现地区之间高收入者向低收入者的转移，从而加剧区域之间的基本养老保险水平的差距和企业、个人基本养老保险负担的差距，导致全国范围内的收入分配还是十分不公平的，难以有效发挥养老保险的收入再分配功能。同时，基本养老保险的受益范围是跨区域的、外溢性很强的公共产品，如果由财力差距悬殊的地方政府来提供，将导致供给不足或严重不均等。另外，养老保险资金可以在一个较长的时期内成为政府的财力，国家可以通过调节养老保险支出调节宏观经济。如果在基本养老保险全国统筹过程中不注重与其他相关宏观经济体系的协调，不仅养老保险制度自身的发展会受到影响，而且会制约其他宏观经济体系乃至整个社会的发展。因此，只有由中央政府对基本养老保险全国统筹进行通盘规划、归集和调度，进行跨区域的收入调节和财富分配，才能保障全国退休职工的基本生活水平，推动经济社会的平稳运行。

（二）地方配合，增强统筹意识

基本养老保险全国统筹将会使低收入地区得到高收入地区的养老金转移，提高低收入地区退休职工的基本生活水平。但是，基本养老保险全国统筹不总是对低收入地区有利，在某些情况下对高收入地区更为有利。第一，一般而言，一个地区的经济发展水平往往和其平均寿命和老龄化程度正相关，即经济发展水平越高，平均寿命和老龄化程度越高；经济发展水平越低，平均寿命和老龄化程度越低。从 2000 年我国 31 省区市的预期寿命看，除重庆外，东部地区所有省市和部分中部地区的预期寿命高于全国平均水平，西部地区的预期寿命均低于全国平均水平。而预期寿命越高，退休后领取养老金的时间越长，养老金的支出越大。同时，我国人口老龄化发展地区不均衡性显著，东部地区人口老龄化严重。较高的人口老龄化程度意味着较高的养老金支出。因此，在某一时期，可能会出现中西部欠发达地区退休职工与东部发达地区退休职工缴费期限相同，但由于预期寿命相对较短，使得享受养老金待遇的期限相对较短；由于东部地区人口老龄化程度较中西部欠发达地区严重，出现经济发展水平较高的地区缴费人数相对较少，而享受养老金待遇的人数相对较多的情况。此时，基本养老保险统筹层次的提高不仅不是“抽肥补瘦”，反而是“抽瘦补肥”。第二，从养老保险历史债务的情况看，总体而言，养老保险制度债务额相对较高的地区主要集中在东部发达地区，上海市、广东省分别排名全国第一和第二，紧跟其后的江苏省、辽宁省和山东省等发达地区，而西藏、宁夏、青海、海南、贵州等欠发达地区的债务额相对较小。基本养老保险全国统筹意味着各省区市养老保险历史债务将在全国范围内重新整合，会出现基本养老保险基金从历史债务相对较低的中西部欠发达地区向历史债务较高的东部发达地区的“资金逆流”。另外，从年龄的动态结构看，养老保险制度是一种长期的制度，老龄化程度较低、养老负担较轻的地区，在一定年限后会成老龄化程度较高、养老负担较重的地区，而老龄化程度较高、养老负担较重的地区，在一定年限后会成为老龄化程度较低、养老负担较轻的地区。因此，从长远看，基本养老保险全国统筹可以实现发达地区和欠发达地区的基金互补与双赢。

综上所述，不管是发达地区的地方政府还是欠发达地区的地方政府，都应该从长远的角度看待问题，提高基本养老保险全国统筹的大局意识，自觉服从全国的整体利益，淡化地方政府的不合理利益，使基本养老保险全国统筹实现从“供给强制性制度”向“需求诱导性制度”的转变。

四、分步实施，逐步到位

基本养老保险全国统筹有利于养老金在全国范围内的管理和使用，是现代养老保险制度是大势所趋。但是，与基本养老保险省级统筹相比，全国统筹的推行更显复杂。

首先，基本养老保险全国统筹可能引发更大的道德风险。在基本养老保险全国统筹的过程中，市县级统筹无论是先实现省级统筹再逐步过渡到全国统筹还是一步到位直接过渡到全国统筹，都可能引发道德风险。因为不管是省级统筹还是全国统筹，县市级政府都不需要承担养老金的“兜底”责任，就会对养老金的支付责任有所懈怠，继而引发一系列与之相关的行为，诸如减弱养老金的征缴力度、违规办理提前退休等等。但是，如果实行的是省级统筹，当出现养老金收支缺口时，先由省级政府承担“兜底”责任，当省级政府难以承担时，再由中央政府负责，由此可以减轻中央政府的负担。如果在省级统筹尚不健全、各种运作机制尚不完善的条件下实行基本养老保险全国统筹，所有的道德风险将由中央政府来承担，将会达到一个危险的程度。

其次，推行全国统筹是协调各方利益的过程，不可能一步到位。实现基本养老保险全国统筹的基本前提是我国各地区的经济发展水平大体均衡。但是，我国现阶段各地经济发展水平差距巨大，在此背景下实现基本养老保险全国统筹，会造成经济发展水平相对较高地区的养老金转移给经济发展水平相对较低的地区，使得地区之间的利益分配格局产生巨大变化。而且我国从基本养老保险县市统筹开始各个地方就积累了大量既得利益。因此，一步跨越到全国统筹必然会遭到经济发展水平较高地区的强烈反对，造成区域间利益协调困难，甚至引起社会动荡。

再次，一个制度安排往往是在一个制度体系中发挥效用的，因此，一个制度安排的效率还取决于其他制度安排的完善程度。正是由于存在着这种相互依存性和关联性，使得制度的整体效率更大程度上要受到各个制度配置状况的影响。在一个制度系统中，为了使整个制度系统能够发挥最大的功效，需要做到各项制度安排之间的相互协调和匹配。同样，要实现基本养老保险全国统筹，不仅包括养老保险制度本身的改进与完善，还包括公共财政体制、政府管理体制等相关制度的变革与创新。由于这些变革是一种系统性的、以政府为核心的变革，决定了基本养老保险全国统筹的渐进性。

最后，基本养老保险全国统筹的分阶段、分步骤改革不仅符合养老保险制度自身渐进式变迁的规律，而且符合我国社会经济领域改革的一贯思路。分步渐进推进的主要目的是为了给全国统筹创造良好的运行条件，渐进过程中争取出来的时间是为全国统筹奠定坚实的基础，而不是对当前困难的消极回避与妥协。而且，分步推进并不意味必须按照“一步一个脚印”机械地推进，一旦运行条件具备，则及时推进基本养老保险全国统筹。

综上所述，基本养老保险全国统筹的推进一定要根据各地区的经济发展的实际状况，按照适度发展、逐步到位的思路，在国家相关政策规定前提下，分阶段、分步骤、有计划的进行，切忌急于求成，否则将会适得其反。为保证基本养老保险全国统筹的效果和质量，当前工作的重点之一是加强各地区省级统筹建设，在省级范围内逐步实现基本养老保险金的统收统支和垂直管理，在实现真正意义上的省级统筹基础上，再推进全国统筹。在实现统筹目标的时间上，允许各地存在差异，条件具备或基本具备的要根据国家相关规定在短期内尽快实现统筹层次的提高；条件不具备的，要加快进程，可以在稍晚的时间内达到目标，但时间差距不能过长。

第二节　基本养老保险全国统筹的配套措施

为了保障基本养老保险全国统筹的顺利实现，需要探讨解决基本养老保险全国统筹过程中存在的种种问题的对策措施，具体来说，需要从以下几个方面入手：完善制度设计，为基本养老保险全国统筹提供经济支撑；加强管理体制建设，为基本养老保险全国统筹提供组织保障；建立激励和约束机制，克服地方政府的道德风险；完善我国养老金多支柱模式。

一、完善制度设计，为全国统筹提供经济支撑

正如俗语所说，“巧妇难为无米之炊”，社会保障工作的关键是资金问题。只有强大的财政经济实力，才能为社会保障工作提供强有力的保证。同样，资金问题也是制约基本养老保险全国统筹的最重要的问题，只有稳定的资金筹资渠道，才能有强劲实力推行全国统筹。由于历史原因，我国近几年养老金缺口逐年扩大，2001 年养老金收不抵支的省份多达 20 多个。对于我国养老保险基金的巨大缺口，学者们提出了多种的筹资方法，包括：变现部分国有资产、发放特种国债、开辟新税种、通过股市筹资、发放特种交易所彩票、加大财政支持力度等等。从理论上说，这些方法都有可行之处，但在具体的操作上存在诸多困难，例如，在国家财政收入既定的前提下，加大财政对养老保险的支持力度意味着较少教育、医疗等其他公共服务的财政支持力度，会影响其他公共服务的有效供给。因此，为了在保障养老待遇不降低，又不增加在岗职工的负担，同时不增加国家财政负担的前提下提供基本养老保险全国统筹所需的经济支撑，需要从制度本身出发，通过降低基本养老金替代率、提高退休年龄、扩大覆盖面、提高缴费率等措施开辟新的稳定的养老金筹资渠道，增加养老金的收入，减少养老保险基金的缺口问题。

（一）降低基本养老保险平均替代率

基本养老保险平均替代率是衡量职工退休后受保障强度的指标，即基本养老保险平均替代率越高，受保障的强度也越高；反之，受保障的强度越低。为退休职工提供基本养老保险是政府的一项责任或义务，基本养老保险平均替代率与养老金支出、政府财政“兜底”负担直接相关，即基本养老保险平均替代率越高，养老金支出就越多，政府财政“兜底”责任越重；基本养老保险平均替代率越低，养老金支出就越少，政府财政“兜底”责任越轻。因此，调整基本养老保险平均替代率就是调节基金的支出，也是调整政府的财政“兜底”负担。

从世界范围看，随着养老金制度的成熟与完善，作为第一支柱的基本养老保险的平均替代率占比较低。例如，美国、加拿大、瑞典的养老金替代率分别为55%、62.8%和66.2%，但美国、加拿大的基本养老保险平均替代率为40%，瑞典只有20%～25%。①

我国基本养老保险平均替代率近年以来一直保持高位运行的态势，如图6－1所示，1998年我国基本养老保险替代率高达74.1%，虽然近年来呈现出不断下降的趋势，但2009年仍高达47.5%，明显高于其他主要发达国家。较低的基本养老保险替代率意味着职工退休前后的生活条件差距大，易造成职工退休后基本生活难以得到保障；较高的基本养老保险替代率可以提供职工退休后的生活水准，但同时也意味着较多的养老金支出和政府沉重的财政负担。考虑到中国现阶段的经济发展水平和国民收入水平、养老保险的财务状况以及人口老龄化带来的巨大冲击，本着保障退休职工基本生活的原则，有必要降低现行的基本养老保险平均替代率。基本养老保险平均替代率的降低有利于缓解政府当前由养老保险资金困境而带来的财政压力，同时有利于减轻企业缴费负担，形成企业缴纳养老保险的激励机制，进而起到推动扩大养老保险覆盖面等方面的作用。当然，由于养老保险待遇水平具有刚性，降低替代率水平会困难重重，但可以严格控制养老金的增长速度。

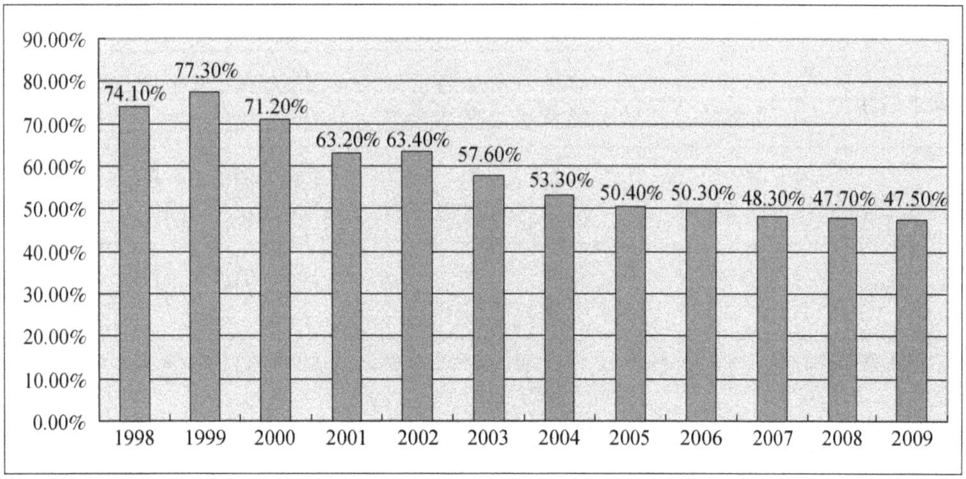

图6－1　1998～2009年我国基本养老保险平均替代率

资料来源：根据国家统计局．中国统计年鉴2010［M］．中国统计出版社，2010；劳动和社会保障部．中国劳动和社会保障事业发展统计公报［R］，1998－2007；人力资源和社会保障部．人力资源和社会保障事业发展统计公报［R］，2008－2009整理得。

① OECD，Pension at a Glance：Public Policies Across OECD Countries，2007，p.77.

（二）提高退休年龄，减轻养老负担

退休年龄是一个就业者可以领取到养老金的最早年龄，是一个国家从社会经济发展的需要出发，根据人口的平均预期寿命及劳动力供应状况对劳动年龄所作的上限规定。养老金的支出将随职工退休时的预期寿命的改变而改变。随着人口平均寿命的延长，养老金支出的压力也就越来越大。而提高退休年龄是减轻养老金支付压力的有效途径之一。国际劳工组织研究表明，退休年龄从60岁提高到65岁，可减少50%的退休金支出。① 迄今为止，为了应对人口老龄化带来的财务危机，世界各国普遍采取了延长退休年龄的办法，如表6－1所示，美国将职工的退休年龄从65岁提高到67岁，德国从65岁提高到67岁等等。另外，有些国家还采取了间接提高退休年龄的办法，如延长领取全额养老金的投保年限或工龄；减少提前退休者的养老金数额；实行弹性退休制等。

表6－1　部分国家逐步提高退休年龄的具体做法

国家	现行退休年龄	提高后退休年龄	具体实施时间及措施
美国	男：65岁 女：65岁	男：67岁 女：67岁	男性从2000—2027年，退休时间每年推迟2个月，中间停8年后，在继续每年推2个月，至67岁为止
澳大利亚	男：65岁 女：62.5岁	男：65岁 女：65岁	女性从2013年每两年延长6个月，提高到65岁为止
德国	男：65岁 女：65岁	男：67岁 女：67岁	从2000—2035年每年延长2个月、3个月、4个月不等，至67岁为止
意大利	男：60岁 女：55岁	男：65岁 女：60岁	每18个月延长1年，直至男65岁，女60岁为止

资料来源：原新：《缓解老龄化压力，推迟退休真的有效吗?》，《人口研究》2006年第7期，第26－29页。

为了缓解养老金的支付压力，国际上通行的做法之一是提高职工法定退休年龄。而我国目前的法定退休年龄标准采取的仍然是新中国成立初期确定的标准：男职工60岁、女工人50岁、女干部55岁。这一法定退休年龄制定的依据与我国新中国成立初期社会经济发展状况和当时的人口平均预期寿命（20世纪50年代我国人均平均寿命为50岁左右）是相符的。随着我国经济的发展，人民生活

① 何平．中国养老保险基金测算报告［J］．社会保障制度，2001（3）：3－21.

水平极大提高，平均寿命也发生了很大的变化，到 2006 年我国人均寿命已达到 72 岁左右，20 年间提高了 20 岁。[①] 经济、社会、人口等发展的客观趋势要求退休年龄作相应的调整，但我国的法定退休年龄并没有做出相应的调整。较低的法定退休年龄与持续延长的人均预期寿命同时并存，不仅使我国人力资源的使用效率受到限制，无法做到人尽其才，才尽其用；而且意味着老年人口被赡养的时间增加，劳动力人口的养老负担增大，必然会加剧养老保险制度的费用负担程度，影响养老保险制度改革的顺利进行。而推迟退休年龄可以从多收和少支两个方面改善养老金的收支均衡。一方面，提高退休年龄既可以增加养老保险基金的积累年限，使个人在一段时期内从养老金的领取者变成养老金的缴纳者，从而增加养老保险基金的积累；另一方面，提高退休年龄可以相对缩短领取养老金的时间，减少养老保险金的支出。测算表明，我国退休年龄每提高 1 年，养老保险基金可增收 40 亿元，减支 160 亿元，减缓基金缺口 200 亿元。[②] 因此，为了缓解养老保险基金收支不平衡压力，我们需要结合国情，借鉴国际经验，推迟退休年龄。

（三）扩大基本养老保险覆盖面

扩大基本养老保险覆盖面，不仅是增加养老保险基金的收入来源，解决养老保险统筹基金严重不足、缓解财政压力的重要渠道，也是更好地保护劳动者合法权益，健全和完善基本养老保险制度的一项重要内容。1997 年 7 月，国务院颁发了《国务院关于建立统一的企业职工基本养老保险制度的决定》（国发〔1997〕26 号），要求“进一步扩大养老保险的覆盖范围，基本养老保险制度要逐步扩大到城镇所有企业及其职工。城镇个人劳动者也要逐步实行基本养老保险制度”。2006 年党的十六届六中全会从构建社会主义和谐社会的战略高度，明确提出“到 2020 年，覆盖城乡居民的社会保障体系基本建立”。可以说，扩大社会保障覆盖面，尤其是养老保障的覆盖面，实现“人人享有老年保障”已经成为社会各界的共识。经过有关部门多年的共同努力，我国养老保障制度在“扩面”工作上取得了积极的成效，但与人民群众的需求和期望相距甚远，如表 6－2 所示，2000—2009 年城镇基本养老保险覆盖率年均增幅为 1.1%，年均增加参保职工 810.62 万人。其中，2009 年参加基本养老保险的职工占城镇就业人员比重为 57%。这也就是说，高达 10036.35 万城镇就业人员没有参加城镇职工基本养老保险。

① Peter Walker，Tab Bowers，Stephan Binder，胡忠兵，安琳．麦肯锡关于中国寿险业的最新研究报告［J］．保险研究，2006（1）：22－27.

② 劳动和社会保障部社会保险研究所．中国养老保险基金测算与管理［M］．北京：中国劳动社会保障出版社，2003：122－132.

表 6-2　2000—2009 年城镇基本养老保险覆盖率

年份	参保职工（万人）	就业人员数（万人）	城镇覆盖率（%）	年份	参保职工（万人）	城镇就业人员数（万人）	城镇覆盖率（%）
1998	8476	21616	39.2	2004	12250	26476	46.3
1999	9502	22412	42.4	2005	13120	27331	48.0
2000	10447	23151	45.1	2006	14131	28310	49.9
2001	10802	23940	45.1	2007	15183	29350	51.7
2002	11129	24780	44.9	2008	16588	30210	54.9
2003	11647	25639	39.2	2009	17743.0	31120	57

资料来源：国家统计局．中国统计年鉴2010［M］．北京：中国统计出版社，2010.

扩大养老保险覆盖面不仅是保障退休职工基本生活的基本要求，也是在更大的范围内调剂使用养老金的必然要求。而且，只有做到基本养老保险广覆盖，养老保险基金才能在更大的范围内调剂使用。同时，扩大基本养老保险覆盖面可以为基本养老保险全国统筹提供制度转轨缓冲期。基本养老保险全国统筹的过程中将面临着资金缺口问题。而扩大基本养老保险覆盖面有利于利用新生劳动者年轻的优势，不仅可以增加基本养老保险的筹资规模，充实基本养老保险基金，而且可以降低基本养老保险的制度抚养比，降低养老金的支出。因此，扩大基本养老保险覆盖面可以增强养老金的支付能力，是缓解养老保险统筹基金不足压力的重要渠道，同时可以为基本养老保险全国统筹提供制度转轨缓冲期。

从经济类型划分，我国当前养老负担较重的企业（主要是国有企业）及其从业人员基本上都参加了城镇职工基本养老保险，而部分养老负担较轻的企业（主要是非公有制企业，包括外资企业、私营企业等）和个体工商户却没有参加，使得养老保险财务运作模式的实际情况是“以老养老”。相对于国有企业，非公有制企业和个体工商户的年龄结构比较轻，同时他们的收入相对比较优厚，较轻的年龄结构和较高的收入意味着这些企业及个体工商户的养老负担较轻。如果把这类企业及其从业人员纳入统筹范围，使其与国有企业按相同的缴费比例缴纳养老保险费，由于这些企业工资待遇高，那么缴费基数就高，而且少有人领取养老金，所以他们参加统筹，缴费在当前来看相当于纯粹贡献，是纯粹的贡献户。政府要求这部分企业及个体工商户参加统筹，可以将过去对国有企业职工的养老责任部分转移给这类企业，减轻国有企业的负担。由于政府是国有企业的所有者，将这些企业纳入基本养老保险统筹系统，实际上是减轻政府自身的负担。

因此，扩面工作的主要任务是鼓励非公有制企业及个体工商户纳入到养老保险覆盖范围内，实现养老保险“以新养老”的财务运作模式，使增加的收入大于相应的支出，促进养老金的收支平衡。

但是，扩大基本养老保险覆盖面也不能嫌贫爱富。因为养老保险制度是一种重要的再分配制度，其首要目的是保障退休职工的基本生活，实现社会公平。扩大基本养老保险覆盖面，努力将更多的符合条件的劳动者纳入到养老保险体系中来，符合养老保险制度的根本目的，是实现社会公平的重要手段。因此，只要符合参保条件，不管是外商投资企业、港澳台商企业，还是个体工商户、灵活就业人员等都应作为扩面的范围和重点，努力做到应保尽保。

同时，需要注意的是，扩大基本养老保险覆盖面对基本养老保险的收支平衡是一把双刃剑，虽然从短期看，有利于增加养老金的现期收入，缓解养老金支付压力，但也必须意识到，基本养老保险覆盖面的扩大同时也意味着未来享受养老金的人口增多，会增加未来养老金支付。如果制度设计得不够合理，相关配套改革没能做好，那么等到这些新参保人员退休时又会面临新的养老金支付压力。因此，也不能盲目扩大基本养老保险覆盖面，需要统筹考虑建立规范的配套制度和运行成本控制制度，将基本养老保险覆盖面的扩大建立在一个稳定的财务机制和运行机制上，有序推进扩大基本养老保险覆盖面的工作。

（四）提高基本养老保险费收缴率

提高基本养老保险费的收缴率是中国养老保险制度另一个亟待解决的问题。欠缴的原因主要表现为两个方面，一是一些企业由于经营困难、效益差、濒临破产等客观原因，确实没有能力缴纳养老保险费。对于这类企业，要查明真相，可适当给予一段时期的缓冲期；若收不抵支，符合破产规定，则应加大破产清算的力度，使这类企业的职工尽快重新就业并缴纳保险费。二是效益好，在短期内缴纳的保险费多于本单位所需的养老金，即所谓的“贡献户”，主要是指非公有制企业以及灵活就业参保人员，缴费在当前来看相当于纯粹贡献，意味着政府将过去对国有企业职工的养老责任部分转移给这类企业。因此，在缴费率过高、政策执行力不足的前提下，这类企业缺乏缴纳养老保险的积极性，逃缴、瞒报、漏报现象严重。企业越是不缴纳养老保险费，就越是影响到养老金的充足性；养老基金收入越少，为改善养老金的财务状况，保持养老金收支平衡，越是需要提高缴费率；缴费率越高，企业越不愿缴纳保险费，由此陷入一个恶性循环的怪圈。为了打破这个恶性循环，需要提高征缴力度，使缴纳得起保险费的企业都能按规定的基数和比例缴费。

为了提高基本养老保险收缴率，以确保社会养老保险基金的筹措和退休人员养老金按时足额发放，首先，要加强劳动保障、财政、税务、工商等单位联合执法检查力度，建立健全相应的稽核审计机构，严格审核企业的征缴基数，尤其是严格确定工资范围，将合法收入纳入工资基数，防止企业采用两套报表来隐瞒真实工资支付从而达到逃费的目的；严格控制欠费大户，督促其缴费和补缴，做到应收尽收减少流失，并严厉打击保险逃费现象。其次，按照《中华人民共和国社会保险法》的相关规定，通过法律的程序实现社会养老保险基金的征缴。基金覆盖面上的单位和劳动者按时足额缴纳社会养老保险基金是其应尽的义务，对拖欠、拒缴的单位和个人，通过法律法规，依法强制执行："用人单位逾期仍未缴纳或者补足社会保险费的，社会保险费征收机构可以向银行和其他金融机构查询其存款账户；并可以申请县级以上有关行政部门作出划拨社会保险费的决定，书面通知其开户银行或者其他金融机构划拨社会保险费；用人单位账户余额少于应当缴纳的社会保险费的，社会保险费征收机构可以要求该用人单位提供担保，签订延期缴费协议。用人单位未足额缴纳社会保险费且未提供担保的，社会保险费征收机构可以申请人民法院扣押、查封、拍卖其价值相当于应当缴纳社会保险费的财产，以拍卖所得抵缴社会保险费。"① 通过上述强制手段，保证社会养老保险基金的到位，减少基金的运行风险。最后，加大宣传力度，提高企业和个人的社会保险意识，减少企业有意逃缴、瞒报、漏报养老保险费的现象，同时使职工自觉维护自己的养老保险权益。

二、加强管理体制建设，为全国统筹提供组织保障

基本养老保险管理体制是各级政府主管养老保险的职能部门及其经办机构对养老保险事务进行人、财、物管理的制度安排。管理体制问题不仅对养老保险制度意义重大，而且对宏观经济运行影响重大。美国社会保障署前常务副署长劳伦斯·汤普森认为，"成熟的公共养老金计划每年所处理的资金相当于一个国家GDP的5%到10%，因此，基本养老金制度应是每年管理和监督工作的一个重点"。② 基本养老保险统筹层次作为养老保险制度的重要制度内容，有一个度的问题，究竟统筹到哪一层次比较合理，取决于基金调剂的力度和社会保险的管理水平。因此，为了提高基本养老保险的统筹层次，必须完善基本养老保险的管理体制，增强管理体制的合理性和有效性，为基本养老保险全国统筹顺利进行提供组织保障。

---

① 《中华人民共和国社会保险法》，第七章第六十三条。

② 姜永宏．工业化与中国养老金制度［D］．广州：暨南大学，中国优秀博士学位论文全文数据库，2001.

（一）横向：实行统筹账户与个人账户的分账管理

目前，我国基本养老保险制度采取的是“统账结合”的方式，即社会统筹和个人账户相结合，其中，统筹账户形成基础养老金部分，强调政府责任，用来支付当期退休职工的养老金支付，并希望通过现收现付的社会统筹基金解决“老人”和“中人”的养老金问题，逐步消化养老体制改革留下的历史债务；个人账户为个人缴费积累，强调个人责任，属于个人产权，具有职工个人的部分延迟支付的劳动报酬的性质，通过个人账户的投资与管理为“新人”积累将来的退休金，可以在缴费率不提高的情况下平稳过渡到完全积累基金制模式，从而应对未来老龄化带来的偿付难题；同时，建立职工基本养老保险个人账户，也有利于建立激励和约束机制，调动职工参与基本养老保险的积极性。

“统账结合”是我国基本养老保险制度的核心内容之一，也是我国具有特色的养老保险制度改革成果的具体体现。经过不断的理论研究和实践探索，“统账结合”的养老保险制度取得了积极的成效。统账结合模式建立的初衷在于结合“现收现付制”与“基金积累制”的优点，既体现效率又促进公平。但实际运行的结果却远离了我们的目标，甚至可以说是面临严重的危机。我国基本养老保险基金长期以来都是由地方社会保险经办机构以管理者和经营者的双重身份负责统一管理和投资运营，这样，不管是社会统筹基金还是个人账户基金，都全部由地方社会保险经办机构统一管理运营，使统筹账户与个人账户养老保险基金的管理处于一种分散和无序的混账管理状态：各省及省级以下政府分头管理，没有独立的机构担当起确保养老基金成功运作的责任，没有统一的部门对养老基金的投资实施有效的管理和检查，缺乏专业人员和技术资源去分析政策的变化和有关养老保险制度决策的影响，也缺乏具备专业投资知识的人员进行有效运作。这与《国务院关于深化企业职工养老保险制度改革的通知》和十五届四中全会《决定》中“切实搞好基金管理，确保基金的安全并努力实现其保值增值”的要求不符合。建立职工基本养老保险个人账户，体现了社会保险费用共同负担的原则，其完全积累基金制的性质决定其保值增值、应对未来老龄化带来的偿付难题的重要使命，但统筹账户与个人账户混账管理，导致一旦当期养老金支付出现资金缺口，为了保证退休职工的养老金按时足额发放，承担养老金“兜底”责任的政府只能利用统筹账户与个人账户混账管理的便利，直接挪用在职职工的个人账户养老金。统筹部分占用了个人账户资金，个人账户养老金并未相应到位，个人账户出现“空账”。2000 年，中国基本养老保险个人账户“空账”规模仅为 1900

亿元，到2004年已高达7400亿元，且仍以每年1000多亿元的规模继续扩大。[①]在个人账户“空账”运营的环境之下，难以分清基本养老保险基金账户中哪些资金属于统筹部分，哪些资金属于个人账户部分，从而导致基金寅吃卯粮、出现基本养老保险基金透支现象，使得庞大的空账规模难以体现它的个人产权性质，个人账户养老金不能实现有效的增值，甚至面临着保值的困境，可以被认为是个人资产权益受到侵害。这不仅与设计养老保险个人账户以应对老龄化危机的初衷相悖，而且与建立社会主义市场经济和转变政府职能的改革方向相悖。在这种不尽合理的制度结构中，养老保险制度体系的稳定性和可持续性必然受到影响。

事实上，社会统筹账户与个人账户分属两个相互独立的组织管理系统，具有不同的功能定位，服务于不同的保障目标。“如果继续将基础养老金和个人账户养老金捆绑在一起筹资和管理，别说是实行全国统筹，就是实行省级统筹也极其困难。但如果将二者分开筹资和管理，基础养老金实行全国统筹也就容易得多”。[②]因此，实现基本养老保险全国统筹，必然要求社会统筹基金与个人账户基金的分离，明确二者的组织机构、管理方式和管理权限，各行其道，各司其责，互不侵犯。其中，社会统筹基金由中央政府负责，企业缴费进入社会统筹账户，并负责当年统筹部分养老金包括老人基础养老金、中人基础养老金、新人基础养老金的发放，当社保基金入不敷出、调剂金不足时，由中央财政资金予以弥补；个人账户基金由地方政府负责，个人缴费进入个人账户，单独管理运营，当年个人养老缴费全部用于个人账户基金的积累，并由省级养老保险经办机构统一管理和运营，实现基金保值增值，确保职工退休后个人账户养老金的支付。社会统筹账户与个人账户的分账管理，有利于避免社会统筹透支个人账户，强化统筹基金对养老保险待遇支付的财务约束，推动个人账户基金由空到实的根本转变，实现基金的保值增值，降低整体风险。

（二）纵向：实行经办机构垂直管理

养老保险经办机构的管理模式，涉及我国行政管理体制的问题。按管理权限，我国的行政管理模式可以划分为垂直管理和属地管理两种基本模式。垂直管理是指在某一行政区划内，上级政府机构对下级政府相同序列机构的编制、人员、经费等进行统一管理，下级部门在上级部门的领导下开展工作，从而实现“人、财、物、事”自上而下的管理。属地管理则是指各级政府中相同序列机构

---

① Peter Walker，Tab Bowers，Stephan Binder，胡忠兵，安琳．麦肯锡关于中国寿险业的最新研究报告［J］．保险研究，2006（1）：22－27.

② 张丽．完善基本养老保险制度无须另起炉灶——访国家发改委就业和分配收入司司长孔泾源［J］．中国社会保障，2005（7）：16－18.

分属本级政府管理。对于我国的基本养老保险而言，到目前为止，只有北京、上海、天津、陕西省、青海省等少数实现了基本养老保险垂直管理模式，这种管理模式意味着养老保险经办机构脱离属地政府管理序列，不再接受属地政府的管辖，而是由省级主管部门直接统一管理养老保险经办机构“人、财、物、事”。其他省区市则是属地政府和上级部门的“双重领导”关系。这种属地管理体制的缺陷有目共睹：由于经办机构只向地方政府负责，而不向上级经办机构负责，在财政分权体制和地方政府片面政绩观的影响下，政府会干预基金的管理和运作，且社会保险主管部门领导由政府任命的体制，难以形成对基金管理的有效外部制约和监督，难以保证基金管理的独立性，地方养老保险基金一旦出现缺口，就会形成向上级财政的倒逼机制，进而导致社会保险基金不能专款专用，挪用、挤占、浪费严重，不利于养老保险制度的自我完善和自我发展；同时，属地管理体制下，养老基金收入实际上被当作当地政府财政收入的一部分，一些地方和行业从自身利益出发，不将结余的基金调出来，容易造成基金的地域分割，基金难以调度，不利于基金安全。①

属地管理是基本养老保险统筹层次较低的必然结果，不符合统一制度的要求与规律。而养老保险经办机构的垂直管理有利于保持地方社会保障机构与地方政府的独立性，改变属地管理的政出多门、责任不清，做到政令畅通、步调一致，切实提高经办机构的工作效率；有利于改变基金调度无力的状况，保证养老保险基金上解的完成，缓解地区之间养老保险基金的结构性矛盾，使养老保险基金的调度使用功能得到最大限度发挥；有利于预防地方政府对社保资金的干预、挪用状况，减少违规行为的发生，保障基金的安全。可以说，垂直管理体制是实现养老保险基金统收统支的重要基础。

因此，实现基本养老保险全国统筹，必须打破目前的属地化管理格局，建立纵向的养老保险垂直经办体制。为此，一方面要求在统一经办机构性质、名称的基础上，实现组织人事上的垂直管理，使中央与地方的关系不只是业务政策指导关系，各级社保机构不再隶属于地方政府，而是下级经办机构对上级经办机构负责。另一方面，养老保险基金的征收、管理和支配是实行垂直管理的关键环节。在垂直管理体制下，各级社会保障部门、财政部门、税务部门实行垂直一条线管理，中央经办机构负责制定全国范围内养老保险基金的收支预算，养老保险基金形成中央政府财政收入之后，由中央财政直接进行专户管理，并通过财政转移支付拨给各级地方政府的社会保障部门，根据各级政府基本养老保险基金的收支

① 郑功成．实现全国统筹是基本养老保险制度刻不容缓的既定目标［J］．理论前沿，2008（5）：12－15.

预算对养老保险基金进行分配；地方经办机构负责养老保险费征缴、记账和发放。

三、建立激励和约束机制，抑制地方政府的道德风险

实行基本养老保险全国统筹，有利于养老保险基金的跨区域调剂；有利于促进社会的公平。但是，基本养老保险全国统筹下，中央政府与地方政府分属不同的利益集团，有不同的利益诉求，属于典型的委托－代理关系。在委托－代理合同不完善时，有几个难以克服的困难，使中央政府与地方政府的委托－代理关系存在潜在的风险。一是利益不相同。地方政府为了追求本地区的局部利益最大化，往往会采取短视行为或过于冒险的行为。二是责任不对等。地方政府承担着养老保险基金的收缴、发放责任，但对养老保险基金的盈亏只承担有限责任，作为委托人的中央政府却最终承担着养老金盈亏的“兜底”责任。这种责任的不对等，使得代理人可能不负责任地决策。第三是信息不对称。地方政府既有动机又有可能欺骗委托人，但由于委托人对代理人进行监督的高昂的信息成本和获取信息的边际成本是递增的，使得委托人还很难监督和约束代理人。当作为委托人的中央政府和作为代理人的地方政府利益和责任不一致时，拥有信息优势的地方政府会为了实现自身的局部利益而做出不利于中央政府的行为，产生代理人道德风险。例如，统筹层次提高的过程中，地方政府会在交出养老金管理权之前花光所有的盈余，甚至制造出赤字。所以，从根本上来讲，解决基本养老保险全国统筹过程中存在的矛盾与问题，就是中央政府与地方政府之间责任、权利及其利益的重新博弈与分配问题。“机制问题解决的根本意义在于促使尽可能多的制度参与者达成‘制度共识’，‘制度共识’是一股极其强大的无形力量，它能够与更加强大的市场力量相互作用，共同推进中国养老保障制度的改革。”① 因此，为了有效防范地方政府的道德风险，早日实现基本养老保险全国统筹行，建立一种能调动地方政府参与基本养老保险全国统筹的激励和约束机制至关重要。具体而言，可以从以下两个方面入手：

一方面，建立地方政府利益表达机制。通过建立利益表达机制，例如，可以设立一个专门委员会，推行“一省一票制”议事决策规则，凡是涉及全国性重大事务的决策必须经过该委员会通过批准，有利于解决地方政府的利益表达困难的问题，并促使地方政府主动执行中央政府政策，从而有效地避免中央政府政策

---

① 齐伟娜，郑伟．中国养老保障制度改革：关键问题和解决思路［J］．经济研究参考，2006（13）：45－49.

政令不通、执行乏力的问题。在基本养老保险全国统筹的决策和运行过程中，如果不建立地方政府的利益表达机制，表面上看可以避免一些麻烦，但结果可能会使地方政府的政策执行偏离中央政府的决策目标，导致“上有政策、下有对策”等政策畸形问题，并可能导致中央政府与地方政府的正常的利益格局失衡，成为中央政府与地方政府之间矛盾冲突的根源。另外，通过建立利益表达机制，使中央政府在政策制定过程中更加重视地方政府的积极参与，重视地方政府的利益表达，有利于减少中央政府的决策失误，提高中央政府政策的科学性。因此，基本养老保险全国统筹要取得地方政府的积极配合，有必要就必须建立与地方政府利益表达机制。

另一方面，建立科学的地方政府绩效考核体系。对于发达地区来说，基本养老保险全国统筹不但会降低本地区参保职工的养老金收入，而且意味着将本地区养老金盈余上解给中央政府，本地区丧失了对养老金盈余的支配权，有损于地方既得利益，进而造成这些地区无上解基金的积极性，阻碍全国统筹的顺利进行；对于欠发达地区来说，基本养老保险全国统筹意味着可以将本地区的养老责任转嫁给中央政府。总之，基本养老保险全国统筹意味着中央政府对全国养老金的收支缺口承担“兜底”的责任，在弱化省级政府责任的同时，强化了中央政府的责任。为了加强地方政府的责任意识，减轻中央政府的养老负担，有必要建立地方政府的绩效考核体系。具体来说，由中央政府依据保持全国基本养老保险基金的收支大体平衡并有适当节余的原则，综合考虑各省市历史因素、参保人数、离退休人数、基本养老金待遇项目和标准、基本养老金的收支情况等，编制全国基本养老保险基金收支预算，并根据该收支预算下达各地政府的征缴任务；同时采取一定的行政手段，将养老金征缴状况和收支平衡状况纳入对省级政府的考核体系中。对完成基金预算计划的省区市，盈余资金按比例作为地方积累，存放当地，用于将来以丰补歉，并对相关的单位和个人予以加拨专项奖励经费、评优评先进等物质和精神奖励；对没有完成基金预算计划的省区市，如果是由于地方擅自扩大支出范围、大量违规办理提前退休等原因造成的，则由地方财政承担责任，并严格追究相关责任人的责任；当完成规定征缴率后仍存在的支付缺口时，由中央和地方财政按合理的比例分担，从而使基本养老保险收支预算落到实处，在真正体现中央政府的强制性和权威性的同时，对地方政府的行为产生一定的激励和约束作用。总之，中央政府对地方政府进行科学的绩效考核，既能加强中央政府对地方政府的监管力度，有效防范地方政府的道德风险，使地方政府自觉接受来自中央政府的领导，又能增强地方政府行为的科学性，减少地方政府的随意性行为，推动基本养老保险全国统筹的顺利实现。

四、完善养老金“三支柱”模式，缓解全国统筹的财政压力

长期以来，世界银行致力于解决全球人口老龄化问题，并在养老金发展模式的探索方面取得了突出的成就。其中，“多支柱”模式是世界银行倡导的养老保障改革最佳方案。为了有效应对老龄化危机，1994 年 10 月，世界银行在《防止老龄危机——保护老年人及促进增长的政策》报告中首度提出了养老金“三支柱”模式：“第一支柱”是政府向全体就业人员提供的公共养老金计划；“第二支柱”是私人和公共部门的雇主向雇员提供的一种辅助性的补充养老金计划（企业年金）；“第三支柱”是个人储蓄养老金计划。在一定程度上来说，“三支柱”模式能够更好地适应养老金制度的多重目标：消除贫困和熨平消费；扩大养老保障制度的覆盖面，使尽可能多的人群获得不同形式的保障；将政府的支付养老保险压力适当地转嫁到企业和个人身上，缓解基本养老保险给财政造成的支付压力等等。之后，“三支柱”模式迅速在全球推广和运用，成为经济转轨国家养老保险制度改革的基本趋势。

作为世界上人口最多的发展中国家，我国正面临着人口老龄化问题的严峻挑战。根据联合国的统计标准，当一个国家 60 岁以上老年人口达到总人口数的 10% 或者 65 岁以上老年人口占人口总数的 7% 以上时，该国就属于人口老龄化国家。按此标准，中国 2000 年人口中 60 岁以上的比例为 10%，正式进入老龄化社会，2010 年将上涨到 12%，到了 2026 年将高达 18%。[①] 为了应对老龄化危机带来的挑战，我国认真吸取了世界银行养老金“三支柱”模式的思想和建议，积极建立符合我国国情的国家基本养老保险、企业补充养老保险和职工个人储蓄性养老保险相结合的养老金“三支柱”模式。早在 1991 年 6 月，国务院颁布的《关于企业职工养老保险制度改革的决定》（国发〔1991〕33 号）中明确提出，“国家提倡、鼓励企业实行补充养老保险和职工参加个人储蓄性养老保险，并在政策上给予指导。同时，允许试行将个人储蓄性养老保险与企业补充养老保险挂钩的办法”。之后，国家相继出台了一系列鼓励企业年金和个人储蓄性养老保险发展的政策法规。

经过有关各方的共同努力，我国养老金“三支柱”模式逐步建立，并取得了一定的成效。第一支柱趋于夯实。截止到 2009 年底，全国参加城镇基本养老保险人数达到 23550 万人，比上年底增加 1659 万人；城镇基本养老保险基金总收入 11491 亿元，比上年增长 18.0%。第二支柱势头良好。2000 年我国建立企

① 孙飞．企业年金运营模式的优化选择［J］．宏观经济研究，2003（11）：55－60.

业年金的企业约有 1.6 万个，参加职工 560 万人，企业年金规模仅 191 亿元，到 2009 年，全国建立企业年金的企业达到 3.35 万个，参加职工 1179 万人，规模达 2533 亿元，规模增长了上十倍。第三支柱不断强化。个人商业养老保险在 1984 年就开始建立，到 2006 年的规模保费为 237 亿元，近年来，中国政府的相关部门更加深刻认识到个人储蓄性养老保险的重要作用，并已经开始积极采取措施来促进其发展。

然而，我国养老金“三支柱”比例严重失调。一般认为，养老金三个支柱的比例分别为 40%、30%、10% 比较合理。而我国退休收入来自基本社会养老保险的比例过高，如图 6－1 所示，1998 年我国基本养老保险的替代率高达 74.1%，虽然近年来呈现出不断下降的趋势，但 2009 年仍高达 47.5%。随着养老金制度的不断成熟与完善，主要发达国家养老保险各支柱更加协调发展，特别是作为第一支柱的基本养老保险的替代率呈现出下降的趋势。例如，美国、加拿大的基本养老金替代率为 40%，瑞典只有 20%～25%。[①] 在我国基本养老保险替代率高位运行的同时，第二支柱发展不足。由于第一支柱的缴费率已经很高，企业缴费负担已经很重，财务收支难以平衡，使企业难有余力再投保企业年金，再加上国家对于企业年金没有做出强制性要求，因此，我国目前仅有一些企业效益比较好的垄断行业和少数其他有参保经济实力的企业为职工办理了企业年金。企业年金仍处于零星发展的状态，还难以起到独立支柱的作用。2009 年底，我国的企业年金规模大约为 2533 亿元，仅为基本养老保险基金总收入的 22%；2009 年底，我国企业年金缴费职工人数仅为 1179 万人，覆盖职工人数只占当年基本养老保险覆盖人数的 5% 左右。而世界上 167 个实行养老保险制度的国家中，有 1/3 以上国家的企业年金制度覆盖了约 1/3 的劳动人口，丹麦、法国、瑞士的年金覆盖率几乎达到 100%，英国、美国、加拿大等国在 50% 左右，爱尔兰为 40%，最低的西班牙也达到 15%。[②] 与这些国家相比，我国企业年金仍处于零星发展的状态，还难以起到独立支柱的作用。同时，个人储蓄性养老保险的发展严重滞后。我国人口占世界总人口的 25%，而我国人寿保险市场只占全球市场总额的 1.6%。在发达国家，人均保费缴纳额高达 3000 美元甚至更多，而中国仅为 27 美元。[③] 可以看出，我国养老保险“三支柱”模式畸形发展，造成了我国基本养老保险“一柱擎天”，第二支柱和第三支柱的地位并未真正显现的局面。

---

① OECD. Pension at a Glance：Public Policies Across OECD Countries，2007。

② 郑秉文．企业年金：一块急需开垦的处女地［N］．中国工业报，2004－5－24.

③ Peter Walker，Tab Bowers，Stephan Binder，胡忠兵，安琳．麦肯锡关于中国寿险业的最新研究报告［J］．保险研究，2006（1）：22－27.

一般来说，为退休职工提供基本养老保险是政府的一项责任或义务，基本养老金替代率越高，意味着政府承担财政“兜底”责任越重；反之，政府承担的财政“兜底”责任越轻。我国较高的基本养老保险替代率意味着政府沉重的财政负担。基本养老保险全国统筹的范围来源于第一支柱的基本养老保险。较高的基本养老保险替代率也意味着基本养老保险全国统筹过程中政府沉重的财政负担。因此，为了减轻我国基本养老保险全国统筹的政府财政负担，需要对养老保险体系进行结构调整，降低第一支柱养老保险制度中的比重，同时提高第二支柱和第三支柱的比例，赋予企业补充养老保险和个人储蓄性养老保险更大的责任，促进三个支柱协调发展，使养老责任在国家、企业、个人三者之间得到更加均衡合理的分担。当然，调整养老保险各支柱比例的目的显然不是降低制度的养老金水平，而是调整整个养老保险体系的结构和养老金待遇的结构，将原来基本养老保险制度中由政府承担的部分责任转移出来，由第二支柱和第三支柱的养老保险来承担。建立企业年金（补充养老保险）和发展个人储蓄性养老保险支柱，已经成为各国养老保险制度改革的共同趋势。因此，建议借鉴国外经验，在完善基本养老保险制度的同时，加强对企业年金制度和个人储蓄性养老保险的指导，推动其发展。企业年金和个人储蓄性养老保险是非强制性的，但政府可以通过立法监督、优惠引导和政策指导，激发各责任承担主体的积极性。总之，通过发展企业年金和个人储蓄性养老保险，不仅能使劳动者退休后的生活更有保障，而且能减轻第一支柱的基本养老保险的负担，减少基本养老保险全国统筹的阻碍，推动基本养老保险全国统筹的早日实现。

参考文献

Aaron H. J. The Social Insurance Paradox [J] . The Canadian Journal of Economics and Political Science/Revue canadienne d'Economique et de Science politique, Vol. 32, No. 3 (Aug., 1966), pp. 371 -374.

Alain Jousten. Public Pension Reform: A Primer [R] . IMF Working Paper. February 2007.

Alicia H Munnell. Reforming Social Security-the Case Against Individual Account [J] . National Tax Journal, Vol. 52, No. 4 (December, 1999), pp. 803 -817

Armando Barrinetos. Comparing Pension Schemes in Chile, Singapere, Brazil and South Africa [R] . IDPM Discussion Paper Series, May 2002.

BeveridgeWilliam. Social Insurance and allied services [M], New York: The Mac-millan Co.,, I942.

Cameron, Neumann. Economic Effects of Social Security [M] . The Bokking Intitution, 1996.

David, Paul. Clio and the Economics of QWERTY [J] . The American Economic Review, Vol. 75, No. 2, Papers and Proceedings of the Ninety-Seventh Annual Meeting of the American Economic Association (May, 1985), pp. 332 -337.

Davis, E. Philip. Pension Funds-Retirement-Income Security, and Capital Markets-An International Perspective [M] . Oxford: Clarendon Press, 1995.

Edward T. Jennings, JR. and Neal S. Zank. Welfare System Reform: Coordinating Federal, State, and Local Public Assistance Programs [M] . Greenwood Press, 1993.

Ericson, R. The Classical Soviet-Type Economy: Nature of the System and Implication for Reform [J] . The Journal of Economic Perspectives, 1991, vol. 5, no. 4.

Fabel, Oliver. The Economics of Pension and Variable Retirement Scheme [M] . John Wiley&Sons, 1994.

Feldstein, Martin. Social Security, a chapter for the Handbook of Public Economics [R] . NBER Working Paper, No. 8451, 2001.

Frej. W. and Specht H. The housing and community Development Act of 1974: Implications for Policy and Planning [J] . Social Service Review, Vol. 50, No. 2 (Jun., 1976), pp. 275 -292.

Gregorio Impavido, Yu Wei Hu, Xiaohong Li. Governance and Fund Management in the Chinese Pension System [R] . International Monetary Fund, November, 2009.

Gregorio Impavido, Yu-Wei Hu, Xiaohong Li. Governance and Fund Management in the Chinese Pension System [R] . International Monetary Fund, November, 2009.

Harris. S. Economics of Social Security [M] . MCGRAWHILL Book Company, 1941.

Hoskins, D. D. Thinking about ageing issues [J] . International Social Security Review. 2002

(55), pp. 13 – 20.

Imrohoraglu, S. Imrohoroglu and D. H. Joines. A Life Cycle Analysis of Social Security Economic Theory [J]. Economic Theory, Vol. 6, No. 1, Symposium: The Discipline of Applied General E-quilibrium (Jun., 1995), pp. 83 – 114.

Li Jiange and Barr. Social Security Reform In China: Issures and Options [R]. China Economic Research and Advisory Programme, 2005.

Martin Feldstein, Jeffrey B. Liebman. The Distributional Aspects of Social Security and Social Security reform [M]. The University of Chicago Press, 2002.

Martin Feldstein. Privatizing Social Security [M]. The University of Chicago Press, 1998.

Martin Feldstein. Privatizing Social Security [M]. University of Chicago Press, 1998.

Martin Feldstein. The Missing Piece in Policy Analysis: Social Security Reform [J]. The American Economic Review, Vol. 86, No. 2, Papers and Proceedings of the Hundredth and Eighth Annual Meeting of the American Economic Association San Francisco, CA, January 5 – 7, 1996 (May, 1996), pp. 1 – 14.

McKinnon R, Sigg R. The role and nature of non-contributory social security in the design of social protection strategies for older people in DCs [C]. Paper presented at Development Studies Association International Conference, Glasgow, 10 – 12 September, 2003.

Michael Tanner. Saving Social Security Is Not Enough [M]. Cato Institute Social Security, 2000.

Munnell. A. H. The Future of Social Security [M]. The Brookings Institution, 1982.

Murell, P. Evolutionary and Radical Approaches to Economic Reform [J]. Economic Planning, Vol. 25, pp. 79 – 95.

Murell, Peter, "Evolutionary and Radical Approaches to Economic Reform", Economics of Planning, Vol. 25,, 1992, pp, 79 – 95.

Nicholas Barr. The Economics of The Welfare State [M]. Oxford University Press, 1998.

OECD. Pension at a Glance: Public Policies Across OECD Countries [R]. OECD Publishing, 2007.

Olivia S. Mitchell. Administrative Costs in Public and Private Retirement Systems [J]. Chicago: University of Chicago Press, January, 1998, pp. 403 – 456.

Olivia. S. Mitchell. Administrative Costs in Public and Private Retirement Systems [R]. Pension Research Council Working Papers, Wharton School Pension Research Council, University of Pennsylvania, January, 1998.

Peter R. Orszag, Joseph E. Stiglitz. Rethinking Pension Reform: Ten Myths About Social Security Systems [R]. the Conference on New Ideas About Old Age Security, World Bank, September, 1999.

Richard E. Ericson. The Classical Soviet-Type Economy: Nature of the System and Implications for Reform [J]. The Journal of Economic Perspectives, Vol. 5, No. 4 (Autumn, 1991), pp. 11

-27.

Richard. A. Ippolito. Pension Plan and Employee Performance [M] . The University of Chicago Press, 1997.

Riehard Musgrave. The Theory of Public Finance [M] . NewYork: MeGraw-Hill, 1959.

Robert Ball. Social Security: Today and Tomorrom [M] . Columbia University Press, 1978.

Robert Holzman; Richard P. Hinz. Old-Age Income Support in the 21st Century: An International Perspective on Pension Systems and Reform [R] . World Bank, 2005.

Robert Palacios. Managing Public Pension Reserves-Part2: Lessons from Five Recent OECD Initiatives [R] . Social Protection Discussion Paper Series, July 2002.

Ross, Stanford. Doctrine and Practice in Social Security Pension Reforms [J] . International Social Security Review, Vol. 53No. 2, 2000, pp. 3 - 29.

Skaggs, Neil T. and J. Lon Carlson. Macroeconomics-Individual Choice and Its Consequence [M] . Blackwell Business, 1996.

Soderstrom, Lars. Social Insurance: papers [M] . North- Holland, Amsterdam, New York: Oxford, 1983.

Storesletten, Kjetil. Sustaining Fiscal Policy Through Immigration [J] . Journal of Political Economy, Vol. 108, No. 2 (April 2000), pp. 300 -323.

Stuart Leckie. Pension Funds in China [R] . World Bank, 1999.

Sylvio Prdano. Pension Funds: Investment and Performance [M] . Gower Publisning Company Limited, 1987.

Tajnara Trinh. China's pension system: Caught between mounting legacies and unfavorable demographies [R] . Deutsehe Bank Research, February 17, 2006.

Thomas A. Abbott. Health Care Policy and Regulation [M] . Kluwer Academic Publishers, 1995.

Thompson, Lawrence H. , Older and Wiser. The economics of Public Pension [M] . Washington, D. C: Urban Institute Press, 1998.

Vernon W. Ruttan, Yujiro Hayami. Toward a theory of induced institutional innovation [J] . Journal of Development Studies, 1984, Vol. 20, No. 4, pp. 203 -223.

World Bank. Averting the old Age Crisis: Policies to Protect the Old and Promote Growth [M] . Oxford University Press, 1994.

Yujiro Hayami & Masao Kikuchi. Asian Village Economy at the Crossroads: An Economic Approach to Institutional Change [M] . Tokyo: University of Tokyo Press, 1981.

[美] 道格拉斯·C. 诺斯. 经济史中的结构与变迁（陈郁、罗华平等译）[M] . 上海：上海三联书店、上海人民出版社，1994.

[美] 道格拉斯·C. 诺斯. 制度、制度变迁与经济绩效（刘守英译）[M] . 上海：上海三联书店，1994.

[美] 科斯，[美] 阿尔钦，[美] 诺斯. 财产权利与制度变迁 [M] . 上海：上海三联书

店，1991.

［美］理查德·A. 波斯纳．法律的经济分析（蒋兆康译）［M］．北京：中信出版社，2004.

［美］理查德·A. 马斯格雷夫，佩吉·B. 马斯格雷夫．财政理论与实践（邓子基、邓力平译）［M］．北京：中国财政经济出版社，2003.

［美］约瑟夫·E. 斯蒂格利茨．公共部门经济学［M］．北京：中国人民大学出版社，2005.

［日］松村歧夫．地方自治（孙新译）［M］．北京：经济日报出版社，1989.

［英］贝弗里奇．贝弗里奇报告——社会保险和相关服务（社会保障研究所译）［M］，中国劳动社会保障出版社，2004.

［英］尼古拉斯·巴尔、大卫·怀恩斯．福利经济学前沿问题［M］．北京：中国税务出版社，2000.

Peter Walker，Tab Bowers，Stephan Binder，胡忠兵，安琳．麦肯锡关于中国寿险业的最新研究报告［J］．保险研究，2006（1）：22－27.

V. 奥斯特罗姆，D. 菲尼，H. 皮希特．制度分析与发展的反思——问题与抉择（王诚等译）［M］．北京：商务印书馆，1992.

陈振明．公共管理学［M］．北京：中国人民大学出版社，2005.

程恩富，胡乐明．新制度经济学［M］．北京：经济日报出版社，2005.

仇雨临．加拿大社会保障制度的选择及其对中国的启示［M］．北京：经济管理出版社，2003.

褚福灵．浅论政府在社会保障中的角色与职能［J］．北京市计划劳动管理干部学院学报，2002（3）：9－11.

慈勤英．关于基本养老保险统筹“条块之争”的思考［J］．湖北大学学报（哲学社会科学版），2000（3）：95－98.

邓大才．制度创新方式与制度演进方式相机组合——制度变迁组合模式的一个分析框架［J］．北京行政学院学报，2002（4）：42－47.

邓大松．改革开放30年：中国社会保障制度改革回顾、评估与展望［M］．北京：中国社会科学出版社，2008.

丁开杰．社会保障体制改革［M］．北京：社会科学文献出版社，2004.

董辅礽等．集权与分权——中央与地方关系的构建［M］．北京：经济科学出版社，1997.

段家喜．养老保险制度中的政府行为［M］．北京：社会科学文献出版社，2007.

樊刚．两种改革成本与两种改革方式［J］．经济研究，1993（1）：3－15.

樊纲，王小鲁．收入分配与公共政策（2005）［M］．上海：上海远东出版社，2005.

樊勇明，杜莉．公共经济学［M］．上海：复旦大学出版社，2001.

方丽强．对养老保险省级统筹运作模式的设想［J］．决策与信息（下半月刊），2007（10）：62－64.

冯兰瑞．社会保障社会化 yu 养老基金省级统筹［J］．中国社会保障，2002（10）：54－57.

冯兰瑞等．中国社会保障制度重构［M］．北京：经济出版社，1997.

龚秀全．中国基本养老保险全国统筹的制度转换成本与路径研究［J］．社会保障研究，2007（6）：64－69.

郭晋晖．养老保险跨区域“双转移”比例敲定［N］．第一财经日报，2009－12－30.

郭雪剑．发达国家政府间社会保障管理责权的划分［J］．经济社会体制比较，2006（5）：98－104.

国彦兵．新制度经济学［M］．上海：立信会计出版社，2006.

何平．中国养老保险基金测算报告［J］．社会保障制度，2001（3）：3－21.

胡继晔．《社会保险法》与养老保险的全国统筹［J］．财经政法咨询，2009（3）：66－68.

胡晓义．关于逐步提高养老保险统筹层次——十六届三中全会＜决定＞学习札记之二［J］．中国社会保障，2004（1）：18－21.

胡晓义．走向和谐：中国社会保障发展 60 年［M］．北京：中国劳动社会保障出版社，2009.

黄少军，何华权．政府经济学［M］．北京：中国经济出版社，1998.

贾军．“统筹范围”对养老保险制度建设的影响［J］．中国社会保障，2002（12）：18－19.

江小涓，李辉．我国地区之间实际收入差距小于名义收入差距［M］．经济研究，2005（9）：11－18.

姜永宏．工业化与中国养老金制度［D］．广州：暨南大学，中国优秀博士学位论文全文数据库，2001.

焦津强．谈社会保险统筹层次过低问题［N］．中国审计报，2008－6－11.

劳动和社会保障部社会保险研究所．中国养老保险基金测算与管理［M］．北京：中国劳动社会保障出版社，2003.

劳动和社会保障部．关于社会保险费征缴暂行条例和有关政策的问答［M］．北京：华文出版社，1999.

雷晓康，郝康．中国养老保险省级统筹的经验与问题［J］．理论学刊，2009（11）：47－50.

李吉芝，秦其明．辽宁省区域经济差异与区域协调发展的初步研究［J］．中国人口资源与环境，2004（2）：78－81.

李连芬，刘德伟．美国养老保险制度改革及其对我国的启示［J］．当代经济管理，2010（9）：87－90.

李连芬，刘德伟．瑞典社会保障制度改革及其对我国的启示［J］．创新，2010（5）：38－41.

李连芬，刘德伟．我国养老金“多支柱”模式存在的问题及改革方向［J］．财经科学，2011（3）：108－116.

李连芬，刘德伟．我国基本养老保险全国统筹的动力源泉与路径选择［J］．财经科学，2013（11）：34－43.

李绍光．养老金制度与资本市场［M］．北京：中国发展出版社，1998.

李小．完善我国城镇企业职工养老保险制度研究［D］．长春：东北师范大学．中国优秀硕士学位论文全文数据库，2009.

理查德·A. 波斯纳．法律的经济分析（蒋兆康译）［M］．北京：中信出版社，2004.

林毅夫，刘培林．中国的经济发展战略与地区收入差距［J］．经济研究，2003（3）：19－25.

林毓铭．社会保障金保工程的公共服务与实现机制［J］．社会保障研究，2009（1）：72－75.

林毓铭．完善养老保险省级统筹管理体制的思考［J］．市场与人口分析，2007（4）：57－63.

林毓铭．中国社会保障制度可持续发展的分析与评估［D］．武汉：武汉大学，中国优秀博士学位论文全文数据库，2004：104.

林志芬．中国养老保险最终目标与现实路径选择［J］．财政研究，2004（3）：36－39.

刘传江，程建林．养老保险“便携性损失”与农民工养老保障制度研究［J］．社会保障制度，2009（1）：61－67.

刘溶沧，李茂生．转轨中的中国财经问题［M］．北京：中国社会科学出版社，2002.

刘雯晶．进一步提高我国基本养老保险统筹层次的思考［J］．价格月刊，2008（12）：28－29.

刘振杰．提高养老保险统筹层次大有必要［J］．宏观经济管理，2007（4）：27－28.

刘振杰．提高养老保险统筹层次的必要性与可能性［J］．红旗文稿，2007（6）：11－13.

柳新元．利益冲突与制度变迁［M］．武汉：武汉大学出版社，2002.

卢驰文．基本养老保险统筹层次对人才流动影响的经济学分析［J］．桂海论丛，2007（1）：52－55.

卢驰文．提高职工养老保险统筹层次的阻力及对策［N］．中国经济时报，2006－9－22.

卢洪友．中国分税制财政体制改革的十大成效［J］．经济学动态，1998（12）：15－18.

卢现祥．西方新制度经济学［M］．北京：中国发展出版社，2003.

卢现祥．新制度经济学［M］．武汉：武汉大学出版社，2004.

陆解芬，朱玉林．对提高养老保险基金统筹层次的探讨［J］．财会研究，2002（1）：12－15.

吕学静．各国失业保险与再就业［M］．北京：经济管理出版社，2000：34.

毛广雄，颜俊．试论社会保险全国统筹的制度体系创新［J］．南京人口管理干部学院学报，2009（3）：57－61.

米红，邱晓雷．中国城镇社会养老保险替代率评估方法与实证研究——兼论不同收入群体替代率的比较［J］．数量经济技术经济研究，2005（2）：12－18.

穆怀中，柳清瑞．中国养老保险制度改革关键问题研究［M］．北京：中国劳动保障出版社，2006.

穆怀中．中国社会保障适度水平研究［M］．沈阳：辽宁大学出版社，1998.

欧阳觅剑，游克湘．养老保险统筹之道［J］．南风窗，2008（22）：23－24.
欧阳日辉．宏观调控中的中央与地方关系［M］．北京：中国财政经济出版社，2008.
欧阳日辉．中国期货市场发展的制度分析［M］．重庆：重庆出版社，2006.
彭浩然，呙玉红．我国基本养老保险的地区差距研究［J］．经济管理，2009（8）：169－174.
齐伟娜，郑伟．中国养老保障制度改革：关键问题和解决思路［J］．经济研究参考，2006（13）：45－49.
人力资源和社会保障部．2009年度人力资源和社会保障事业发展统计公报［R］，2010.
盛碧荷．养老保险低层次统筹面临的问题及对策［J］．劳动者，2004（10）：38－39.
盛洪．现代制度经济学［M］．北京：北京大学出版社，2003.
世界银行报告．21世纪的老年收入保障——养老金制度改革国际比较（郑秉文译）［M］．北京：中国劳动社会保障出版社，2006年．
宋晓梧．中国社会保障体制改革与发展报告［M］．北京：中国人民大学出版社，2001.
孙飞．企业年金运营模式的优化选择［J］．宏观经济研究，2003（11）：55－60.
孙久鹏．中国社会保障管理体制改革方向研究［J］．经济学家，2004（2）：24－29.
孙祁祥．“空账”与转轨成本——中国养老保险体制改革的效应分析［J］．经济研究，2001（5）：20－27.
唐均．中国社会福利［M］．香港：香港中华书局，1998.
万春，邱长溶．我国养老保险体系的全国统筹模型建立及预测分析［J］．预测，2006（3）：43－47.
王东华．积极建立基本养老保险长效机制［EB/OL］，人民网，http://finance.people.com.cn/GB/8215/73193/73196/4969650.html
王俊霞，邓晓兰，徐谦．实行基本养老保险省级统筹制度运行模式初探——对陕西“五子模式”的剖析［N］．中国劳动保障报，2004－1－15.
王晓军，赵彤．中国社会养老保险的省区差距分析［J］，人口研究．2006（2）：44－50.
王燕，徐滇庆，王直，翟凡．中国养老金隐性债务、转轨成本、改革方式及其影响——可计算的一般分析［J］．经济研究，2001（5）：3－12.
王泽英．统账结构完善与转轨成本分析［J］．中国社会保障，2004（9）：18－19.
韦伟．中国经济发展中的区域差异与区域协调［M］．合肥：安徽人民出版社，1995.
吴敬琏等．渐进与激进——中国改革道路的选择［M］．北京：经济科学出版社，1996.
吴湘玲．我国区域基本养老保险协调发展研究［M］．武汉：武汉大学出版社，2006.
席恒，梁木．基本养老保险全国统筹可能性分析［J］．社会保障研究，2009（1）：3－9.
徐舜．全国清理回收挤占挪用基金160多亿元［N］．山西日报，2006－4－25.
杨方方．我国养老保险制度演变与政府责任［J］．中国软科学，2005（2）：17－23.
杨立雄．贫困理论范式的转向与美国福利制度改革［J］．美国研究，2006（2）：121－136
杨柳．关于提高养老保险统筹层次的思考［J］．中小企业管理与科技（上旬刊），2008（9）：56－57.
杨瑞龙．论制度供给［J］．经济研究，1993（8）：45－52.

杨依山．制度变迁理论评述与理论重构的初步尝试［C］．2007年山东大学“海右”博士生学术论坛论文集，2007：61－77.

姚洋．制度与效率——与诺斯的对话［M］．成都：四川人民出版社，2002.

姚洋．转轨中国：审视社会公正和平等［M］．北京：中国人民大学出版社，2004.

余卫明．论社会保障制度建立过程中的国家责任［J］．中国社会保障，2001（10）：8－9.

袁志刚．中国养老保险体系选择的经济学分析［J］．经济研究，2001（5）：13－19.

约瑟夫·斯蒂格利茨．设计适当的社会保障体系对中国继续取得成功至关重要（刘卫译）［J］．经济社会体制比较，2000（5）：20－21.

张立荣．中外行政制度比较［M］．北京：经济日报出版社，1989.

张丽．完善基本养老保险制度无须另起炉灶——访国家发改委就业和分配收入司司长孔泾源［J］．中国社会保障，2005（7）：16－18.

张利军．中国养老保险统筹层次的改革路径与发展方向探讨［J］．中国劳动关系学院学报，2009（4）：74－78.

张曙光．论制度均衡与制度变革［J］．经济研究，1992（6）：30－36.

张蕴萍．西方经济学的制度变迁理论述评［J］．金融经济，2007（24）：114－115.

赵锡铭．金保工程建设情况和下一步构想［J］．电子政务，2010（Z1）：131－137.

赵云．话说养老保险的“陕西模式”［J］．中国社会保障，2003（7）：28－29.

郑秉文，和春雷．社会保障分析导论［M］．北京：法律出版社，2001.

郑秉文，齐传君．社保制度走到十字路口：“大一统”还是“碎片化”［N］．中国证券报，2009－1－22.

郑秉文．当代东亚国家、地区社会保障制度［M］．北京：法律出版社，2001.

郑秉文．改革开放30年社会保障制度发展历程［N］．上海证券报，2008－12－13.

郑秉文．两万亿养命钱面临贬值风险［N］．中国证券报，2010－9－8.

郑秉文．欧亚六国社会保障“名义账户”制利弊分析及其对中国的启示［J］．世界经济与政治，2003（5）：56－61.

郑秉文．企业年金：一块急需开垦的处女地［N］．中国工业报，2004－5－24.

郑秉文．社会保障体制改革攻坚［M］．北京：中国水利水电出版社，2005.

郑功成．实现全国统筹是基本养老保险制度刻不容缓的既定目标［J］．理论前沿，2008（5）：12－15.

郑功成．中国社会保障30年——强国之路纪念改革开放30周年重点书系［M］．北京：人民出版社，2008.

中国财政杂志社编辑部．中国财政年鉴［M］．北京：中国财政杂志社，1994.

中国经济改革研究基金会，中国经济体制改革研究会联合专家组．中国社会养老保险体制改革［M］．上海：上海远东出版社，2006.

中国社会保险学会．中国社会保险优秀论文集［M］．北京：中国劳动社会保障出版社，2006.

钟仁耀．养老保险改革国际比较研究［M］．上海：上海财经大学出版社，2004.

周谨．英国的社会保障体制和养老金［J］．上海保险，2001（5）：46－47.

朱青，路和平．养老社会保障制度改革的国际趋势研究［J］．经济理论与经济管理，1999（4）：37－42.

朱青．养老金制度的经济学分析与运作分析［M］．中国人民大学出版社，2002.

朱庆芳，吴寒光．社会指标体系［M］．北京：中国社会科学出版社，2001.

邹东涛，刘欣．中国渐进式改革的理论基础和实践方式［J］．云南大学学报（社会科学版），2003（4）：58－68.

邹东涛，席涛．制度变迁中的中国政府管理经济职能的分析［J］．管理世界，2001（5）：13－23.

邹东涛，席涛．制度变迁中个人、企业和政府行为主体的经济分析［J］．北京大学学报（哲学社会科学版），2002（3）：5－14.

邹东涛．从发展模式看制度变迁［J］．宏观经济研究，2002（12）：9－10.

邹东涛．制度更是第一生产力［J］．中国科技信息，2001（5）：4－6.

邹东涛等．中国经济体制改革基本经验［M］．北京：中国人民大学出版社，2008.

邹根宝．社会保障制度——欧盟国家的经验与改革［M］．上海：上海财经大学出版社，2001.

邹丽丽．基本养老保险统筹层次研究［D］．辽宁：辽宁大学，中国优秀博士学位论文全文数据库，2009.

后　记

本书是在我博士学位论文基础上修改而成。本书的选题，起源于近年来我对基本养老保险全国统筹问题的关注。2009 年底，我国 31 个省份和新疆生产建设兵团都已建立起基本养老保险省级统筹制度。省级统筹的初步实现，是对本省内养老资源的优化组合，是养老保险制度改革的一大进步。然而，省级统筹意味着基本养老保险在全国被分成 31 个统筹单位，各统筹单位之间各自为政，难以实现资源的省际调剂。为了解决基本养老保险省级统筹存在的诸多问题，基本养老保险全国统筹意义重大，势在必行。自 2010 年 10 月 28 日通过的《中华人民共和国社会保险法》明确规定"基本养老保险基金逐步实行全国统筹"以来，我国多次强调要实现基本养老保险全国统筹。之后，社会各界对基本养老保险全国统筹的关注热度有增无减，我国政府每年都将基本养老保险全国统筹作为我国养老保险制度改革的重要任务。2015 年 3 月，国务院总理李克强政府工作报告再次强调"推进城镇职工基础养老金全国统筹"。基本养老保险全国统筹是世界社会保障发展的普遍趋势，世界上大多数建立社会保障制的国家都实行了全国范围的养老保险基金统筹。

我国基本养老保险统筹层次的变迁实际上是一个连续的制度变迁过程。本书试图运用制度经济学的制度变迁理论对"为何省级统筹只是一个过渡阶段，全国统筹是最终归宿?""推动我国基本养老保险全国统筹的内在根源是什么?""为何基本养老保险全国统筹过程中充满困难和矛盾?"等问题从一个全新的视角做出回答。这不仅有助于深刻了解我国基本养老保险统筹层次经历特定制度变迁路径的原因，提升我们对基本养老保险全国统筹的理论认识，而且还有助于摸清统筹层次提高的阻力因素，抓住问题的要害，找到解决问题的突破口，争取相关利益集团对全国统筹这项改革的理解与支持，从而调动各方面的积极性，促进全国统筹的顺利进行，为构建我国城镇企业职工养老保险制度的长效机制出谋划策。总体而言，我国基本养老保险全国统筹问题研究是一个极具现实意义且极富挑战性的课题，虽然已有一些学术成果，但是仍需不断地发掘新资料、应用新方法，进一步充实、丰富和开拓已有的研究视角和研究内容。

本书是对我学习生涯特别是博士、博士后期间学习生活的一个阶段性总结，至今在中国社会科学院的求学历程仍记忆犹新。中国社会科学院是一片智慧的沃土，记载着学子求学的历程，延续着青年求知的梦想。一草一木，追忆昨日喜怒哀乐；一桌一椅，怀念那时日月星辰！求学不易，学成更难。点滴进步，应谢恩师教诲；几多成长，当谢母校培养。借书稿的出版，特表达我的感激之情。

首先，感谢我的博士导师邹东涛教授。邹老师学识渊博、忧国忧民、大家风范，能师从邹老师，我深感荣幸。邹老师待我视如己出，精心栽培，不仅关心我的学习，更关心我的生活；不仅教我如何做研究，更教我如何做人，让我无时无刻不感觉到家的温暖。读博期间，邹老师为我创造大量学习进步的机会，以练代教的方式助我成长。师恩似海，恩师如父，这将是我一生受之不尽的宝贵财富。

感谢我的博士后合作导师樊明太教授。樊老师为我提供了宽松的学习环境，让我更好地兼顾研究、工作与生活。本书在修改的过程中，樊老师发来大量文献资料，并给予诸多指导，为本书的后续研究指明了方向。

感谢中国保险学会姚庆海会长。姚会长充满忧国忧民的人文情怀，苛刻为文，宽容待人，方寸之间有天地，细微之处显功力，主动为国家经济社会改革发展特别是保险业理论创新和实践探索贡献智慧和力量，是我工作与学习的灯塔，指引我前行。

感谢中国社会科学院美国研究所的郑秉文教授、中国社会科学院工业经济研究所吕政研究员、中国社会科学院财政与贸易经济研究所李茂生研究员、国务院发展研究中心米建国研究员等，正是得益于他们的宝贵建议，使本文增色不少。

感谢我的同门师兄弟（姐妹），他们是胡继晔教授、欧阳日辉副教授、景春梅副研究员、孙守纪副教授、李洪侠博士、张陆伟博士、魏青山博士、何辉博士、赤旭博士、王成仁博士、江庆勇博士、苗金萍博士等。邹师门具有强大的凝聚力。博士求学和工作期间，我得到了邹师门大家庭的关心、支持和帮助。每当我遇到什么困难，他们总是尽心尽力。我深深地感觉到，邹师门是相亲相敬的一家人，是积极向上的一家人！

最后，感谢我的父母，他们无私的爱永远是我前进路上的无穷动力；感谢我的公公婆婆，对我的工作和生活给予大力支持。我能做的就是堂堂正正做人，勤勤恳恳工作，让他们早日安享晚年。感谢我的爱人刘德伟博士，陪伴我坚韧地求学、快乐的工作和幸福的生活。感谢我的女儿刘嘉怡小朋友，为我的生活带来了无限乐趣。

由于经验和水平等多方面的局限，不足和偏颇之处仍在所难免，敬请各位读者批评指正！

李连芬

2015 年 7 月